Kristin Böse/Susanne Wittekind (Hrsg.)

AF828559

AusBILDung des Rechts

Systematisierung und Vermittlung von Wissen in mittelalterlichen Rechtshandschriften

PETER LANG
Frankfurt am Main · Berlin · Bern · Bruxelles · New York · Oxford · Wien

Bibliografische Information der Deutschen Nationalbibliothek
Die Deutsche Nationalbibliothek verzeichnet diese Publikation in der Deutschen Nationalbibliografie; detaillierte bibliografische Daten sind im Internet über <http://www.d-nb.de> abrufbar.

Satz und Layout:
Katja Hartung

Gedruckt mit freundlicher Unterstützung
des Zentrums für Mittelalterstudien der Universität zu Köln

Abbildung auf dem Umschlag:
Dekretalen Gregors IX.; Frankfurt, UB, Ms. Barth 11, fol. 6r
[Fotograf: Helmar Mildner]

Gedruckt auf alterungsbeständigem,
säurefreiem Papier.

ISBN 978-3-631-58001-1

© Peter Lang GmbH
Internationaler Verlag der Wissenschaften
Frankfurt am Main 2009
Alle Rechte vorbehalten.

Das Werk einschließlich aller seiner Teile ist urheberrechtlich geschützt. Jede Verwertung außerhalb der engen Grenzen des Urheberrechtsgesetzes ist ohne Zustimmung des Verlages unzulässig und strafbar. Das gilt insbesondere für Vervielfältigungen, Übersetzungen, Mikroverfilmungen und die Einspeicherung und Verarbeitung in elektronischen Systemen.

www.peterlang.de

Inhaltsverzeichnis

Einführung

Die zeitgenössische „Bilderflut", die sich „in einer großen Welle von Bilderreflexionen quer durch die Disziplinen zu reproduzieren"[1] scheint, macht auch vor der Rechtswissenschaft nicht halt, die bisher davon ausging, Recht sei in erster Linie und vor allem Text. Der zu einer Standortbestimmung gegenüber dem Bildeinbruch zwingende Medienwandel zeigt sich in der bereits schon länger praktizierten Ausstattung von Rechtsschriften mit Bildern (etwa Diagramme oder Verkehrszeichen), der Begeisterung für Gerichtsverfahren in Film und Fernsehen („Court-Room-Drama") oder der in Deutschland noch nicht erlaubten Live-Übertragung aus dem Gerichtssaal („Court-TV").[2]

Die neue Bewertung der Bilder für das Recht geht ferner mit einem wandelnden Verständnis von Schrift einher: Weil offensichtlich schriftlich fixierten Verträgen misstraut wird, werden etwa in den USA Vertragsabschlüsse und Testamentserrichtungen aufgezeichnet. Auf die Macht der Bilder verweisend, wird die medienwirksame Skandalisierung von „Soft-Law"-Fällen, etwa bei Fragen der Menschenrechte und des Umweltschutzes, konstatiert, eine Personalisierung von Entscheidungen prognostiziert oder eine unheimliche Bedeutung mentaler Bilder bei der Schilderung von Tathergängen beobachtet, welche sogar als fundamental für den Bedeutungsverlust des Rechtssystems erachtet wird.[3]

Diese bewusstseinsbildenden Debatten um die wachsende legitimationsbildende und authentizitätsstiftende Rolle des Visuellen in einem Jahrhunderte lang schriftbasierten Rechtssystem verdeutlicht die Aktualität, sich mit der mittelalterlichen Epoche zu beschäftigen, in der Bilder von wesentlicher Bedeutung für die Etablierung und Stabilisierung von Rechtsnormen, für die Strukturierung, Systematisierung, Vermittlung und damit auch Generierung von Rechtswissen waren. Neben die praktische Funktion der Rechtshandschriften als Studien- oder Gesetzestext tritt eine „symbolische" Funktion, die ihnen als Abbild der Rechtsordnung innewohnt bzw. beigemessen wird. Diese wird durch den künstlerischen Schmuck der Handschriften, aber auch durch ihr Layout und die visualisierte Textordnung (*ordinatio*), entscheidend mitgetragen und veranschaulicht. Künstler, Auftraggeber und Handschriftenbenutzer gestalteten und veränderten durch bestimmte Layout-, Bildformen und Bildthemen diese Ordnung mit. Das Spektrum reicht hier von

---

[1] BACHMANN-MEDICK, Doris: Cultural Turns. Neuorientierungen in den Kulturwissenschaften, 2. Aufl. Hamburg 2007, S. 353.

[2] RÖHL, Klaus F.: Rechtswissenschaft, in: SACHS-HOMBACH, Klaus (Hg.): Bildwissenschaft: Disziplinen, Themen, Methoden, Frankfurt a. M. 2005, S. 247-256. Röhl leitete das Projekt „Visuelle Rechtskommunikation" an der Ruhr-Universität Bochum: http://www.ruhr-uni-bochum.de/rsozlog/04b_aa-die_projekte-vrk.html [15.3.2009].

[3] So etwa RÖHL, Klaus F.: Bilder im Recht und Bilder vom Recht, in: Rubin – Wissenschaftsmagazin der Universität Bochum 10,1 (2000), S. 24-28.

stärker repräsentativ aufgefassten Handschriftenlayouts, in denen Bilder besonders am Anfang der Handschrift, aber auch parallel zum Rechtstext, dominant in Erscheinung treten, bis hin zu Codices, in denen die visuelle Gestaltung etwa auf ein graphisches Verweissystem oder auf die Organisation der Texte innerhalb der Seite beschränkt ist. Eine Trennung zwischen Codices mit stärker „künstlerisch“ aufgefassten Seiten und solchen, in denen Text und Glossierung das Layout dominieren, ist daher kaum möglich. Schon innerhalb einer Handschrift stehen verschiedene Modi der Layoutgestaltung nebeneinander. Dies mag einer der Gründe sein, warum man sich vor allem von Seiten der Kunstgeschichtsforschung, die immer noch das Erbe einer Trennung zwischen „hoher“ und „niederer“ Kunst verwaltet, dem Thema der mittelalterlichen Rechtshandschriften bisher so wenig gewidmet hat.[4]

Da es im Mittelalter keine systematische Zusammenfassung des gesamten geltenden Rechts in Entsprechung etwa zum heutigen bürgerlichen Gesetzbuch (BGB) und Strafgesetzbuch (StGB) gab, umfasst der Begriff Rechtshandschrift hier ganz unterschiedliche Textsorten. Zum einen handelt es sich um gesetzte, das heißt von geistlichen oder weltlichen Autoritäten wie Papst oder König, Konzil oder Hofversammlung beschlossene und promulgierte rechtliche Bestimmungen wie die fränkischen Kapitularien oder kirchenrechtliche Sammlungen von Konzilsbeschlüssen und Papstdekreten (*Collectio Hispania*, *Collectio Ps-Hadriana*). Einen großen Raum nimmt zum anderen die schriftliche Aufzeichnung von Gewohnheitsrechten ein. Zu ihnen gehören die frühmittelalterlichen Volksrechtsaufzeichnungen der *Lex salica* oder des *Liber iudiciorum*. Doch ebenso gehören urkundliche Bestätigungen von alten oder neu vergebenen Rechten wie deren abschriftliche Sammlung in sogenannten Kopialbüchern oder Chartularen dazu. Auch die kalendarisch, nach Verwaltungsgebieten oder Rechten gegliederten Urbare oder Traditionsbücher geistlicher Institutionen oder weltlicher Herrschaften, in denen nur teilweise durch Urkunden schriftlich gestütztes Gewohnheitsrecht seit dem 12. Jahrhundert fixiert wird, sind zu den Rechtshandschriften zu zählen. Hinzu kommen weitere gewohnheitsrechtliche Aufzeichnungen wie der Sachsen- und Schwabenspiegel, städtische Privilegienbücher und Stadtrechte, Ordens- und Bruderschaftsstatuten. Sogar Krönungs- und Hofzeremonialhandschriften sind als gewohnheitsrechtliche Aufzeichnungen zu den Rechtshandschriften zu rechnen. Eine weitere Gruppe von Rechtshandschriften bilden diejenigen Texte, die zu juristischen Studienzwecken verfasst oder abgeschrieben wurden. So werden die justinianischen *Digesten* und *Institutionen* seit dem Hochmittelalter nicht etwa als geltendes Recht abgeschrieben und kommentiert, sondern zur Ausbildung einer juristischer Begrifflichkeit im Rahmen des Rechtsstudiums benutzt. Eine ver-

[4] Ähnlich auch GIBBS, Robert: The Development of the Illustration of Legal Manuscripts by Bolognese Illuminators between 1241 and 1298, in: COLLI, Vincenzo (Hg.): Juristische Buchproduktion im Mittelalter (Studien zur Europäischen Rechtgeschichte 155), Frankfurt a. M. 2002, S. 173-218, hier: 173f.

gleichbare Rolle kommt im Bereich des Kirchenrechts dem *Decretum Gratiani* mit seinen Erörterungen fiktiver Rechtsfälle zu.

Kaum bekannt ist bisher, dass viele der hier genannten Rechtstexte illuminiert waren. Nach einzelnen frühmittelalterlichen Prachthandschriften (vgl. Beiträge von AVENARIUS, VON EUW und BÖSE) treten aufwendig illuminierte Rechtshandschriften vor allem seit der zweiten Hälfte des 12. Jahrhunderts in großer Zahl auf, das heißt parallel zur Ausbildung des Rechtsstudiums, zum Anstieg herrscherlicher wie päpstlicher Urkundenausfertigungen und zur Verschriftlichung von Verwaltungsvorgängen. Mit Ausnahme des Sachsenspiegels sind erst in jüngster Zeit illuminierte Aufzeichnungen von Gewohnheitsrechten in das Blickfeld der Forschung gerückt.[5] Doch für eine Vielzahl von illuminierten Handschriften

[5] Hinzuweisen ist auf das Faksimile einer frühen illuminierten Institutionen-Handschrift: AVENARIUS, Martin (Hg.): Die Institutionenhandschrift der Sammlung Wallraf im Historischen Archiv der Stadt Köln, Köln 2008. Zu illuminierten Urkunden siehe BRUNEL, Ghislain (Hg.): Images du pouvoir royal: Les chartres décorées des Archives Nationales, XIIe-XVe siècle, Paris 2005, sowie SEIBT, Ferdinand (Hg.): Die Goldene Bulle – nach König Wenzels Prachthandschrift, Faksimile von Bl.1-46 des Cod. Vind. 338 der Österreichen Nationalbibliothek, Dortmund 1978; zu illuminierten Traditionsbüchern siehe SAUER, Christine: Fundatio und memoria. Stifter und Klostergründer im Bild 1100 bis 1350, Göttingen 1993, S. 66-89; zu einer illuminierten Sammlung königlicher Testamente vgl. MARTINEZ RODRIUEZ, Jose Manuel (Hg.): Libro de las Estampas. Testamentos de los Reyes de León, 2 Bände, León 1997; zu Chartularen siehe SPÄTH, Markus: Verflechtung von Erinnerung. Bildproduktion und Geschichtsschreibung im Kloster San Clemente a Casauria während des 12. Jahrhunderts, Berlin 2007; ein frühes Beispiel eines adligen Traditionsbuchs ist der illuminierte *Codex Falkensteinensis*, vgl. RÖSENER, Werner: Codex Falkensteinensis. Zur Erinnerungskultur eines Adelsgeschlechts im Hochmittelalter, in: DERS. (Hg.): Adelige und bürgerliche Erinnerungskulturen des Spätmittelalters und der Frühen Neuzeit, Göttingen 1998, S. 35-56; zu illuminierten Krönungszeremonialen siehe SILVA Y VERÁSTEGUI, Soledad de: El ceremonial de la Coronación, Unción y Exequias de los Reyes de Inglaterra del Archivo General de Navarra, in: Lecturas de historia del arte 1 (1989) S. 65-74, sowie FERGUSON O `MEARA, Carra: Monarchy and Consent. The Coronation Book of Charles V of France, British Library Ms Cotton Tiberius B. VIII, Turnhout 2001; zur Prachthandschrift einer mallorquinischen Hofordnung vgl. OLANETA, Jose J. de (Hg.): James III, King of Majorca – Leges Palatinae, Bloomington 1994; zu Kreuzigungsdarstellungen in den *Fueros de Navarra* vgl. SILVA Y VERÁSTEGUI 1988 (siehe oben), S. 141-150, zu denen in Kölner Eidbüchern GUMMLICH, Johanna: Bildproduktion und Kontemplation. Ein Überblick über die Kölner Buchmalerei in der Gotik, Weimar 2003, S. 162-201; zu illuminierten Bruderschafts- und Ordensstatuten siehe SILVA Y VERÁSTEGUI, Soledad de: La miniatura medieval en Navarra, Pamplona 1988, S. 70-83, sowie DROSSBACH, Gisela: Bild und Text im Liber regulae des römischen Hospitals von Santo Spirito in Sassia, in: BULST, Neithard (Hg.): Sozialgeschichte mittelalterlicher Hospitäler (VuF 65), Ostfildern 2007, S. 125-148, sowie BRÄM, Andreas: Zeremoniell und Ideologie im Neapel der Anjou. Die Statuten vom Orden des Heiligen Geistes des Ludwig von Tarent (Paris BN ms.fr. 4274), in: Römisches Jahrbuch der Hertziana 36, 2005 (2006), S. 47-91; die Untersuchung eines illuminierten Stadtrechts bietet ROTH, Gunhild; IRGANG, Winfried: Das Leobschützer Rechtsbuch (Quellen zur Geschichte und Landeskunde

unterschiedlichster Rechtstexte liegen bislang noch keine Untersuchungen vor.[6] Problematisch ist, dass entsprechende Codices, wenn überhaupt, meist nur im Detail reproduziert sind. Ein Beispiel dafür ist das bisher einzige und umfassende Kompendium von Codices kanonischen Rechts von Anthony MELNIKAS, der in den 70er Jahren eine Vielzahl von mittelalterlichen Handschriften des *Decretum Gratiani* zusammentrug.[7] Im Abbildungsteil finden sich selten Reproduktionen ganzer Seiten. (Abb. 1) Ferner werden die bildlichen Darstellungen aus ikonographischem Blickwinkel nach *Causae*, also nach den einzelnen im *Decretum Gratiani* behandelten fiktiven Rechtsfällen, sortiert. Somit ist es kaum möglich, sich einen Gesamteindruck von einer Handschrift zu verschaffen, geschweige denn den prozessualen oder auch organischen Charakter mittelalterlicher Handschriften zu erschließen: beginnend bei den im Seitenlayout oft sichtbaren Zeichen technischer Herstellung, über das Verhältnis von autoritativem Text und Marginalie, bis hin zu Modifikationen und Kommentaren.[8] Während für die illuminierten Gratianhandschriften das Corpuswerk von MELNIKAS vorliegt, welches zwar in seiner Methodik veraltert erscheint, jedoch weiterhin eine unschätzbare Zugriffsmöglichkeit auf eine Vielzahl von Handschriften darstellt, ist die vergleichende Bearbeitung anderen Handschriftengattungen des Rechts durch das Fehlen einer Bestandsaufnahme etwa der Codices des *Liber Extra* (*Dekretalen* Gregors IX.)[9] oder der *Digesten* erschwert. So scheint es bisher allein möglich, sich durch Einzelstudien dem komplexen schrift-bildlichen Erscheinungsbild mittelalterlicher

Ostmitteleuropas 5), Marburg 2006.

6 Für Spanien verweist etwa SILVA Y VERÁSTEGUI, Soledad de: Contribucion al estado de la cuestion de los estudios iconograficos en los manuscritos juridicos illustrados de la edad media, in: Cuadernos de arte e iconografia 4,7 (1991), S. 158-163, auf das Desiderat unbearbeiteter Rechtshandschriften mit den verschiedensten lateinischen und volkssprachigen Textsorten zwischen dem 10. und 15. Jh. Die visuell mehr oder weniger reich gestalteten englischen Gesetzestexte des 13. und 14. Jh.s bringt etwa CAMILLE, Michael: At the Edge of the Law: An Illustrated Register of Writs in the Pierpont Morgan Library, in: ROGERS, Nicholas (Hg.): England in the Fourteenth Century, Stamford 1993, S. 1-14, in Erinnerung.

7 MELNIKAS, Anthony: The Corpus of the Miniatures in the Manuscripts of Decretum Gratiani (Studia Gratiana 16-18), 3 Bde., Rom 1975.

8 Ein solcher Ansatz erfordert, die verschiedensten Disziplinen mit den ihnen eigenen Perspektiven auf das mittelalterliche Buch zusammenzuführen. Zum methodischen Ansatz siehe GENETTE, Gérard: Paratexte. Das Buch vom Beiwerk des Buches, Frankfurt 1989 (original: Seuils, Paris 1987); RAIBLE, Wolfgang: Die Semiotik der Textgestalt. Erscheinungsformen und Folgen eines kulturellen Evolutionsprozesses (Abhandlungen der Heidelberger Akademie der Wissenschaften, Philosophisch-historische Klasse Jg.1991, Abh. 1), Heidelberg 1991, hier S. 6-12. Zum mittelalterlichen Buch als „Organismus" mit prozesshaftem Charakter: DAGENAIS, John: Decolonizing the Medieval Page, in: STOICHEFF, Peter; TAYLOR, Andrew (Hg.): The Future of the Page, Toronto 2004, S. 37-70, hier: 38-40.

9 Vgl. die von Martin Bertram erstellte Signaturenliste der Handschriften der Dekretalen Gregors IX. (Liber Extra), 2005 unter: www.dhi-roma.it/fileadmin/user_upload/pdf-dateien/Online-Publikationen/Bertram/bertram_extrahss.pdf [28.2.09].

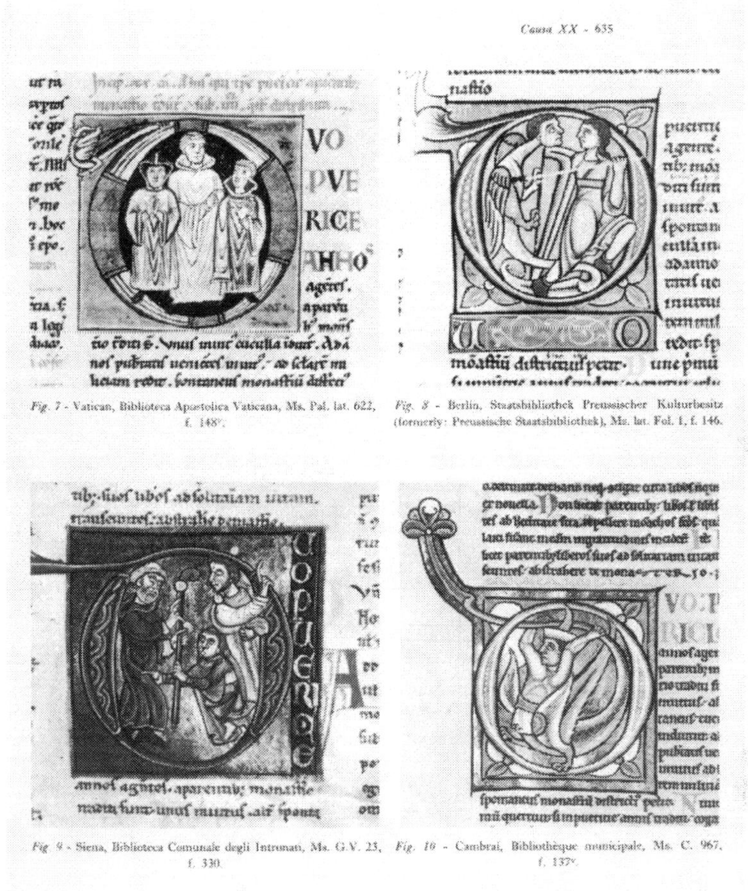

Abb. 1 Melnikas, Anthony: The Corpus of the Miniatures in the Manuscripts of Decretum Gratiani, Rom 1975, Bd. 2, S. 635

Rechtshandschriften zu widmen, wobei man auf das Original oder auf Digitalisate angewiesen ist, wie sie etwa durch die CEEC (Codices Electronici Ecclesiae Coloniensis) im Netz frei zugänglich gemacht werden.[10]

Entscheidend für die „Berührungsängste" von Seiten der Kunstgeschichtsforschung ist im weiteren Sinne aber auch die in der Moderne aktualisierte und bis auf Kants kritische Philosophie zurückzuführende getrennte Wahrnehmung von

[10] http://www.ceec.uni-koeln.de/ [11.2.2009].

Kunst und Recht.[11] Die der Kunst zugeschriebenen formalen und anarchischen Qualitäten sowie ästhetischen Effekte scheinen nicht vereinbar mit einem modernen Selbstverständnis von Recht und Gesetzgebung, welches in der Praxis der Vernunft wurzelt: „Jurisprudence creates an imaginary picture of law as ordered, systemic, closed, coherent, and hermeneutically stable, while art and literature are seen as anarchic, open, and free."[12] Die Nähe und die Interpendenzen zwischen beiden Kulturphänomenen aus historischer Perspektive auszuloten – dieser Anspruch wird bereits im Untertitel des 1999 erschienenen Sammelbandes von Costas DOUZINAS und Lydia NEAD deutlich, in dem der Begriff der „Autorität" der Kunst und der der „Ästhetik" dem Recht zugeordnet ist.[13]

Wenn nachfolgend die Forschung zum Verhältnis von Recht und Kunst resümiert wird, so liegt der Schwerpunkt auf jenen Studien, die den auch im vorliegenden Band berücksichtigten Rechtskodifizierungen gewidmet sind, deren Konzeptionen bildliche Darstellungen und graphische Gestaltungen beinhalten.[14] Die bisherigen Forschungsarbeiten beschränken sich für die Zeit des frühen Mittelalters vor allem auf Codices des *ius civile*, die im Gegensatz zu den kirchenrechtlichen Sammlungen durch eine Reihe von illuminierten Handschriften in Erscheinung treten.[15] Für die verschiedenen illuminierten Rechtskodifikationen der Volksrechte tragen sowohl Florentine MÜTHERICH als auch Hubert MORDEK unterschiedlichste Bildthemen zusammen, die, so Mütherich, divergierende „Vor-

---

[11] Hierzu ausführlich: DOUZINAS, Costas; NEAD, Lydia: Introduction, in: DIES. (Hg.): Law and Image. The Authority of Art and the Aesthetics of Art, Chiacago/London 1999, S. 1-15, hier: 2-6.

[12] DOUZINAS; NEAD 1999 (wie Anm. 10), S. 4.

[13] Siehe auch VISMANN, Cornelia: Bildregime des Rechts – Rechtsregime des Bildes, in: JOLY, Jean-Baptiste; VISMANN, Cornelia; WEITIN, Thomas (Hg.): Bildregime des Rechts (Symposium Akademie Schloß Solitude 11/2005), Stuttgart 2007, S-15-32, hier S. 15: „Indem Regeln begrenzen, verpassen sie Bildern schließlich allererst einen Rahmen. Und darin liegt ihre produktive Kraft." Bildregime meinen „Rechtsregeln, die ein Bild normieren, und Bildregeln, denen das Recht unterliegt."

[14] Zur Rechtsikonographie siehe z.B. KOCHER, Gernot: Zeichen und Symbole des Rechts. Eine historische Ikonographie, München 1992; JACOB, Robert: Images de la Justice. Essai sur l´iconographie judiciaire du Moyen Âge à l´âge classique, Paris 1994, S. 9-38, 169-194; BAUER, Andreas: Das Recht im Bild. Bildquellen des Mittelalters als Informationsträger für die Rechtsgeschichte, in: KRUPPA, Nathalie; WILKE Jürgen (Hg.): Kloster und Bildung im Mittelalter (Veröffentlichungen des Max-Planck-Instituts für Geschichte 218; Studien zur Germania Sacra 28), Göttingen 2006, S. 263-300.

[15] MÜTHERICH, Florentine: Frühmittelalterliche Rechtshandschriften, in: Aachener Kunstblätter 60 (Festschrift für Hermann Fillitz zum 70. Geburtstag) (1994), S. 79-86; MORDEK, Hubert: Frühmittelalterliche Gesetzgeber und Iustitia in Miniaturen weltlicher Rechtshandschriften, in: La giustizia nell'alto medioevo (secoli V-VIII). 7-13 aprile 1994 (Atti delle Settimane di studio del Centro Italiano di Studi sull'alto medioevo 42), Spoleto 1995, Bd. 2, S. 997-1052.

stellungen von der Entstehung von Recht und Gesetz zum Ausdruck"[16] bringen. Als verbindendes ikonographisches Element kann allenfalls der Gesetzgeber angeführt werden, welcher in der Tradition des Autorenbildes Autorität und Authentizität signalisiert.[17] Unterschiedliche Perspektiven kennzeichnen die Deutungen Mütherichs und Mordeks bezüglich der in den Miniaturen thematisierten mündlichen und schriftlichen Gesetzgebung. Florentine Mütherich erkennt darin eine Unterscheidung zwischen Volksrecht und römischem Recht. Hingegen ist die Verbindung von mündlicher und schriftlicher Gesetzgebung für Hubert Mordek ein typisches Element illuminierter karolingischer Handschriften, in denen die für die römische Gesetzgebung selbstverständliche Schriftlichkeit eine Wiederbelebung erfuhr.

Ein komplexes Bild-Text-Verhältnis kennzeichnet die sich seit dem hohen Mittelalter inhaltlich ausdifferenzierenden kirchenrechtlichen Sammlungen sowie die Handschriften römischen Rechts – ein Phänomen, das eng mit der Gründung mitteleuropäischer Universitäten und der Entwicklung des Rechtsstudiums zusammenhängt. Die bisherigen Studien dazu konzentrieren sich vor allem auf einzelne Handschriften und Gattungen, nehmen bestimmte Regionen bzw. Produktionszentren in den Blick, interessieren sich dabei für Werkstattpraktiken, stilistische und ikonographische Aspekte und berücksichtigen zunehmend Text-Bild-Verhältnisse und Ausstattungskonzepte.[18]

Robert GIBBS und Susan L'ENGLE, haben in den vergangenen Jahren vor allem die italienischen Zentren der Produktion illuminierter Rechtshandschriften, vornehmlich die Universitätsstadt Bologna, aber auch Padua und Verona, in das Blickfeld der Forschung gerückt. Besonders um die Entwicklung des stilistischen Erscheinungsbildes Bologneser Handschriften kanonischen Rechts des 13. und 14. Jahrhunderts geht es Robert Gibbs, der ferner auch den Wandel von Ausstattungskonzepten berücksichtigt.[19] Gibbs konstatiert, dass die Frage des Stils keine des Ausführungsortes, sondern der Maler ist, die zwischen den Zentren je nach Auftraggebernachfrage wechselten. Eine Markscheide in der Layoutgenese stellen die illuminierten *Dekretalen*-Handschriften dar, für deren bildliche und graphische Gestaltung um 1280 Jacobino da Reggio verantwortlich zeichnete. Ausführlicher diskutiert Susan L'Engle Jacopinos da Reggios Veränderungen des Layouts in den *Dekretalen* im späten 13. Jahrhundert.[20] Jacobino führte die dramatisierte Eröffnung der *Dekretalen*-Handschriften durch prachtvoll gestaltete Doppelseiten

---

[16] MÜTHERICH 1994 (wie Anm. 14), S. 84.

[17] MORDEK 1995 (wie Anm. 14), S. 1051.

[18] Etwa AK Mostra di manoscritti e incunabili del Decretum Gratiani, Bologna, Biblioteca Universitaria 1952; SCHILLING, Rosy: The Decretum Gratiani formerly in the C.W.Dyson Perrins Collection, in: Journal of the British Archaeological Association 26 (1963), S. 27-39.

[19] GIBBS 2002 (wie Anm. 4).

[20] L'ENGLE, Susan: Trends in Bolognese Legal Illustration: The Early Trecento, in: COLLI 2002 (wie Anm. 4), S. 219-244.

ein, auf denen die Miniaturen die Spaltenbreite überschreiten. Die bildliche und graphische Gestaltung breitet sich ferner auf die Initialen und die Interkollumnien aus und besetzt somit weite Teile der Buchseite, wodurch verschiedene Textsorten im Layout räumlich voneinander getrennt wahrnehmbar sind. Dieser Prozess wird flankiert durch ein Anwachsen des ikonographischen Repertoires, deren Reichtum L'Engles besonderes Interesse gilt.[21] Sie differenziert Themen und Funktionsweisen der bildlichen Darstellungen und beschäftigt sich mit der Frage, inwiefern darin soziale Relationen und kommunale Verhaltensweisen auf der einen Seite widergespiegelt werden und auf der anderen Seite die Ikonographien Anteil an der Ausbildung von Rechtsideologien hatten.[22] Dem gegenwartsbezogenen Charakter der Rechtsikonographien geht Kathleen NIEUWENHUISEN am Beispiel der Illuminationen einer *Causa*, und zwar den Heiratsdarstellungen in den in Paris und Bologna angefertigten Codices des *Liber Extra* (1250–1400) nach.[23] Die Heiratsikonographien, die je nach Entstehungsort verschieden ausfallen, allerdings innerhalb eines Skriptoriums auch in anderen Handschriftentypen (*Decretum Gratiani* oder *Codex Iustiniani*) auftauchen konnten, nehmen Eigenheiten zeitgenössischer Hochzeitsrituale auf und sind damit weniger dem Text verpflichtet, dem sie voranstehen.

In einzelnen Untersuchungen, die bestimmten Handschriftengattungen oder einzelnen Handschriften gewidmet sind, wurden in den vergangenen Jahren Aufgaben der bildlichen Gestaltungen weiter differenziert. Michael CAMILLE, der sich mit illuminierten Codices des *Registrum Brevium* aus dem späten 13. und 14. Jahrhundert beschäftigt, die in der englischen Hofkanzlei erstellte Register von Erlässen enthalten, richtet sein Hauptaugenmerk auf die Randgestaltungen.[24] Diese kommentieren und parodieren nicht nur den Text, sondern metaphorisieren, in die Marginalspalte der Codices platziert, das jenseits des Rechts situierte Chaos. Camille bindet die gewandelten Ausstattungskonzepte von Rechtshandschriften zurück an allgemeine konzeptionelle Veränderung in Handschriftenlayouts und begründet diese mit den Analysemethoden und der Organisation der Texte durch die Scholastik seit dem hohen Mittelalter.

Am Beispiel einer frühen Handschrift des *Decretum Gratiani* des 12. Jahrhunderts, die im Kloster Schäftlarn angefertigt wurde und sich heute in der Münchner

---

[21] Zur Rolle von Textilien in den Illuminationen des Rechts: L'ENGLE, Susan: Addressing the Law: Costume as Signifier in Medieval Legal Manuscripts, in: KOSLIN, Désirée G.; SNYDER, Janet E. (Hg.): Encountering Medieval Textiles and Dress. Objects, Texts, Images, New York 2002, S. 137-153.

[22] L'ENGLE 2002 (wie Anm. 19), S. 234.

[23] Vgl. die noch unveröffentlichte Dissertation von NIEUWENHUISEN, Kathleen: The Consent in Pictures. Marriage Representations in Medieval Manuscripts of the Liber Extra (1250-1400); DIES., Het jawoord in beeld: huwelijksafbeeldingen bij het kerkelijk wetboek van paus Gregorius IX (1227-1241), in: Spiegel historiael 36,2 (2001), S. 74-79.

[24] CAMILLE 1993 (wie Anm. 6), S. 1-14

Staatsbibliothek befindet, setzt sich Elisabeth KLEMM intensiv mit dem Text-Bild-Verhältnis auseinander.[25] Die jeweils die fiktiven Rechtsfälle, die *Causae*, einleitenden historisierten Bildinitialen dienen deren inhaltlicher Kommentierung, wobei bestimmende Faktoren der Rechtsprobleme in aussagekräftige Bildkürzel und Figurenkonstellationen gefasst werden. Am Beispiel der Gebärdensprache der Figuren wird der Zusammenhang zu anderen Handschriftengattungen, wie etwa den illuminierten Codices des Sachsenspiegels oder Handschriften höfischer Thematik, so der Münchner Willehalm, deutlich. Klemms Arbeit verweist auf die Überschneidungen bildlicher und ornamentaler Ausgestaltung kanonistischer Handschriften mit Codices zivilen Rechts aber auch mit anderen Handschriftengattungen. Der Ausstellungskatalog „Illuminating the Law" von 2001 berücksichtigt diesen Aspekt, indem illuminierte Rechtscodices und Einzelblätter des 12. bis 15. Jahrhundert, die sowohl das Kirchenrecht als auch das *ius civile* umfassen, gemeinsam vorgestellt und diskutiert werden.[26] Jenseits der Grenzen von Regionen und Textgattungen werden damit am Beispiel von Codices aus Cambridger Sammlungen und der Kathedralbibliothek Durham bildungsgeschichtliche Zusammenhänge, Herstellungsprozess, Verbreitung, Gebrauch, Layout und Ikonographie mittelalterlicher Rechtshandschriften in einen größeren Zusammenhang gestellt.

Ausgehend von den genannten Untersuchungen zu einzelnen Handschriften, Handschriftengattungen oder den wenigen übergreifenden Studien lassen sich Funktionsweisen der bildlichen Gestaltung mittelalterlicher Rechtscodices differenzieren: Diese reichen von der Rückbindung an Personen und Verfahren der Rechtsentscheidung in den frühmittelalterlichen Codices, über die kommentierende, parodierende, aktualisierende bzw. vergegenwärtigende Rolle der Bilder vornehmlich in den späteren Handschriften bis hin zu der Frage, inwiefern Bilder auch Anteil an der Ausbildung von Rechtsideologien hatten.[27] Überlegungen zu einer im weitesten Sinne strukturbildenden Funktion der Ausgestaltung, wie sie etwa bei L'ENGLE und CAMILLE angedacht sind und die weiterführende Aussagen zur Systematisierung und Ordnung von Rechtswissen ermöglichen, finden sich dagegen seltener.[28] Ferner ließen sich etwa auch Überlegungen zum Selbst-

[25] KLEMM, Elisabeth: Der Schäftlarner Gratian und die Anfänge der Rechtsillustration, in: Bibliotheksforum für Bayern 22 (1994), S. 204-220.

[26] L'ENGLE, Susan; GIBBS, Robert (Hg.): AK Illuminating the Law. Legal Manuscripts in Cambridge Collections. Cambridge, Fitzwilliam Museum 3 November - 16 December 2001, London/Turnhout 2001.

[27] Vgl. JACOB 1994 (wie Anm. 13), S. 12-14, 21-38, zur Darstellung von Autorität S. 170-173.

[28] Vgl. WITTEKIND, Susanne: ‚*Ut hac tantum compilatione universi utantur in iudiciis et in scholi*'. Überlegungen zu Gestaltung und Gebrauch illuminierter Dekretalenhandschriften Gregors IX., erscheint in: LUTZ, Eckart Conrad; BACKES, Martina; MATTER, Stefan (Hg.): Lesevorgänge. Prozesse des Erkennens in mittelalterlichen Texten, Bildern und Handschriften. Freiburger Colloquium 2007 (Medienwandel - Medienwechsel - Medienwissen), Zürich 2009.

verständnis des zeitgenössischen Rechtswesens vertiefen, das sich gerade auch in der Ausstattung der Rechtshandschriften widerspiegelt.[29] Untersuchungen wie die von Jean-Claude SCHMITT zur überindividuellen Kanonisten-Figur in einer französischen *Decretum Gratiani*-Handschrift des 13. Jahrhunderts, die hierin als Kommentator, Schiedsrichter, Vortragskünstler des Kirchenrechts und nicht zuletzt als Repräsentant des Kirchenrechtes selbst in Erscheinung tritt, bilden die Minderheit.[30]

Die vorliegenden, überwiegend kunsthistorischen Beiträge zweier Rechtshandschriftenkolloquien, die 2005 und 2006 am Kunsthistorischen Institut der Universität zu Köln stattfanden, können nur einen kleinen Einblick in den umfangreichen Corpus von Regelwerken des Mittelalters bieten.[31] Wir bedanken uns bei allen Autoren, dass sie den Diskussionsfaden der Kolloquien für Ihre Beiträge in diesem Band wieder aufgenommen und weitergesponnen haben. Ein besonderes Dankeschön gilt unserer Mitarbeiterin Katja Hartung, die Satz und Layout des Buches übernommen und mit viel Geduld jeden Änderungswunsch der Herausgeberinnen und Beitragenden eingearbeitet hat. Die einzelnen Beiträge vereinen verschiedene Perspektiven und methodische Zugriffsweisen auf die hier schwerpunktmäßig untersuchten Kodifizierungen der Volksrechte und des Kirchenrechts. Fragen nach den Entstehungskontexten und stilistischen Zusammenhängen, nach

[29] Vgl. BRUNDAGE, James A.: The Rise of Professional Canonists and Development of the Ius Commune, in: Zeitschrift der Savigny-Stiftung für Rechtsgeschichte, Kanonistische Abteilung 81 (1995), S. 26-63, hier: 42-57, sowie VON HÜLSEN-ESCH, Andrea: Gelehrte im Bild. Repräsentation, Darstellung und Wahrnehmung einer sozialen Gruppe im Mittelalter, Göttingen 2006, S. 258, 262.

[30] SCHMITT, Jean-Claude: Le Miroir du Canoniste: A Propos d'un Manuscrit du *Decret* de Graten de la Walters Art Gallery, in: Journal of the Walters Art Gallery 49/50 (1991/1992), S. 67-81.

[31] Leider konnten nicht alle Beiträge hier aufgenommen werden, denn einige erschienen bereits gesondert an anderer Stelle: Der Vortrag von Klaus ZECHIEL-ECKES „Historisch geordnetes und systematisches Kirchenrecht und seine frühmittelalterlichen Wechselbeziehungen" erschien in ähnlicher Fassung in: Mittelalterliche Handschriften der Kölner Dombibliothek (Libelli Rhenani Band 12), Köln 2005, S. 211-241; der Vortrag von Martin BERTRAM „Bemerkungen zur Dekoration von Rechtshandschriften aus der Sicht des Handschriften- und Textforschers, unter besonderer Berücksichtigung der Dekretalen Gregors IX." erscheint in: Marburger Jahrbuch für Kunstwissenschaft 35 (2008), S. 31-65; der Vortrag von Gisela DROSSBACH „Die Ordensregel als Bilderbuch. Text und Bild im ‚Liber Regulae' des Hospitals von Santo Spirito in Sassia" erschien inzwischen in: BULST 2007 (wie Anm. 5). Andere Tagungsteilnehmer verzichteten auf eine Ausarbeitung zur Publikation, so Kathleen NIEUWENHUISEN „The Consent in Pictures. Marriage representations in medieval manuscripts of the Liber Extra (1250-1400)", Karl-Georg PFÄNDTNER „Der süddeutsche Beitrag zur Entstehung der Ikonographie des Decretum Gratiani" sowie „Die Illustration der Libri V decretalium Gregorii IX in Bologneser Handschriften", Stefan GEYER „Schrift und Bild als Gebrauchsmedien der Herrschaft" und Martin BERTRAM „Was kosteten die juristischen Handschriften im späteren Mittelalter".

der Tradierung von Rechtswissen und ihrer Funktion sowie nach der Art und Weise, wie durch Miniaturen, Ornamentik und Layout Rechtswissen systematisiert und vermittelt wird, stehen dabei gleichermaßen zur Diskussion.

Den frühen Kodifizierungen der Volksrechte sind die Arbeiten des Rechtshistorikers Martin AVENARIUS und des Kunsthistorikers Anton VON EUW gewidmet. Avenarius rekonstruiert den Entstehungszusammenhang einer Vatikanischen Breviarhandschrift der ersten Hälfte des 9. Jahrhundert, die verschiedene Volksrechte, Auszüge aus dem *Codex Theodosianus*, Exzerpte aus Juristenschriften sowie einen Rechtstext, der als *Epitome Ulpiani* bekannt ist, enthält. Anhand der Schreibweise, der Schriftmerkmale, der Ornamentik sowie aufgrund historischer Überlegungen weist er das Breviar, welches im Frankrenreich wichtige Bedeutung für Rechtsstudium und Praxis erlangte, dem Sankt Gallener Skriptorium zu. Am Beispiel mehrerer in der Stiftsbibliothek Sankt Gallen erhaltenen und ins späte 8. bzw. 9. Jahrhundert datierten *Leges*-Handschriften diskutiert Anton von Euw Genese und stilistische Eigenheiten ihres Initialschmucks. Von Euw betont die Bedeutung der Initialornamentik als Kettenglied zwischen spätantiker und karolingischer Kunst und hebt ferner dessen Nähe zu den Objekten der Goldschmiedekunst im 8. Jahrhundert hervor.

Während der Schwerpunkt von Martin Avenarius und von Anton von Euw auf der Orts- und Alterssicherung, den künstlerischen Besonderheiten sowie der Rezeptionsgeschichte der jeweiligen Kodifizierungen liegt, gehen Kristin BÖSE und Susanne WITTEKIND am Beispiel spanischer Rechtskodifizierungen der Frage nach, mit welchen Absichten Rechtskodifizierungen entstanden und welche Rolle die Bilder bei der Wissensvermittlung spielten.

Im Vergleich zu den frühen unter den Karolingern kodifizierten Volksrechen sind illuminierte Rechtshandschriften auf der Iberischen Halbinsel erst seit dem 10. Jahrhundert belegt, wobei hier – wie der von Kristin Böse diskutierte *Codex Albeldense* von 976 aus dem Kloster San Martín de Albelda zeigt – Kirchenrecht und Volksrecht gemeinsam in einem Manuskript überliefert sein können. Böse führt dies auf die Rolle des Klosters für die Reorganisation jener Gebiete zurück, die durch die Christen von den Muslimen zurückerobert wurden. Dies erklärt auch, warum die im *Codex Albeldense* virulenten Autorenbilder das von den navarresischen Königen geförderte Kloster als ein kulturelles Zentrum ausweisen, wo man sich in der Tradition antiker Gelehrtendiskurse der Überlieferung und Vermittlung von Rechtstexten widmete. Böse diskutiert vor allem die in den Bildern thematisierte Rolle der Oralität für die Vermittlung des Rechtswissens.

Autorschaft und göttliche Autorisierung sind auch Thema des Beitrags von Susanne Wittekind zum *Libro de las Leyes*, einer Sammlung kanonischen und kastilischen (Volks-)Rechts, die zwischen 1254 und 1261 im Auftrag und unter Mitwirkung Alfonsos X., des Weisen, von Kastilien-Léon angefertigt wurde. An ausgewählten Miniaturen der unter dem Enkel Alfons X., Ferdinand IV., angefertigten Prachthandschrift betont Wittekind die zentrale Rolle des Königs als befriedender Lenker des Volkes und Schutzherrn der Kirche selbst dort, wo er in den Gesetzestexten gar nicht zur Sprache kommt. Dabei wurde bewusst auf Verbindungen zu den thematisch verwandten Bildlösungen in den Handschriften des *Decretum Gratiani* und der *Dekretalen* verzichtet. Wittekind diskutiert die in den Bildern betonte ordnende Gewalt des Königs vor dem Hintergrund innenpolitischer Krisen im kastilisch-leonesischen Herrschaftsbereich seit den 1290er Jahren.

Zwei weitere Beiträge beschäftigen sich mit den illuminierten Handschriften des *Decretum Gratiani*. Schwerpunktmäßig kommen dabei Fragen zu den sich in den Miniaturen, der ornamentalen und graphischen Gestaltung widerspiegelnden Rezeptionsangeboten und Systematisierungsweisen von Rechtswissen zur Sprache. Eine frühe illuminierte Handschrift aus dem Kloster Schäftlarn ist Gegenstand der Überlegungen von Christine JAKOBI-MIRWALD zur Figurensprache der historisierten Initialen, welche den fiktiven Fallschilderungen im *Decretum Gratiani* voranstehen. Grundsätzlich stellen die Initialen, welche nur bestimmte Aspekte der Fallschilderung herausgreifen, eine visuelle Indexierung dar. Die oft sehr originellen, teils parodistischen Bildfindungen, die ohne Vergleich innerhalb der illuminierten *Gratian*-Handschriften sind, erleichtern – so die These – das Einprägen bestimmter Rechtsfälle und dienen zur leichteren Orientierung innerhalb des Codex.

Die memorative Funktion der bildlichen Ausstattung in Rechtskodifizierungen betont auch Claudia SPITZER, deren Beitrag einer späteren, vom Ende des 13. Jahrhunderts datierenden nordfranzösischen *Gratian*-Handschrift gewidmet ist. Sie interpretiert Veränderungen im Seitenlayout, d.h. dessen Überführung in eine „sichtbare ordinatio“ vor dem Hintergrund der sich im 13. Jahrhundert ausprägenden scholastischen Herangehensweise an rechtliche Fragen. Spitzer belegt, wie die zumeist randständig behandelten Drôlerien und Ranken Schlüsselpassagen des Textes hervorzuheben und inhaltliche Verbindung zwischen bestimmten Abschnitten herzustellen und diese zugleich zu kommentieren vermögen. Diese der Strukturierung und Systematisierung des Textes dienenden visuellen Zeichen sind ihrer Meinung nach deutliches Indiz dafür, dass die zuweilen reich illuminierten *Decretum Gratiani*-Handschriften nicht nur der Repräsentation der Besitzer dienten, sondern durchaus im pragmatischen Sinn genutzt wurden.

Auch die Illumination der *Sachsenspiegel*-Codices, denen der abschließende Beitrag von Henrike MANUWALD gewidmet ist, dienten der Vorstellbarkeit und der Memorierung von Rechtsfällen. Manuwald führt dies auf die narrative Leistung der primär symbolsprachlichen Bilder zurück, da sie die Imagination und Vorstellungskraft der Betrachter anregten. Durch die leitende Frage nach der Erzählstruktur bildlicher Gestaltung eröffnet sie ferner neue Perspektiven, die zumeist isoliert untersuchten Handschriften des *Sachsenspiegels*, des *Decretum Gratiani* sowie des *Corpus Iuris Civilis* in einen Zusammenhang zu stellen.

Der nachfolgende Beitrag der Herausgeberinnen nimmt hingegen die Eröffnungs- und Schlussminiaturen von Rechtshandschriften in den Blick und stellt damit die Frage, wie in den Bildern jeweils der Status und die Rolle des Rechts definiert wird, an den Anfang des vorliegenden Bandes.

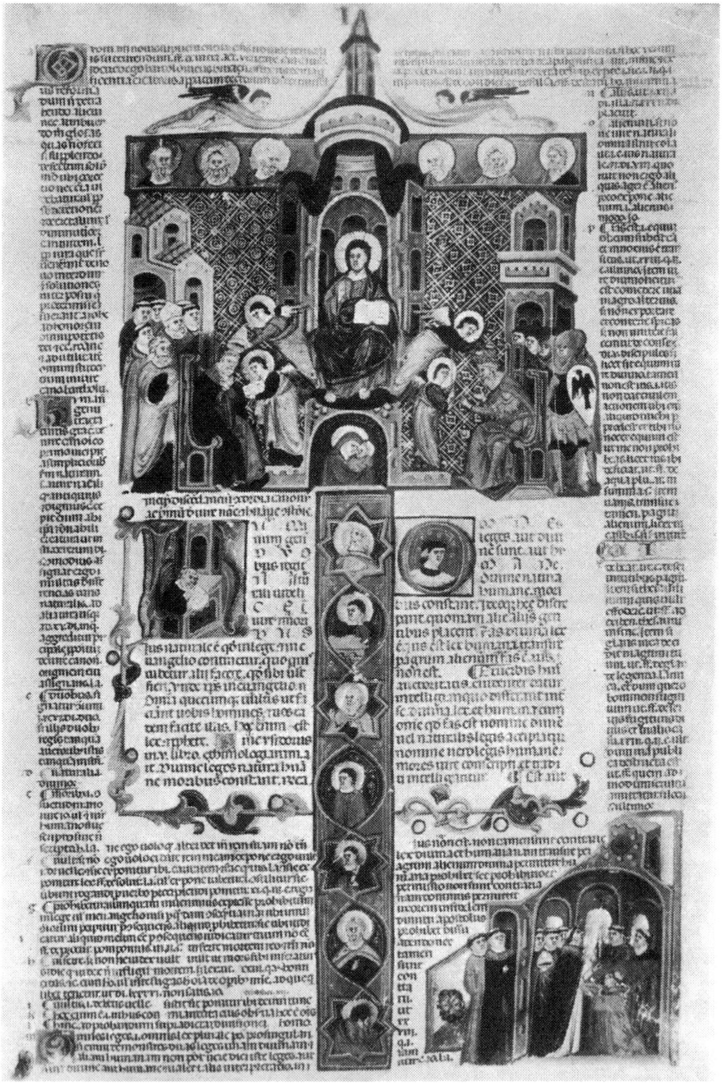

Abb. 1 Decretum Gratiani; Wien, ÖNB, Cod. 2060, fol. 8r

Kristin Böse / Susanne Wittekind

Eingangsminiaturen als Schwellen und Programm im *Decretum Gratiani* und in den *Dekretalen* Gregors IX.

Anfang und Ende eines mittelalterlichen Buches stellen empfindliche Schwellensituationen dar, wo man je nach Art und Aufgabe des Werkes eine bewusste Inszenierung des Ein- und Ausstieges in den Text mittels visueller Gestaltung erwarten könnte.[1] Während der Buchanfang und seine Eröffnungsbilder (Frontispizien) gleichsam selbstverständlich die Aufmerksamkeit anziehen, ist ihr Verhältnis zur Gestaltung des Buchausgangs bisher kaum beachtet worden. Dabei entspricht in mittelalterlichen Handschriften der graphisch hervorgehobenen Markierung des Buch- oder Abschnittsbeginns durch das *Incipit* regelmäßig der ebenso hervorgehobene Vermerk des Textschlusses (*Explicit*). Gerade dort, im *Kolophon*, nennen Schreiber häufig ihren Namen, fügen Bitten um Fürbitte an oder geben Hinweise auf Auftraggeber, Entstehungsort und -zeit.[2] Zwei Fallstudien, die erste zu Handschriften des *Decretum Gratiani*, die zweite zu den *Dekretalen* Gregors IX. (*Liber extra*), werden diese den Codex umspannende Funktion von Eingangs- und Ausgangsminiaturen an ausgewählten Beispielen erörtern.

Eingangs- und Schlussminiaturen in Codices des *Decretum Gratiani*

Nachfolgende Ausführungen stellen zwei Eröffnungsminiaturen aus *Decretum*-Codices des frühen 14. Jahrhunderts in den Mittelpunkt, in denen die Frage nach den Grundlagen und der Bedeutung kanonischen Rechts thematisiert wird. In den früheren Handschriften des *Decretum Gratiani* beschränkt sich die bildliche Gestaltung häufig auf historisierte Initialen besonders am Eingang, die mit der Darstellung eines Bischofs und eines Königs das Verhältnis von weltlicher und kirchlicher Macht verhandeln,[3] auf welches Gratian selbst in seinen einleitenden

[1] REUDENBACH, Bruno: Die Londoner Psalterkarte und ihre Rückseite. Ökumenekarten als Psalterillustration, in: Frühmittelalterliche Studien 32 (1998), S. 164-181, hier: 166 und Anm. 6; PÄCHT, Otto: Buchmalerei des Mittelalters, München 1984, S. 32. Dem Thema von Codex & Raum widmete sich zuletzt eine Tagung des Mediävistischen Arbeitskreises der Herzog August Bibliothek Wolfenbüttel vom 16.11.-17.11.2006, organisiert von Lieselotte E. Saurma, Stephan Müller und Peter Strohschneider. Vgl. HAMBURGER, Jeffrey: „Openings – wie sich Bücher dem Betrachter öffnen", Vortrag gehalten zu Ehren Robert Suckales 65. Geburtstag am 10.1.2009 in Berlin.

[2] WATTENBACH, Wilhelm: Das Schriftwesen im Mittelalter, 3. Aufl. Leipzig 1896, Neudruck Graz 1958, S. 278-293, 491-527.

[3] Zum Verhältnis der Gewalten in den Bildinitialen am Beginn der frühen Gratian-Codices STICKLER, Alphons: Ursprung und gegenseitiges Verhältnis der beiden Gewalten nach den

Distinctiones mehrfach zur Sprache kommt. In diesen bespricht er die fundamentalen Normen des Kirchenrechts und jene, menschliches Leben regierenden Schlüsselprinzipien: die kirchliche und weltliche Macht. Sowohl ziviles als auch kanonisches Recht sind nach Gratian auf das Naturrecht zurückzuführen, das göttlichen Ursprungs sei.[4] Im weiteren Verlauf des einleitenden Abschnitts wird das Verhältnis von *regnum* und *sacerdotium* genauer erörtert, wobei Gratian für eine Kooperation beider Mächte als Bestandteil des göttlichen Plans, die Welt zu regieren, plädiert.[5]

Die Gestaltung der Eröffnungsseiten späterer *Decretum Gratiani*-Handschriften beschränkt sich hingegen nicht nur auf Bildinitialen, sondern wird zusätzlich um eine oder mehrere Miniaturen, die den Textkörpern voranstehen oder in diese integriert in Erscheinung treten, bereichert. Das Thema der beiden Gewalten bleibt weiter präsent, wird jedoch durch Aspekte der Autorschaft, der göttlichen Legitimierung kanonischen Rechts und andere Sujets erweitert. Als Beispiel dafür dient nachfolgend die Eröffnungsminiatur in einer in die erste Hälfte des 14. Jahrhunderts datierten Gratian-Handschrift italienischer Provenienz. Die bildliche Ausstattung zu Beginn des ersten Kapitels auf fol. 8r des in der Österreichischen Nationalbibliothek in Wien (Cod. 2060) aufbewahrten Codex umfasst sowohl Mi-

---

Miniaturen des Gratianischen Dekretes, in: Studia Gratiana 20 (1976), S. 341-359. Stickler führt die schwerpunktmäßige Behandlung des Verhältnisses von *regnum* und *sacerdortium* in den Eingangsminiaturen der Codices auf die Glossatoren zurück. Diese haben den ersten Satz des Dekrets, welcher die zwei, die Menschen regierenden Rechtsnormen benennt (Naturrecht und Gewohnheit) mit der *Dist.* 96 verknüpft, in denen Gratian von den beiden höchsten Autoritäten Kaiser und Papst spricht. Zuletzt hat ADAMCZUK, Arkadiusz: Miniatury częśi pierwszej Dekretu Gracjana – *Pars Prima*, jako odzwierciedlenie zmian w obrazowanik stosunków regnum – sacerdotium. Studium ikonologiczne, in: Archiva Biblioteki i Muzea Kościelne 78 (2002), 9-39, erörtert, wie unterschiedlich das Verhältnis der Gewalten zueinander in den Bildern interpretiert wurde, was im Zusammenhang mit der jeweiligen politischen Situation, der Zeit und dem Ort der Entstehung der Handschriften steht. Die Darstellungen stellen entweder ein Gleichgewicht zwischen den Mächten, symbolisiert durch Papst und Kaiser/König, her oder sie thematisieren die Überordnung der einen oder anderen Autorität. Vgl. auch JACOB, Robert: Images de la Justice. Essai sur l´iconographie judiciaire du Moyen Âge à l´âge classique, Paris 1994, S. 24-35.

4 *Humanum genus duobus regitur: naturali videlicet iure et moribus. Jus naturale est quod in lege et Evangelio continentur, quo quisque jubetur alii facere quod sibi vult fieri, et prohibetur alii inferre quod sibi nolit fieri.* [...] *Omnes leges aut divinae sunt, aut humanae. Divinae natura, humanae moribus constant, ideoque hae discrepant, quoniam aliae gentibus placent. § 1. Fas lex divina est: jus lex humana. Transire per agrum alienum, fas est, jus non est.* Decretum Gratiani, Distinctio Prima: http://mdz.bib-bvb.de/digbib/gratian/text/@Generic__BookView;cs=default;ts=default;lang=de [18.2.2009].

5 Vgl. CHODOROW, Stanley: Magister Gratian and the Problem of 'Regnum' and 'Sacerdotium', in: Traditio 26 (1970), S. 364-381. Gratians Theorie des *Regnum* und *Sacerdotium* bezieht sich auf die Frage, inwiefern die Kirche die Ausübung der säkularen Macht kontrolliert.

niaturen als auch Bildinitialen.[6] (Abb. 1) Die zentrale Miniatur, welche dem zweispaltigen Dekrettext voransteht, misst im Vergleich zum Schriftspiegel mit 245 x 160 mm etwa 80 x 100 mm. In ihrer Mitte thront Christus als Herrscher. Während er mit seiner rechten Hand den Segensgestus ausführt, präsentiert er in seiner linken dem Betrachter das geöffnete Buch des Lebens. Seine isolierte Gestaltung innerhalb der Miniatur resultiert aus einer die Person hoheitsvoll hinterfangenden Kirchenarchitektur. Das durch das Buch symbolisierte Evangelium wird darüber hinaus durch verschiedene, mit dem thronenden Christus räumlich verbundene Darstellungen anschaulich gemacht, die teilweise wie ein Bild im Bild in Erscheinung treten. So öffnet sich zu Füßen des Herrschers eine Rundbogennische, die das Bildnis einer Maria mit Kind enthält. Zur Visualisierung der Kindheitsgeschichte Jesu wird hier der aus Byzanz überlieferte Typus der *Eleusa* verwendet, wie er in der italienischen Malerei des 14. Jahrhunderts verbreitet war. Das Thema der zwei Gewalten als Garanten, Beschützer und Verwalter des Rechts, bekannt aus den frühen *Decretum Gratiani*-Handschriften, ist in dieser Miniatur in der Übergabe von Tiara und geöffnetem Buch an den Papst sowie Krone und Schwert an den Kaiser durch Engelsfiguren zu beiden Seiten des thronenden Christus aufgehoben. Diese Bildlösung ruft Darstellungen der *traditio legis*, der Übergabe der Gesetze an Petrus, in Erinnerung. Gratian selbst führt in seinem Dekret die *traditio legis* als Beleg der göttlichen Autorisierung der christlichen Kirche an, wobei unklar bleibt, durch wen die Autorisierung der säkularen Macht erfolgt, durch Gott oder durch die Kirche, was innerhalb der hier diskutierten Miniatur zugunsten Gottes entschieden wird.[7]

Das Erscheinungsbild der Seite spiegelt insgesamt die zeitlich versetzten Entstehungs- und Bearbeitungsstufen des Dekrets wieder. Um das durch die Miniatur eingeleitete Dekret in der Seitenmitte legt sich wie ein Rahmen die Kommentierung des Dekrets, die so genannte *glossa ordinaria*. Die Kommentierung der durch Gratian zusammengestellten fiktiven Rechtsfälle setzte relativ bald nach der Entstehung des Dekrets ein, doch erst seit den 30er Jahren des 13. Jahrhunderts gehört ein stabiler Apparat von Glossen zur Standardausstattung der Gratian-Kodifizierungen. Die unterschiedlichen Entstehungsphasen von Dekret und Glosse werden auf fol. 8r im Wiener Codex durch die den einzelnen Textteilen zugeordneten Miniaturen und Bildinitialen betont und darüber hinaus durch Be-

---

[6] Der Codex zählt 320 Blätter und ist 435 x 275 mm groß. Er befand sich in der Spätrenaissance im Besitz des Erzherzogs Karl von Steiermark und kam über die Grazer Schloßbibliothek in den Besitz der Österreichischen Nationalbibliothek. EHEIM, Fritz: Handschriften des Decretum Gratiani in Österreichischen Sammlungen, in: Studia Gratiana 7 (1959), S. 163ff.

[7] STICKLER 1976 (wie Anm. 3) plädiert für die göttliche Ordinierung, während CHODOROW 1970 (wie Anm 5), S. 368f., auf widersprüchliche Passagen verweist, etwa auf *Causa* 11: Wenn die Legitimierung der säkularen Macht an der Bedingung des Christseins geknüpft ist, dann kommt der kirchlichen Hierarchie eine vermittelnde Rolle in der Etablierung und Bewertung von Laienherrschern zu.

zug zum „Urtext", das Evangelium, sowie zur Gegenwart des Betrachters in einen größeren zeitlichen Deutungsrahmen eingeordnet. Auffallend ist etwa die mehrfache Darstellung eines geöffneten Buches. Neben Christus, der das geöffnete Buch des Lebens präsentiert wird auch dem Papst ein geöffnetes Buch übergeben. Unterhalb dieser Übergabe beugt sich in der Bildinitiale *H* ein Mönch über einen aufgeschlagenen Codex. Das geöffnete Buch erscheint somit wie ein Leitmotiv, welches die Verbindung zwischen Heiliger Schrift und Dekret vor Augen führt. Dieser Zusammenhang, der sich etwa auch durch das dem Betrachter frontal präsentierte Buch in der Hand des Gott-Christus in Bezug zum zweispaltigen Textkörper des Dekrets manifestiert, macht darauf aufmerksam, dass der Ursprung des Dekrets in den Evangelien zu finden ist.

Die bildliche Gestaltung auf fol. 8r dient jedoch nicht nur einer chronologischen Einordnung und göttlichen Legitimierung des Dekrets, sondern ermöglicht zugleich eine synchrone Lektüre von Dekret und Glossierung. Auf diese zielt insbesondere das zentral positionierte T-förmige Kreuz, welches Miniaturen, Bildinitiale und Textkörper der Seite gleichsam einem inneren Rahmen verknüpft. Das Kreuz, das die Darstellung von dreizehn unbenannten Heiligen ziert, rahmt mit dem Querbalken seiner T-Form die zentrale, dem Dekret voranstehende Miniatur, und verbindet diese durch seinen vertikalen Balken, der auf die Mittelachse der Seite ausgerichtet ist, mit den Textkörpern von Dekret und Glosse. Damit wird auch im Aufbau der durch die Kreuzform bestimmten Seite nochmals vor Augen geführt, dass die Handschrift nur eine Folie darstellt, durch die das göttliche Gesetz hindurch wahrnehmbar ist.

An dieser Stelle eröffnen sich weitere Angebote einer Verknüpfung von Dekret und Heiliger Schrift, die den Bogen in die Vergangenheit, aber auch in die Gegenwart des Betrachters schlagen: So steht etwa der Bildinitiale mit dem über einem aufgeschlagenen Buch gebeugten Mönch das in die Kreuzform integrierte Brustbild eines Heiligen gegenüber, der über einem Schriftstück im Habitus eines Evangelisten kontempliert. Dem Mönch gleich kann sich dann auch der Betrachter/Leser dem hier einsetzenden Text des Dekrets zuwenden. An anderer Stelle, und zwar in den das Dekret rahmenden Glossenapparat der Seite, ist die Darstellung einer kirchlichen Zeremonie eingefügt. Der Betrachter blickt hier durch eine Schauöffnung in die Apsis eines Kirchengebäudes. Eine Reihe von Klerikern umringt einen Bischof am Altar, dem ein weiterer Kleriker, der eine Schale in der Hand hält, zu Füßen kniet. Aufgrund der leicht beschädigten Miniatur fällt die Deutung schwer, um was für eine Zeremonie es sich handelt, vielleicht eine Altarweihe. Dass eine solche Thematik an dieser Stelle Aufnahme findet, ist ungewöhnlich. Zumeist ist sie Gegenstand jener Miniaturen, die das letzte, den Sakramenten geweihte Kapitel des *Decretum Gratiani* einleiten. Gerade am buchstäblichen Rand des Blattes und an jener Stelle, an der die Rolle des Rezipienten durch das Umblättern der Seiten ins Spiel kommt, wird, inseriert in den Glossenapparat, die Bedeutung der Institution Kirche als Vermittlungsinstanz zwischen Dekret und Betrachtergegenwart aufgerufen. Zugleich wird ein Bezug zwischen der komplexen Seitengestaltung am Eingang der Handschrift und den darauf folgenden Seiten hergestellt, wie es für mittelalterliche Codices durchaus charakteristisch ist.[8]

Den Codex als ein mehrdimensionales, zugleich prozesshaft und offen angelegtes Gebilde zu verstehen, ermöglicht, Vorstellungen von Rolle und Status kirchlichen Rechts sowie ferner Bedingungen der Handschriftenrezeption zu rekonstruieren, wie etwa auch das nachfolgende Beispiel, das Fragment einer *Decretum Gratiani*-Handschrift aus dem Fitzwilliam Museum in Cambridge (Ms. 262) zeigen soll.[9] Der um 1300 in Nordfrankreich oder England entstandene Codex kennzeichnet eine ungewöhnliche Bildausstattung, da nicht nur die Eröffnungsseiten, sondern auch die erhaltenen *Causae*-Anfänge durch Bilderzählungen hervorgehoben sind. In der zentral platzierten ca. 120 x 145 mm großen Miniatur auf fol. 1r wird der Sündenfall auf sechs Bildfeldern ausgebreitet und damit das erste Verbrechen der Menschheit sowie dessen Konsequenz, die Vertreibung Adams und Evas aus dem Garten Eden, geschildert. (Abb. 2) Den Auftakt des Bildzyklus' bildet die Erschaffung Evas. Im mittleren Bildfeld der dreihebigen ersten Zeile steht Gottes Mahnung an Adam und Eva, die Früchte vom Baum der Erkenntnis im Garten Eden zu meiden. Sich zu beiden umwendend führt Gott Adam und Eva in den Garten: Der Gestus seiner linken Hand weist auf den angeschnitten am rechten Bildrand stehenden Baum und damit zugleich auf das abschließende Bildfeld der ersten Zeile, wo der Baum und mit ihm die verführende Schlange ins Zentrum des Geschehens rückt. Das untere Register ist der göttlichen Bestrafung gewidmet. Links weist Gott Adam und Eva aus dem Garten, die sich ihrer Scham bewusst werdend hinter dem Laubwerk eines Baums Schutz suchen. Im mittleren Bildfeld hat der mit einem flammenden Schwert bewaffnete Cherubim, Gottes Anweisung Folge leistend Stellung am Tor zum Garten Eden bezogen,

---

[8] "[...] the page looks both forward and backward, toward the preceding page and the following, toward the front of the codex and the back, toward past discourse and future discourse, toward the past and the future of the page, even as it sits firmly in the present." DAGENAIS, John: Decolonizing the Medieval Page, in: STOICHEFF, Peter; TAYLOR, Andrew (Hg.): The Future of the Page, Toronto 2004, S. 37-70, hier: 62.

[9] Der Codex ist 435 x 285 mm groß; der Text französischer Provinienz. Während die graphische Gestaltung französischen Illuminatoren zugeschrieben wird, wird der Stil der Miniaturen sowohl mit französischen als auch englischen Handschriften des frühen 14. Jhs. in Verbindung gebracht wird. Die Handschrift wurde möglicherweise durch die Reformatoren oder auch durch John Ruskin, in dessen Besitz die Handschrift später gelangte, stark dezimiert, so dass neben dem ersten und letzten Abschnitt nur noch jene Causae übrigblieben, die der Ehe gewidmet sind. Vgl. GIBBS, Robert: Illuminated Impotence, in: British Art Journal II,3 (2001), S. 46f.; L'ENGLE, Susan; GIBBS, Robert (Hg.): AK Illuminating the Law. Legal Manuscripts in Cambridge Collections. Cambridge, Fitzwilliam Museum 3 November – 16 December 2001, London/Turnhout 2001, S. 146-152.

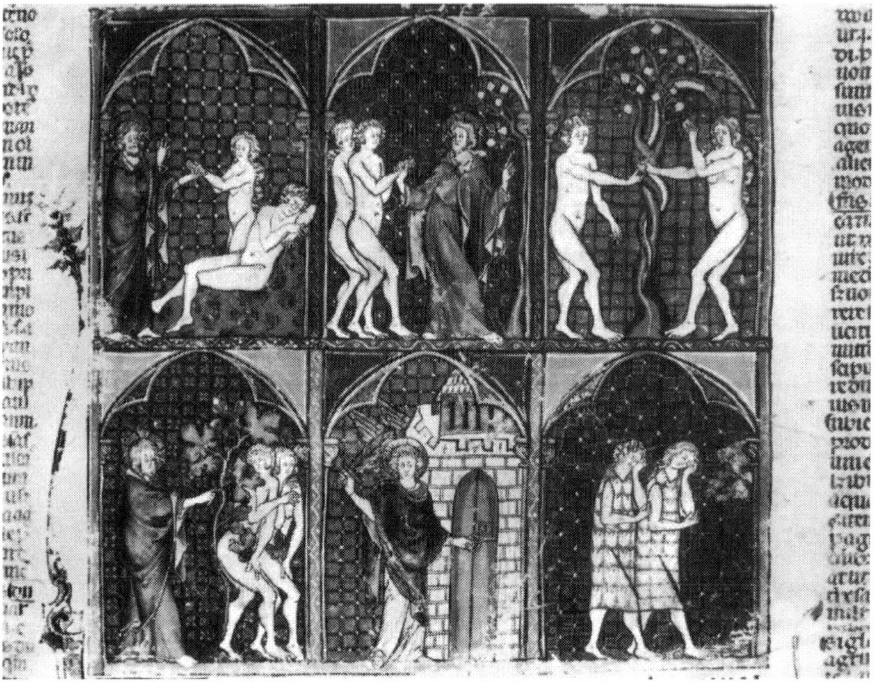

Abb. 2 Decretum Gratiani; Cambridge, Fitzwilliam Museum, Ms. 262, fol. 1r

auf dass die Menschen diesen nicht mehr betreten mögen. Die nun in Fell gekleideten Adam und Eva verlassen mit hängenden Köpfen das Paradies.

Das Hauptthema des Zyklus, der Sündenfall, kommt bei Gratian in der dritten *Causa* über die Figur Kains ins Spiel. Denn mit der Errichtung einer *civitas* durch Kain als Folgeerscheinung des Sündenfalls wird ein auf Gewalt und Unterdrükkung beruhendes veränderliches Recht etabliert. Dieses steht nach Gratian jenem, biblischen Maßstäben entsprechenden Naturrecht gegenüber, das seinen Ursprung in der Schöpfung nimmt und auch im Evangelium enthalten ist.

Sündenfall und kanonisches Recht, Eingangsminiatur und sich anschließender Rechtstext werden in einen kausalen Zusammenhang gebracht, wie er so pointiert im Dekret nicht zur Sprache kommt. Ohne Sündenfall, so wird mittels der Miniatur argumentiert, würde kein Verbrechen, keine Bestrafung und keine die Bestrafung verantwortende Herrschaft existieren. In der Darstellung des Sündenfalls kommt dieser am Körper sichtbare Vollzug der Strafe durch das Gegenüber von paradiesischer Nacktheit und Bürde des irdischen Gewandes, im weiteren Sinne auch im Verhältnis zwischen göttlicher Nähe und Distanz durch Ausschluss aus dem Paradies zum Ausdruck. Eine Distanz, folgt man der Bildargumentation, die nur die kirchliche Rechtssprechung wieder herzustellen vermochte. Dem kanonischen Recht wird damit auch in dieser Eröffnungsminiatur eine zwischen Mensch und Gott vermittelnde Rolle zugeschrieben. Autorschaft kommt hierin nur am Rande zur Darstellung, und zwar mit der als Auftakt formulierten Erschaffung Evas.[10] Der Schöpfungsakt im Bild fällt mit dem Beginn des Dekrettextes und der Handschrift zusammen und lässt anklingen, dass das kanonische Recht eigentlich in Gott seinen Ursprung nimmt.

Fragt man nach dem durch Eröffnungsminiaturen markierten Einstieg in *Decretum Gratiani*-Handschriften, so liegt es nahe, auch einen Blick auf die Bildinitialen und Miniaturen am Ende der Codices zu werfen. Allerdings gibt es kaum und dann auch nur spätere Exemplare, in denen von der Möglichkeit einer formalen und inhaltlichen Abstimmung zwischen erster und letzter Miniatur Gebrauch gemacht wird, um über die grundsätzliche Bedeutung des Werks zu reflektieren. Das mag auch damit zusammenhängen, dass idealerweise die letzte bildliche Darstellung in den Gratian-Codices weniger eine Ausgangsminiatur ist, sondern das letzte Kapitel, *De consecratione*, in dem es um die Sakramente der Kirche geht, eröffnet. Eine Ausnahme stellt hier wiederum die Handschrift aus dem Fitzwilliam-Museum in Cambridge dar.

Die den letzten Teil des Dekrets, *De consecratione*, einleitende Miniatur auf fol. 139r tritt erneut als Bildzyklus in Erscheinung. (Abb. 3) In vier Bildfeldern werden Bau und Weihe der Kirche und die damit verbundene Messfeier gezeigt. Auf den Bau der Kirche unten links folgt die Kirchweihe darüber. Während in der Eingangsminiatur der Cambridger Handschrift an zentraler Stelle das verschlossene Tor des Gartens Eden präsentiert wird, den jener, dem Betrachter zugewandte, jedoch mit seinen Augen Adam und Eva folgende Cherubim mit Flammenschwert bewacht, präsentiert sich dem Betrachter zum Abschluss des Dekrets ein auf zweierlei Weise geöffneter Kirchenbau. Einmal wird uns der Blick auf die Wandlung am Altar ermöglich, zum anderen lädt ein Kanoniker als Pendant zum Cherubim in der Eingangsminiatur durch die geöffnete Pforte in das Kirchenhaus eilend den Betrachter durch Schulterblick ein, ihm zu folgen.

Am Anfang und Ende der fragmentarisch erhaltenen Cambridger Handschrift stehen sich der verschlossene Garten Eden und das geöffnete Kirchenhaus gegenüber. Der kleine Bildzyklus zu *De consecratione* auf fol. 139r schließt inhaltlich an die Eröffnungsseite des *Decretum* an, wo der kausale Zusammenhang zwischen Miniatur und Text, zwischen göttlicher Distanz durch Sündenfall und Recht setzendem Dekret bereits angedeutet wurde. Die Miniatur zu *De consecratione* spielt den Ball weiter, da hier der Anspruch der Kirche mit dem ihr zugrunde liegenden Kirchenrecht formuliert wird, die durch den Sündenfall gestörte Nähe zu

---

[10] Auch die Eröffnungsminiaturen anderer *Decretum*-Handschriften greifen auf die Schöpfung Evas zurück; etwa Berlin, Staatsbibliothek Preußischer Kulturbesitz, Ms.Lat.Fol.6, fol. 1r, vgl. MELNIKAS, Anthony: The Corpus of the Miniatures in the Manuscripts of Decretum Gratiani, Rom 1975, Bd. 3, Taf. VII.

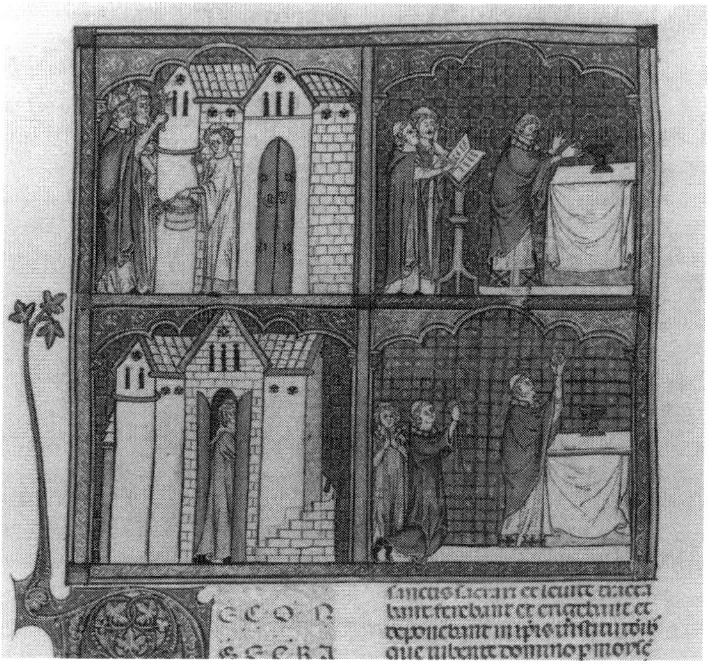

Abb. 3 Decretum Gratiani; Cambridge, Fitzwilliam Museum, Ms. 262, fol. 139r

Gott wiederherzustellen. Im Sinne des (früh)scholastischen Gedankens, wonach die Distanz zu Gott durch Teilhabe am mystischen Leib (Eucharistie) wieder aufgehoben werden kann, wird hier erneut auf die Kirche als Vermittler zwischen Mensch und Gott verwiesen.

Zum Zeitpunkt der Entstehung der hier besprochenen *Decretum Gratiani*-Handschriften war für die materielle Zusammenstellung von Dekret und Glosse ein spezifisches und unverwechselbares Layout gefunden wurden, welches keine Änderungen mehr erfuhr. Es vermittelte in diesem Zustand bereits eine Autorität, die seine Rezeption in andere Handschriftengattungen begründete.[11] Während also das Textlayout als abgeschlossen gelten konnte, führte hingegen die bildliche Gestaltung die Deutung und Kommentierung des Dekrets fort. Ganz besonders die einleitenden, aber auch – soweit vorhanden – Darstellungen am Ende der Codices unterstreichen die göttliche Autorität des Dekrets, den prozesshaften Charakter der Genese von Dekret und Glosse und verweisen ferner auf die durch den Text auch in der Gegenwart des Betrachters garantierte Rechtsordnung.

[11] So etwa fol. 1r einer glossierten Bibel aus dem späten 14. Jh. (Rom, BAV, lat. 50, u. 51), die Jean Duc de Berry in Auftrag gab: AK Paris 1400. Les arts sous Charles VI. Paris, Musée du Louvre, 22 mars-12 juillet 2004, Paris 2004, Kat.-Nr. 44, S. 109.

Bildliche Strategien der Legitimation kanonischen Rechts in den *Dekretalen* Gregors IX.

Während das *Decretum* Gratians in den mittelalterlichen Handschriften unter dem Titel *Concordia discordantium canonum* anonym überliefert wird, manifestiert sich die Autorschaft der *Dekretalen* Gregors IX. (Liber extra) in Wort und Bild. Denn der nachstehenden, grob thematisch geordneten Sammlung von Konzilsbeschlüssen und Papstdekreten ist stets die 1234 verfasste Bulle *Rex pacificus* Papst Gregors IX. vorangestellt.[12] In diesem an die Universitäten in Bologna und Paris gerichteten Schreiben begründet Gregor ausführlich die Anfertigung der neuen und umfassenden, alle früheren Sammlungen konziliarer und päpstlicher Rechtsentscheide außer Kraft setzenden Sammlung, die in seinem Auftrag durch Raymund Penaforte zusammengestellt wurde.[13] Dass diese Bestimmung Gregors Erfolg hatte und dass seine Sammlung die älteren Vorgänger verdrängte, zeigt die hohe Zahl von ca. 675 erhaltenen, zumeist glossierten *Dekretalen*-Handschriften.[14] Von diesen ist eine besonders große Zahl, d.h. etwa ein Drittel illuminiert, zumindest mit einem historisierten Initial oder einer Miniatur zu eben diesem Einleitungsschreiben Gregors. Gezeigt wird hier in der Regel die Übergabe des Werks durch Raymund an den thronenden Papst bzw. durch den Papst an die vor ihm versammelten Kleriker und Juristen, gelegentlich aber auch allein der Papst als Autor, ein-

[12] RICHTER, Ludwig; FRIEDBERG, Emil (Hg.): Corpus iuris canonici Bd. 2: Decretalium Collectiones, Decretales Gregorii IX, Leipzig 1879, Sp. 1-4. BERTRAM, Martin: Die Dekretalen Gregors IX.: Kompilation oder Kodifikation?, in: LONGO, Carlo (Hg.): Magister Raimundus, Rom 2002, S. 61-86, hier S. 72; KUTTNER, Stephan: Raymond of Penafort as editor: The Decretales and Constitutions of Gregory IX, in: Bulletin of medieval canon law (BMCL) 12 (1982) S. 65-80, reprint in DERS.: Studies in the History of medieval Canon law, 1990, XII; zur Illustration und Layoutgestaltung der *Dekretalen* siehe WITTEKIND, Susanne: ‚*Ut hac tantum compilatione universi utantur in iudiciis et in scholi*'.Überlegungen zu Gestaltung und Gebrauch illuminierter Dekretalenhandschriften Gregors IX., erscheint in: LUTZ, Eckart Conrad; BACKES, Martina; MATTER, Stefan (Hg.): Lesevorgänge. Prozesse des Erkennens in mittelalterlichen Texten, Bildern und Handschriften. Freiburger Colloquium 2007 (Medienwandel - Medienwechsel - Medienwissen), Zürich 2009.

[13] Der Katalane Raymund von Penafort (ca. 1185-1275), wird im Schreiben als *capellanus et poenitentiarius noster* bezeichnet; er studierte 1210-18 in Bologna, wurde dort wohl Magister, bevor er 1222 in Barcelona in den Dominikanerorden eintrat und 1222-24 eine *Summa de casibus poenitentiae* verfasste. Als Begleiter des päpstlichen Legaten in Spanien, Johannes de Abbeville, kam Raymund 1228/29 an die Kurie, wo er dann im Auftrag Gregors IX. bis 1234 die Dekretalensammlung erstellte; vgl. ZAPP, Hartmut: Art. Raimund v. Penafort, in: Lexikon des Mittelalters Bd.7, Sp. 414f.

[14] Vgl. die Liste der erhaltenen Dekretalenhandschriften von BERTRAM, Martin: www.dhi-roma.it/fileadmin/user_upload/pdf-dateien/Online-Publikationen/Bertram/bertram_extrahss.pdf; BERTRAM, Martin, Dekorierte Handschriften der Dekretalen Gregors IX. (Liber Extra) aus der Sicht des Handschriften- und Textforschers, 2007, Manuskript S. 6 (erscheint in: Marburger Jahrbuch für Kunstwissenschaft 35 (2008), S. 31-65).

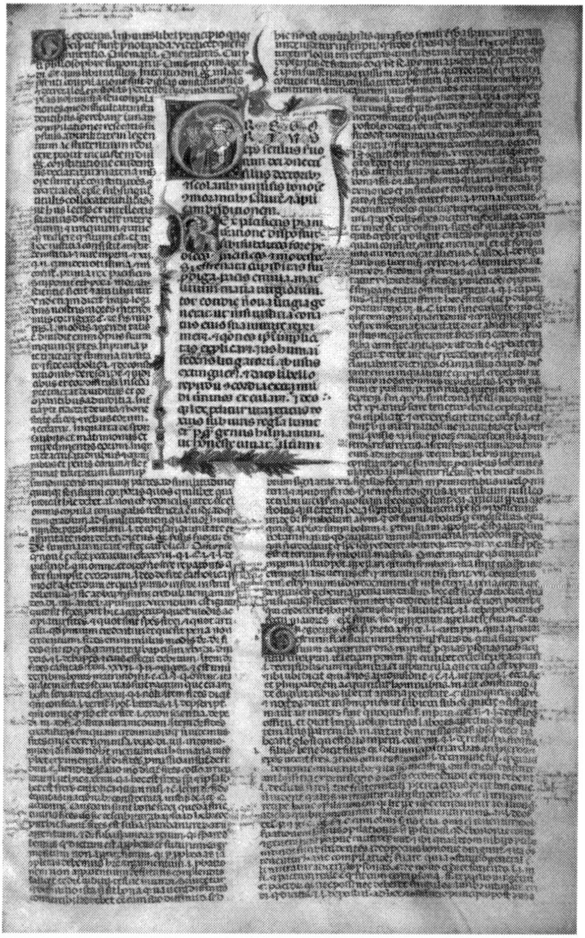

Abb. 4 Dekretalen Gregors IX. mit Glosse Bernhards von Parma und Novellen Innozenz´ IV. mit Glosse Bernhards von Compostella; Frankfurt, UB, Ms. Barth. 11, Oberitalien um 1300, fol. 5r: Miniatur und Initial zur Bulle *Rex pacificus*

geschrieben in das *G*-Initial seines Namens, mit dem die Grußadresse des Schreibens beginnt.[15] (Abb. 4) Um seine neue Kirchenrechtssammlung zu begründen,

[15] RICHTER, Emil Ludwig; FRIEDBERG, Emil (Hg.): Corpus iuris canonici Bd. 2: Decretalium Collectiones, Decretales Gregorii IX, Leipzig 1879, Bd. 1, Sp.1-2: *Gregorius, Episcopus servus servorum Dei, dilectis filiis doctoribus et scholaribus universis Bononiae commorantibus salutem et apostolicam benedictionem.*

In der oberitalienischen Dekretalenhandschrift in Salzburg (Universitätsbibliothek, M III 97,

weist Gregor in diesem Schreiben eingangs auf Christi Gebot an die Menschen hin, rechtschaffen und friedliebend zu leben. Doch die Menschen bedürfen zur Beherrschung ihrer Begierden der Regeln des Rechts, um den Nächsten nicht zu schädigen und ihm sein Recht zukommen zu lassen. Für die kirchliche Rechtsprechung fordert Gregor daher eine verbindliche, einheitliche Grundlage, die er mit der nachstehenden Sammlung bietet. Wie bereits üblich wird das Material, das Raymund zu etwa 90% älteren Dekretalensammlungen entnimmt, auch hier in fünf Bücher unter den Oberthemen *iudex, iudicium, clerus, sponsalia* und *crimen* gegliedert.[16] In jedem Buch werden unter verschiedenen Tituli Konzilsbeschlüsse und Papstdekrete in chronologischer Folge, d.h. von Beschlüssen der alten Kirche bis hin zu jüngsten Papstdekreten Gregors, angeordnet. Neben dem Beginn des päpstlichen Schreibens *Rex pacificus* sind in der Regel auch die jeweiligen Buchanfänge durch Miniaturen hervorgehoben. Als Titel für das jeweilige Buch dient gleichsam dessen erster Titulus.[17] Das erste, dem geistlichen Richteramt gewidmete Buch der *Dekretalen* wird durch den Titulus *de summa trinitate et fide catholica* eingeleitet. Er enthält das von Innozenz III. auf dem 4. Laterankonzil 1215 formulierte Glaubensbekenntnis, ergänzt um dogmatische Stellungnahmen zur Trinitätslehre und zum Begriff der allgemeinen Kirche der Gläubigen. Im zweiten Titulus folgt die Begründung des päpstlichen Rechts, *constitutiones* zu geben unter Bezugnahme auf Kirchenväter und kirchliche Rechtsdokumente. Die nachstehenden Einzelbestimmungen, die ausführlich das kirchliche Wahl- und Amtsrecht verhandeln sowie die beteiligten Personen und Verfahrensformen kirchlicher Gerichtsbarkeit,[18] werden somit abgeleitet aus der göttlichen Welt- und Heilsordnung.[19] Der Beginn des ersten Buchs gibt den nachfolgenden, konkreten Rechtsbestimmungen eine theologische Grundlage und Legitimation.

Manche Handschriften stellen der Bulle sowie dem ersten Titulus des ersten Buchs der *Dekretalen* jeweils eine Miniatur etwa gleicher Größe voran; beide kommen oft auf derselben Seite zustehen und regen den Benutzer des Werks, noch bevor er dieses zu lesen beginnt, zur vergleichenden Betrachtung an. So präsen-

2.H.13.Jh., mit Glosse Bernhards von Parma) wird nicht nur die Bulle (fol. 6r), sondern der Beginn eines jeden Buches durch ein Bildnis Gregors eingeleitet, das jeweils ins Initial eingeschrieben wird. Dies ist umso erstaunlicher, als die jeweils ersten zum Titulus zitierten Quellen gerade nicht von Gregor stammen. Damit wird über die Handschrift hinweg immer wieder Gregor als Initiator und Autorisierungsinstanz aufgerufen. Seine Autorität bindet die Rechtsdokumente disparater Herkunft zu einem Rechtscodex zusammen. Beschreibung der Handschrift durch Béatrice Koll und Abbildungen siehe unter: http://www.ubs.sbg.ac.at/sosa/handschriften/mIII97.htm. [1.3.2009].

16 BERTRAM 2002 (wie Anm. 12), S. 68-74.

17 Vgl. dem Beitrag von WITTEKIND in diesem Band, S. 138.

18 Vgl. BERTRAM 2002 (wie Anm. 12), S. 68.

19 Vgl. KERN, Fritz: Recht und Verfassung im Mittelalter (1919), 2. Aufl. Darmstadt 1958, S. 13; JACOB, Robert: Images de la justice. Essai sur l'iconographie judiciaire du Moyen Âge à l'âge classique, Paris 1994, S. 12.

tiert die französische Dekretalenhandschrift mit der Glosse Bernhards von Parma (Bourges, Bibl. Municipale, Ms. 186, 3.V.13.Jh., aus der Kathedrale St. Etienne, fol. 2r) in der linken Textspalte oben den Papst. Der Namenszug „Gregorius" in der Sockelleiste der Miniatur läßt sich zugleich als Namenbeischrift wie als Beginn der darunter fortgesetzten Grußadresse lesen. Gregor thront frontal, er trägt als Würdezeichen Tiara und Zepter und erhebt die Rechte segnend vor der Brust. Dabei wendet er sich nach links zu dem als Dominikaner gewandeten Mönch (Raymund), der dem Papst knieend sein rot gebundenes Werk präsentiert. Hinter diesem steht ein weiterer Dominikaner, der sich gestikuliernd an zwei Kleriker gegenüber, zur Rechten des Papstes wendet. Ergänzend zur Autorschaftsinformation der Bulle wird somit die dominikanische Ordenzugehörigkeit des Verfassers Raymund hier prominent ins Bild gesetzt. Raymunds Text wird vom Papst gebilligt, dann aber vor allem zwischen Kathedralklerikern und Dominikanern lebhaft diskutiert. Die Miniatur bietet somit Aufschluß über die von ihr angesprochenen Benutzer und die Art der Rezeption der *Dekretalen*, nämlich im geistlichen Disput. Die Miniatur zum ersten Buch der *Dekretalen* befindet sich im unteren Teil der rechten Spalte dieser Seite. Über ihr ist der rubrizierte Titel dieses Buches *de summa trinitate et fide catholica* plaziert. Eben die Trinität ist auch dargestellt, d.h. Gottvater und Christus thronen einander gegenüber und weisen mit der Hand zur Taube des Heiligen Geistes in ihrer Mitte. Diese Geste ruft die Redegesten der Geistlichen in der oberen Einleitungsminiatur wieder auf, irdischer und himmlischer Dialog korrespondieren miteinander. Erst der Blick auf die zentrale Rolle des Heiligen Geistes im Trinitätsbild macht bewußt, dass eingangs der Papst diese göttliche Wahrhaftigkeit spendende Rolle übernimmt.[20]

Die Eingangsminiatur einer Dekretalenhandschrift aus St. Aubin in Angers[21] betont auf besondere Weise die heilsgeschichtliche Verankerung des kanonischen Rechts. Auf der ersten Seite wird hier der von der klammerförmigen Glosse umrahmte, zentrale „Textblock", in dem üblicherweise die Bulle Gregors zu stehen kommt, durch eine Miniatur ersetzt. Im oberen Bildfeld ist vor Goldgrund die Kreuzigung Christi dargestellt. Rechts neben dem Kreuz steht Johannes mit Buch

[20] Vgl. ähnlich die französische Dekretalenhandschrift in Douai, Bibl. Municipale Ms. 606, fol. 1r: Hier thront im *G*-Initial allein Papst Gregor, im *F*(irmiter credimus)-Initial zum ersten Buch sitzen Christus und Gottvater gemeinsam auf einer Thronbank und halten jeweils ein Buch, wenden sich segnend zur Mitte, der herabkommenden Geisttaube zu; Abb. siehe http://www.enluminures.culture.fr/documentation/enlumine/fr. [1.3.2009].

[21] Angers, Bibl. Municipale, Ms. 376, 1.V.14.Jh., fol. 1r, mit Glosse des Bernarndus Compostellanus junior (+1267). Zum Glossator siehe WEIGAND, Rudolf: Art. Bernhard von Compostella d.J., in: Lexikon des Mittelalters Bd.1, Sp. 1998. Im Verlauf des 13. Jhs. hatte sich Angers zu einem neuen Zentrum des römischen Rechtsstudiums entwickelt, Anfang des 14. Jhs wurde dort eine juristische Universität gegründet, vgl. GUILLOT, Olivier; CHAUVIN, Yves; VERGER, Jacques: Art. Angers, Anjou, in: Lexikon des Mittelalters Bd. 1, München 1980, Sp. 628-633. Abb. siehe http://www.enluminures.culture.fr/documentation/enlumine/fr. [1.3.2009].

und weist auf den Gekreuzigten, hinter ihm spricht ein Ritter mit Wappenschild die Worte des Hauptmanns *Vere Dei filius erat iste* (Mt 27,54). Der zarte Körper des Gekreuzigten ist nach links zu Maria gewandt, die von den Frauen gestützt wird. Ihre rechte Hand weist dabei nach unten, wo der Stifter der Handschrift, begleitet von einem hl. Bischof, vor der thronenden Himmelskönigin mit dem Christuskind kniet. Das Christuskind steht auf ihrem rechten Bein und wendet sich segnend dem Stifter der Handschrift zu, der durch seine schwarze Kutte als Benediktiner zu erkennen ist. Vermutlich ist der heilige Bischofs links also Aubinus, der Gründer und Patron des Benediktinerklosters St. Aubin in Angers, aus dem die Handschrift stammt; ihm steht ein weiterer heiliger Bischof als Fürsprecher gegenüber, vielleicht Bf. Renatus v. Angers. Mit dem Bild des Kreuzessopfers Christi wird die heilsgeschichtliche Grundlage der Erlösungshoffnung für den Stifter der Handschrift ins Bild gesetzt. Doch indem gerade die Kreuzigung die Dekretalensammlung einleitet, wird diese unter ein neues, eigenwilliges Leitthema gestellt. Denn die kirchliche Gesetzgebung und Rechtsprechung wird hier an das Versöhnungsopfer Christi zurückgebunden. Der Akzent liegt damit nicht auf dem göttlichen Gericht als Modell kirchlicher Rechtsprechung, sondern vielmehr auf der göttlichen Gnade, die hier zum Leitbild erhoben wird, unterstützt durch die Heiligen, die durch ihre Leiden den Gnadenschatz der Kirche füllten. Diese Eingangsminiatur steht damit in schroffem Gegensatz zu den Eingangsminiaturen Bologneser *Dekretalen*-Handschriften dieser Zeit. Diese stellen oft auf einer Doppelseite dem Eingangsbild zur Bulle Gregors, das den Papst thronend im Zentrum der Kurie zeigt, den thronenden Christus als Himmelsherrscher gegenüber; sie erklären den Papst somit bildlich zum irdischen Stellvertreter des göttlichen Weltenherrschers und Weltenrichters.[22] Wie in der eingangs erörterten Cambridger Gratianhandschrift mit dem Sündenfallzyklus als Eingangsminiatur wird auch in diesem Beispiel aus Angers das kirchliche Recht durch die Eingangsminiatur neu in einem heilsgeschichtlichem Rahmen verortet und hinsichtlich seiner theologischen Grundlagen reflektiert.[23] Eingangsminiaturen, so die These, fungieren als visuelles Leitthema für den nachstehenden Rechtstext. Inwiefern die künstlerische Gestaltung der einzelnen Buchanfänge der *Dekretalen* standardisiert ist oder in bestimmten Fällen ähnlich deutliche, inhaltliche Akzente setzt, muss weiteren Untersuchungen vorbehalten bleiben.[24] Vorgestellt

---

[22] Vgl. die Bologneser *Dekretalen*-Handschrift in Rom, BAV, Pal. lat. 629, fol. 1v-2r, die vor 1298 geschrieben wurde; zur Handschrift siehe BURKHARD, Peter: Die Dekretalenhandschrift Vat. Pal. lat. 629, in: BERSCHIN, Walter (Hg.): Miscellanea bibliothecae apostolicae vaticanae V (studi e testi 365),1997, S. 33-51.

[23] In der Handschrift in Angers, Bibl. Municipale Ms. 376, wird für die Miniatur zur Bulle Gregors auf fol. 2v die ältere Darstellungsform der Übergabe des Buches gewählt. Wie üblich thront hier links der Papst, ihm gegenüber kniet rechts ein Kanoniker, der ein Buch präsentiert; er wird hier begleitet von einem Juristen mit rotem Birett sowie einem Benediktinermönch. Abb. siehe http://www.enluminures.culture.fr/documentation/enlumine/fr. [1.3.2009].

[24] Siehe WITTEKIND 2009 (wie Anm. 12).

sei jedoch noch ein Beispiel, das Beginn und Ende des Buches, Texteingang und Textausgang jeweils durch eine Miniatur betont.

Die *Dekretalen*-Handschrift in Frankfurt (UB, Ms. Barth. 11, Oberitalien um 1300) stammt aus dem Salvator- und Bartholomäusstift, das seit dem 13. Jahrhundert über eine große Sammlung legistischer Texte französischer wie italienischer Herkunft verfügte, gelangte aber selbst wohl erst im 15. Jahrhundert dorthin.[25] Sie stellt den *Dekretalen* Gregors mit der Glosse Bernhards von Parma (fol. 5r-306v) ein ausführliches Inhaltsverzeichnis mit den Tituli der einzelnen *Dekretalen*-Bücher voran (fol. 1v-4r), enthält zudem die Novellen Papst Innozenz'IV. mit der Glosse Bernhards von Compostella (fol. 306v-319r). Die Adresse der Bulle Gregors wird durch ein Initialbild eingeleitet (fol. 5r), das einen graubärtigen Juristen mit rotem Birett zeigt, der dem Bischof mit seinem Gefolge neben ihm etwas zu erklären scheint. (Abb. 4) Im *R*(ex pacificus)-Initial der Bulle darunter erscheint die Halbfigur Christi, denn er ist der im Text angesprochene *rex pacificus*.[26] Wie der Jurist wendet auch er sich dem Bischof als kirchlichem Rechtsprecher zu. Doch durch seine Stellung unter dem Juristen, durch seine ähnlich gestaltete Kleidung mit rotem Mantel über dem blauen Untergewand sowie durch ähnliche Argumentationsgesten erscheint Christus als dessen Urbild, das gleichsam durch den Mund des Juristen dem Bischof das Recht auslegt und ihn dadurch zu gerechten Entscheidungen anleitet. Indem die Figur des Juristen größer ist als diejenige Christi, werden die Vertreter dieses neuen, gelehrten Juristenstandes

[25] POWITZ, Gerhardt; BUCK, Herbert: Die Handschriften des Bartholomaeusstifts und des Karmeliterklosters in Frankfurt am Main, Frankfurt 1974, Einleitung S. VIII-XII, sowie S. 26f; SCHILLING, Rosy: Die illuminierten Handschriften und Einzelminiaturen des Mittelalters und der Renaissance in Frankfurter Besitz, hg. v. SWARZENSKI, Georg, Frankfurt 1929, Nr. 85, S. 83f. Da die Handschrift Barth. 11 einen italienischen Besitzeintrag des späten 14.Jhs auf fol. 1r aufweist, gelangte sie wohl erst im 15.Jh. nach Frankfurt, wo sie neu gebunden wurde.

[26] FRIEDBERG; RICHTER 1879 (wie Anm. 12), Sp. 1-2: *Rex pacificus pia miseratione disposuit sibi subditos fore pudicos, pacificos et honestos. Sed effrenata cupiditas, sui prodiga, pacis aemula, mater litium, materia iurgiorum, tot quotidie nova litigia generat, ut, nisi iustitia conatus eius sua virtute reprimeret, et quaestiones ipsius implicitas explicaret, ius humani foederis litigatorum abusus exstingueret, et dato libello repudii concordia extra mundi terminos exsularet. Ideoque lex proditur, ut appetitus noxius sub iuris regula limitetur, per quam genus humanum, ut honeste vivat, alterum non laedat, ius suum unicuique tribuat, informatur.* (Der friedenstiftende König [Christus] wollte in seinem huldvollen Erbarmen, dass seine Untertanen rechtschaffen, friedliebend und ehrbar sein sollten. Das Laster der Begierde, die Mutter der Streitigkeiten, hat in der Gegenwart viel Zank erzeugt und würde, wenn nicht Gerechtigkeit deren Versuche durch Tugend unterdrückte und die verwickelten Fragen des Rechts erläuterte, das menschliche Vertragsrecht dem Missbrauch aussetzen. Daher wird das Gesetz erlassen, damit die schädliche Gier unter der Regel des Rechts eingedämmt werde, durch die das menschliche Geschlecht instand gesetzt werden soll, ehrenvoll zu leben, den Nächsten nicht zu schädigen und jedem sein Recht werden zu lassen – Paraphrase gestützt auf BURKHART 1997 (wie Anm. 22), S. 43).

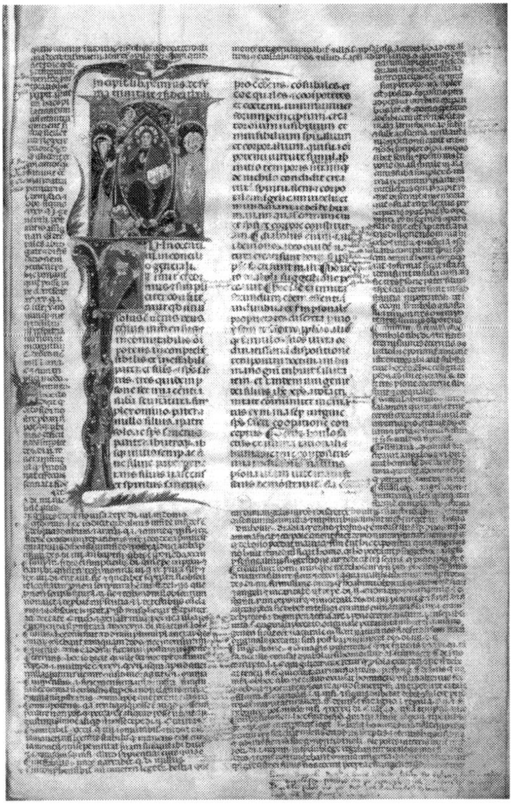

Abb. 5 Dekretalen Gregors IX.; Frankfurt, UB, Ms. Barth. 11, Oberitalien, um 1300, fol. 6r: Miniatur und Initialen zum ersten Buch *De summa trinitate*

hier selbstbewusst als Lehrer der kirchlichen Amtsträger und somit als Wahrer der göttlichen Ordnung und des Rechts präsentiert. Man kann die beiden Initialen zugleich als Dokument dafür sehen, wie Gregors in der Bulle geäußerter Wunsch, die *Dekretalen* mögen in Schulen (Universitäten) wie in Gerichten genutzt werden, realisiert wurde, nämlich durch die Beratung von Bischöfen durch universitär geschulte Juristen.[27] Durch die kompositionelle Verschränkung der Initialbilder auf fol. 5r, aber auch durch ihre teilweise Wiederaufnahme und Ergänzung durch Eingangsminiatur und Initial zum ersten Buch der *Dekretalen* auf fol. 6r wird in dieser Handschrift besonders auf die theologischen Grundlagen der kirchlichen Rechtssprechungspraxis abgehoben. (Abb. 5) In der Miniatur erscheint Christus mit dem aufgeschlagenen Buch des Lebens auf seinem Knie als

[27] FRIEDBERG; RICHTER 1879 (wie Anm. 12), Sp. 3-4: *Volentes igitur, ut hac tantum compilatione universi utantur in iudiciis et in scholis.*

thronender Weltenherrscher in der Mandorla, die von den vier apokalyptischen Wesen bzw. Evangelistensymbolen getragen wird, flankiert von Maria und Petrus mit Schlüsseln unter Arkaden. Im Initial *F*(irmiter) ist, gleichsam in Umkehrung zu fol. 5r, nun die Halbfigur des Juristen zu sehen, der sich bittend zu Christus emporwendet. Ganz am Schluss der Handschrift auf fol. 319r - nach Angabe der Promulgation der Novellen durch Innozenz IV. (im elften Jahr seines Pontifikats) und einem Schreibervers: *Benedicam(us) d(omi)no deo gratias. Amen* (Lasst uns den Herren loben, Gott sei Dank) – steht eine Miniatur, die den Bogen zurück zum Beginn des Codex spannt. (Abb. 6) Vor blauem Grund kniet links unter einer Doppelarkade ein Mann, gekleidet in einen blauen Mantel mit weiten Ärmeln über einem eng anliegenden Untergewand und farblich passendem Birett. Er hält in seinen Händen betend ein Spruchband mit der Bitte: *Paule, ora p(ro) me* (Paulus, bitte für mich). Durch den engen Raum zwischen dem herabhängenden blattförmigen Schlussstein und dem Baum, der beide Figuren voneinander trennt, gelangt das Spruchband in die linke Hand des Heiligen, der mit der offenen Rechten eine annehmende Geste vollzieht. Die Bitte um Fürbitte überwindet die räumliche Trennung zwischen dem Beter, in dem der juristisch gebildete Auftraggeber dieser Handschrift zu sehen ist,[28] und dem Heiligen. Sie wird vorgebracht mit dem imaginären Blick auf das Jüngste Gericht und auf den Weltenrichter, der zu Beginn der Handschrift in der Miniatur zum ersten Buch der *Dekretalen* (fol. 6r) dargestellt ist. Die ihn begleitenden, fürbittenden Heiligen Petrus und Maria werden somit um Paulus als Fürsprecher ergänzt, der nicht nur hier, sondern bereits im Initial zum dritten Buch der *Dekretalen*, *De vita honestate clericorum* (fol. 154r), dargestellt ist. Hier hebt Paulus, das Schwert als Attribut und Verweis auf sein Martyrium in der Rechten, ebenso wie die Kleriker über ihm den Blick auf die gewandelte Hostie, den Leib Christi, die der Priester über dem Altar erhebt (*elevatio*). Die Figur des Heiligen verbindet den Stifter visuell mit dem Bild des von Sünden erlösenden Messopfers wie mit dem Bild des Gerichtes Gottes; es hält ihn – vermittels der annehmenden bzw. empfehlenden Gesten der Heiligen, auch in diesen Kontexten präsent, ohne ihn selbst darzustellen.

Die hier exemplarisch vorgestellten Beispiele von *Decretum* und *Dekretalen*-Handschriften machen deutlich, dass eine Analyse des Zusammenspiels von Bild- und Textkörpern auch über die einzelnen Seiten hinausführen bzw. dem Umstand Rechnung tragen sollte, dass Handschriften mehrdimensionale Körper darstellen. In einer Zeit, in der die im Kirchenrechtsstudium etablierten Glossen zum *Decretum Gratians* wie zu den *Dekretalen* Gregors zum festen und unveränderlichen Bestandteil des Textes geworden sind - und dies machen die sorgfältig den Seitenraum nutzenden Klammerglossen, die kaum noch Raum für Ergänzungen bieten, sehr anschaulich -, übernehmen die Bilder eine deutende Rolle. Sie reflek-

[28] Zur Kleidung von Gelehrten und Juristen siehe VON HÜLSEN-ESCH, Andrea: Gelehrte im Bild. Repräsentation, Darstellung und Wahrnehmung einer sozialen Gruppe im Mittelalter, Göttingen 2006, S. 258, 262.

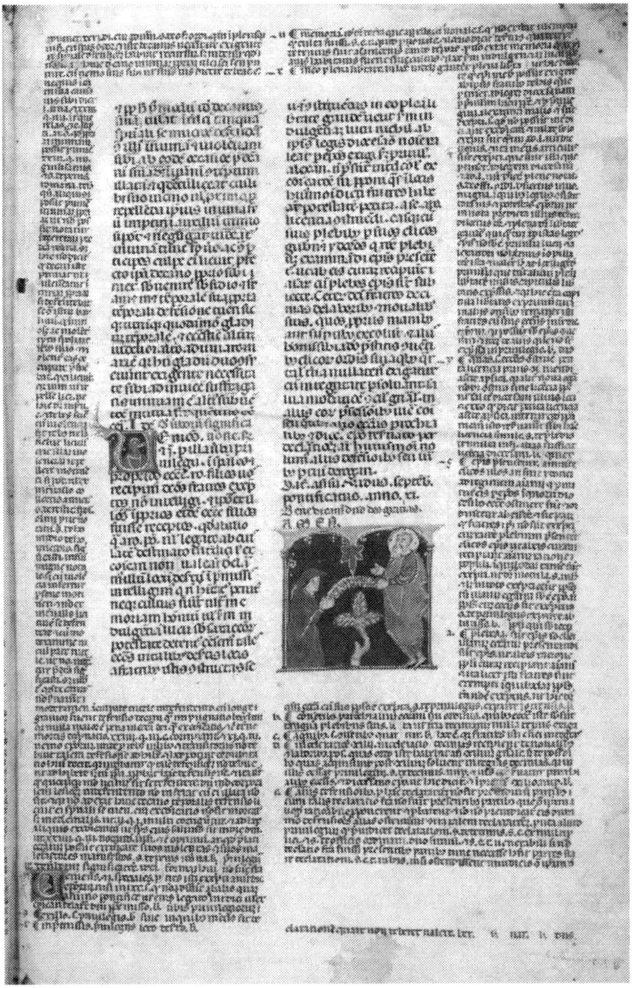

Abb. 6 Dekretalen Gregors IX. und Novellen Innozenz´ IV.; Frankfurt, UB, Ms. Barth. 11, Oberitalien, um 1300, fol. 319r: Explizit und Stifterbild

tieren den Status des in ihnen enthaltenen kanonischen Rechts, seine theologischen Grundlagen, aber auch die Rolle seiner Ausleger, der Juristen. Die inhaltlich reflektierte Anlage und Verteilung der Bilder, die Varianz und künstlerische Qualität der Ausgestaltung dieser kirchenrechtlichen (Schul)Texte demonstriert zugleich das neue Selbstbewußtsein des neuen gelehrten Juristenstandes, für den sie bestimmt waren.

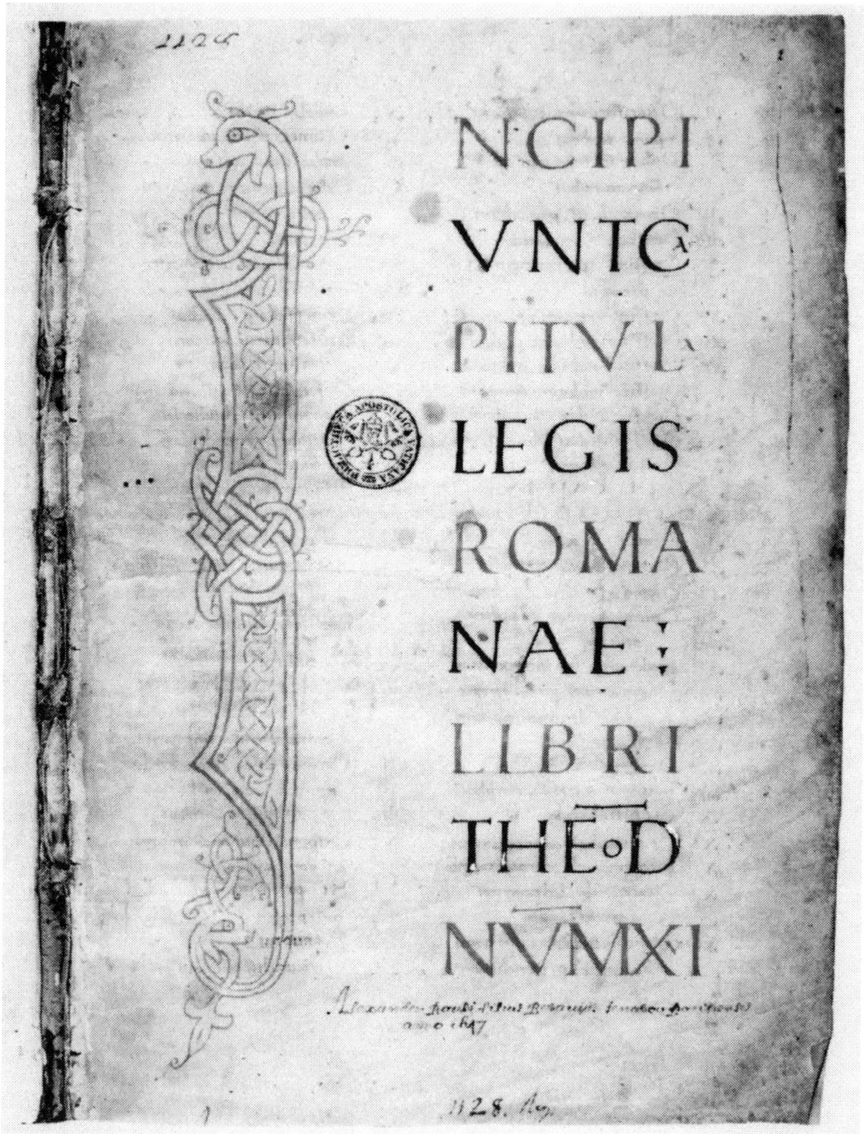

Abb. 1 Breviarium Alaricianum; Rom, BAV, Cod. Reg. Lat. 1128, fol. 1r

Martin Avenarius

Inhalt, Entstehungszusammenhang und Gestalt der Breviarhandschrift Cod. Vat. Reg. Lat. 1128*

I. Inhalt der Handschrift

Die Vatikanische Bibliothek birgt als Codex Reginensis Latinus 1128 eine Sammelhandschrift, die die *Lex Romana Visigothorum* und andere Rechtstexte enthält.[1] Es handelt sich bei der *Lex Romana Visigothorum* um die Kodifikation des Rechts der romanischen Bevölkerung im Westgotenreich. Sie entstand unter Alarich II. im Jahre 506 und wird daher auch *Breviarium Alaricianum* oder – im romanistischen Kontext – kurz *Breviar* genannt.[2] Die Kodifikation enthält in loser Aufeinanderfolge Auszüge aus dem *Codex Theodosianus* und anderen spätantiken Sammelwerken sowie Exzerpte aus Juristenschriften des 2. und 3. Jahrhunderts, nämlich eine Epitome aus den Institutionen des Gaius, Fragmente aus den Paulussentenzen sowie ein einzelnes Responsum Papinians.

Während die Handschrift als Überlieferungsquelle für das Breviar nur eine unter vielen ist, hat sie besondere Berühmtheit dadurch erlangt, dass sie im Anschluss an den Breviarteil auf fol. 190v mit den Worten *Incip[iunt] tituli ex corpore Ulpiani*

* Dieser Beitrag zum 2. Kölner Rechtshandschriften-Kolloquium (2006) besteht in einer weiterentwickelten und auf die Erkenntnisinteressen des Kolloquiums ausgerichteten Fassung eines Kapitels aus meiner Habilitationsschrift über den pseudo-ulpianischen *liber singularis regularum* (vgl. unten Anm. 3). Die Ausführungen stoßen teilweise an die Grenzen der Kompetenz des Rechtshistorikers; sie können das Urteil des Kunsthistorikers bzw. Paläographen nicht ersetzen. Für wertvolle Hinweise danke ich insoweit Herrn Prof. Dr. Anton v. Euw (Köln) sowie Herrn Dr. Martin Bertram (Rom).
Abgekürzt werden zitiert: AG (= Archivio Giuridico „Filippo Serafini“); AGG (= Archiv der Gesellschaft für ältere deutsche Geschichtkunde, hg. v. Georg Heinrich Pertz); BIDR (= Bullettino dell'Istituto di Diritto Romano „Vittorio Scialoja“); HJWK (= Hallische Jahrbücher für deutsche Wissenschaft und Kunst); JMH (= Journal of Modern History); MAH (= Mélanges d'Archéologie et d'Histoire publiés par l'École Française de Rome); RE (= Paulys Realencyclopädie der classischen Altertumswissenschaft, bearb. v. Georg Wissowa, Wilhelm Kroll, Karl Mittelhaus, Konrat Ziegler); RGL (= [Gersdorfs] Repertorium der gesammten deutschen Literatur).

[1] Die Handschrift enthält einen Breviartext mit Glossenapparat. Vgl. DOLEZALEK, Gero: Verzeichnis der Handschriften zum Römischen Recht bis 1600, Bd. 2, Frankfurt am Main 1972 s. v. Rom, BAV, Regin. Lat. 1128; LIEBS, Detlef: Römische Jurisprudenz in Gallien (2. bis 8. Jahrhundert), Berlin 2002, S. 22; CONRAT (COHN), Max: Geschichte der Quellen und Literatur des römischen Rechts im früheren Mittelalter, Bd. 1, Leipzig 1891, S. 251.

[2] Vgl. grundlegend LAMBERTINI, Renzo: La codificazione di Alarico II, 2. Aufl. Turin 1991; CONRAT 1891 (wie Anm. 1), S. 41 sowie die Edition von HAENEL, Gustav: Lex Romana Visigothorum, Leipzig 1847/49 (ND Aalen 1962).

einen Rechtstext beginnen lässt, der in der neuzeitlichen Rechtswissenschaft auch u.a. als *Fragmenta Ulpiani* oder *Epitome Ulpiani* gehandelt wurde. Es handelt sich um den pseudo-ulpianischen *liber singularis regularum*, ein wahrscheinlich zu Unrecht unter dem Namen des spätklassischen Juristen Domitius Ulpianus überliefertes Elementarwerk aus dem zweiten nachchristlichen Jahrhundert, das als zusammenhängender Text nur hier überliefert ist.[3]

In der Handschrift schließen sich *Notae Iuris* sowie verschiedene Volksrechte an, nämlich die *Lex Gundobada*, die *Lex Ribuaria*, die *Lex Salica* und die *Lex Alamannorum*. Es handelt sich um eine äußerliche Verbindung der *Lex Romana Visigothorum* mit den Volksrechten mit Rücksicht auf die praktischen Bedürfnisse der Zeit, wie sie in dieser oder ähnlicher Form in einer Vielzahl von Breviarhandschriften festzustellen ist.[4]

II. Entstehungszusammenhang der Handschrift

In der Frage nach dem Entstehungszusammenhang der Handschrift dürfen wir davon ausgehen, dass das Manuskript im Frankenreich entstand.[5] Dort war das Breviar nämlich in dem Zeitraum, der für die Entstehung der Handschrift in Betracht kommt, von erheblicher Bedeutung für Rechtsstudium und Praxis.[6] Nachdem die

---

[3] AVENARIUS, Martin: Der pseudo-ulpianische *liber singularis regularum*. Entstehung, Eigenart und Überlieferung einer hochklassischen Juristenschrift, Göttingen 2005, S. 157; vgl. nun DENS.: Il „liber singularis regularum" pseudo-ulpianeo: sua specificità come opera giuridica altoclassica in comparazione con le „Institutiones" di Gaio, in: Index 34 (2006), S. 455-477.

[4] Vgl. CONRAT 1891 (wie Anm. 1), S. 42 f., Anm. 12 mit Hinweis auf HAENEL 1847/49 (wie Anm. 2), S. XLI-XCI.

[5] LEHMANN, Paul: Johannes Sichardus und die von ihm benutzten Bibliotheken und Handschriften, München 1912, S. 88. HAENEL 1847/49 (wie Anm. 2), S. XLV; HUSCHKE, Philipp Eduard: Iurisprudentiae anteiustinianae quae supersunt, 3. Aufl. Leipzig 1874, S. 525; ABDY, John T.; WALKER, Bryan: The Commentaries of Gaius and Rules of Ulpian, Cambridge 1876, S. XXV sowie SCHÖNBAUER, Ernst: Die Ergebnisse der Textstufenforschung und ihre Methode, in: Iura 12 (1961), S. 117-161, hier 149, vermuten eine Herkunft aus Gallien. Mehrfach ist ungenau geäußert worden, das Manuskript müsse aus „Frankreich" stammen; vgl. HAENEL, Gustav: Rez. Hugo, Ulpiani Fragmenta, 5. Aufl. Berlin 1834, in: RGL 1 (1834), S. 350-352, hier 351; JÖRS, Paul: Art. Domitius 88 (Ulpian), in: RE, 9. Hb. (1903), Sp. 1435-1509, hier 1448; BRUNS, Carl Georg; LENEL, Otto: Geschichte und Quellen des römischen Rechts, in: VON HOLTZENDORFF, Franz; KOHLER, Josef (Hg.): Enzyklopädie der Rechtswissenschaft, Bd. 1, 7. Aufl. München 1915, S. 303-397, hier 367; SCHULZ, Fritz: Die Epitome Ulpiani des Codex Vaticanus Reginae 1128, Bonn 1926, S. 6.

[6] Auch nach seiner Ablösung bei den Westgoten blieb die Bedeutung des Breviars für das Rechtsstudium bestehen. Überdies blieb es in Teilen des Frankenreiches in Geltung als Rechtsbuch für die romanische Bevölkerung und die Kirche. Die Bemühungen Karls des Großen um die Pflege der geschriebenen Rechte betrafen auch die *Lex Romana Visigothorum*. Vgl. WENGER, Leopold: Die Quellen des römischen Rechts, Wien 1953, S. 558; BRUNNER, Heinrich:

Kodifikation von Chlodwig im Frankenreich eingeführt worden war, stand sie später im Karolingerreich in Geltung und sogar noch unter der Herrschaft der Kapetinger, bis sie im 12. Jahrhundert infolge der fortschreitenden Rezeption des justinianischen Rechts verdrängt wurde. In diesem örtlichen Rahmen ist daher unter Einbeziehung bestimmter wichtiger Merkmale, die die Entwicklung der Handschriftenproduktion in karolingischer Zeit kennzeichnen, zunächst die chronologische Einordnung vorzunehmen, bevor anschließend die Merkmale dargestellt werden, die es ermöglichen, die Handschrift mit einiger Wahrscheinlichkeit dem Skriptorium von Sankt Gallen zuzuordnen.

1. Entstehungszeit

Bis in die Gegenwart hat sich im Schrifttum ganz überwiegend die – zumeist unkritisch tradierte – Vorstellung verfestigt, die Handschrift sei im 10. Jahrhundert entstanden.[7] Manche Forscher haben sogar einen späteren Zeitpunkt angenommen. So dachte etwa Eduard Böcking an das 10. oder 11. Jahrhundert.[8] Diese Vorstellung, nach der das Manuskript spätestens im 11. Jahrhundert vollendet gewesen sein soll, geht auf die Ergebnisse älterer und inzwischen überholter paläographi-

Deutsche Rechtsgeschichte, Bd. 1, 2. Aufl. Leipzig 1906, S. 515. Die Vielzahl der karolingischen Abschriften bezeugt dies. Vgl. CONRAT 1891 (wie Anm. 1), S. 4 und 226; Codex Theodosianus, hg. v. MOMMSEN, Theodor, Berlin 1905, S. XXXVII und CCCVIIf.

7 HAENEL 1847/49 (wie Anm. 2), S. XLV; STIEBER, Friedrich Carl Gustav: in: HAUBOLD, Christian Gottlieb: Opuscula academica, Bd. 2, Leipzig 1829, S. CXXIII; DUDÍK, Beda: Iter Romanum, 1. Theil, Wien 1855, S. 147; HUSCHKE 1874 (wie Anm. 5), S. 525; KÜBLER, Bernhard: Geschichte des Römischen Rechts, Erlangen 1925, S. 281; BAVIERA, Johannes (= Giovanni): Fontes Iuris Romani Antejustiniani, Bd. 2, Florenz 1940, S. 261; SCHÖNBAUER 1961 (wie Anm. 5), S. 148; JÖRS 1903 (wie Anm. 5), Sp. 1448; SCHILLER, A. Arthur: Roman Law, The Hague u.a. 1978, S. 48; ABDY; WALKER 1876 (wie Anm. 5), S. 25; CAREY, Frederick Mason: De Scriptura Floriacensi, Cambridge (Mass.) 1923, S. 134; Домиций Ульпиан. Фрагменты. Domitii Ulpiani Fragmenta, перевод и комментарий Е. М. ШТАЕРМАН, in: Vestnik Drevnej Istorii 1971, S. 167, 184-206, hier 184; überarbeitete Fassung in der zweisprachigen Ausgabe: Iulii Paulli Sententiarum ad filium libri V. Domitii Ulpiani Fragmenta. Юлий Павел, Пять книг сентенций к сыну. Фрагменты Домиция Ульпиана. Перевод Е. М. ШТАЕРМАН, Moskva 1998; PONSSA DE LA VEGA DE MIGUENS, Nina: Reglas de Ulpiano, Buenos Aires 1970, S. 16; VOLTERRA, Edoardo: Rez. Laura Moscati, Il Codice Teodosiano nell'ottocento (estratto da „Clio" Riv. trimestrale di studi storici, anno XVII, n. 2, aprile-giugnio 1981, p. 149-170); DIES.: Carlo Baudi di Vesme e la storiografia giuridica del suo tempo. Deputazione Subalpina di Storia Patria, Torino Palazzo Carignano 1982, S. 1-87, in: BIDR 84 (1981), S. 304-309, hier 305; MERCOGLIANO, Felice: Tituli ex corpore Ulpiani, Napoli 1997, S. 4; SANTUCCI, Gianni: Rez. F. Mercogliano, Tituli ex corpore Ulpiani, in: AG 219 (1999), S. 139-148, hier 140; HONORÉ, Tony: Rez. F. Mercogliano, Tituli ex corpore Ulpiani, in: Zeitschrift der Savigny-Stiftung für Rechtsgeschichte (Romanistische Abteilung) 117 (2000), S. 525-528, hier 525.

8 BÖCKING, Eduard: Domitii Ulpiani Fragmenta, 4. Aufl. Leipzig 1855, S. VII, Anm. 3.

scher Analysen zurück.[9] Im jüngeren Schrifttum ist verschiedentlich ein früherer Entstehungszeitpunkt angenommen worden. So meint Fritz Schulz,[10] die Schrift weise auf eine Entstehung um das Jahr 900 hin. Marco Mostert erwägt eine Entstehung im 9. oder 10. Jahrhundert.[11] Nachdem sich Élisabeth Pellegrin für einen Zeitpunkt im Verlauf des 9. Jahrhunderts ausgesprochen hat,[12] zieht Gero Dolezalek sogar dessen Anfang in Betracht.[13] Diese Vermutung wird durch die Autorität Bernhard Bischoffs bestätigt, der die Handschrift offenbar auf die erste Hälfte des 9. Jahrhunderts datierte.[14] Sie trifft wahrscheinlich das Richtige: Auf diese Zeit lassen sowohl die äußere Gestalt der Handschrift als auch bestimmte Merkmale der Schreibweise sowie der Schriftcharakter schließen.

Die Begründung setzt an der *äußeren Gestalt der Handschrift* an. Der Codex umfasst 271 Blätter, die jeweils etwa 350 x 246 mm messen.[15] Es handelt sich um eine in roten Saffian eingebundene, beidseitig zweispaltig geschriebene Pergamenthandschrift. Der Text ist in einer gleichmäßigen Minuskel geschrieben;[16] nur Titelüberschriften und Eingangsworte stehen in Unzialschrift. Abkürzungen und Ligaturen kommen kaum vor. Die Farbe der Schrift ist mittelbraun; nur Überschriften, Ziffern des Titelverzeichnisses, Anfangsbuchstaben und das *explicit* sind

---

9 So hatte Georg Heinrich PERTZ den die *Lex Burgundionum* enthaltenden Manuskriptabschnitt in das ausgehende 10. oder beginnende 11. Jahrhundert datiert; vgl. DENS., Italiänische Reise vom November 1821 bis August 1823. Aus dem 5ten Bande des Archivs für ältere deutsche Geschichte besonders abgedruckt, Hannover 1824 (AGG 5, S. 205f.).

10 SCHULZ 1926 (wie Anm. 5), S. 5.

11 MOSTERT, Marco: The Library of Fleury: A Provisional List of Manuscripts, Hilversum 1989, S. 278. Schon Jean Marie PARDESSUS hatte die Schrift dem ausgehenden 9. oder beginnenden 10. Jahrhundert zugeordnet; Loi Salique ou Recueil contenant les anciennes rédactions de cette loi, Paris 1843, S. LVI i.V.m. S. LI.

12 PELLEGRIN, Élisabeth: Biblioteca Apostolica Vaticana. Les manuscrits classiques latins de la Bibliothèque Vaticane, Paris 1975-1991, S. 148; so auch LIEBS 2002 (wie Anm. 1), S. 19, Anm. 105.

13 DOLEZALEK 1972 (wie Anm. 1), s. v. Rom, BAV, Regin. lat. 1128, allerdings ohne Begründung.

14 Im handschriftlichen Nachlass Bischoffs, der an der Bayerischen Akademie der Wissenschaften verwahrt wird, ist zum Cod. Reg. Lat. 1128 eine Bemerkung erhalten: „Westfrankreich (zum Teil Tours?), IX. Jh., 1./2. Viertel". Die Notiz gehört zu den Materialien, die Bischoff für seinen Katalog der festländischen Handschriften des 9. Jahrhunderts (seit 1998) zusammengetragen hatte, dessen Abschnitt über die in der Vaticana verwahrten Handschriften er nicht mehr selbst hatte fertigstellen können. Die Kenntnis von der Notiz verdanke ich der freundlichen Auskunft von Frau Dr. Birgit Ebersperger (München).

15 Die folgenden Ausführungen verstehen sich als Darstellung derjenigen Merkmale des Manuskripts, die mit einiger Wahrscheinlichkeit eine zeitliche und räumliche Bestimmung der Herkunft ermöglichen. Eine umfassende Analyse der Handschrift aus paläographischer und kunsthistorischer Sicht, die bislang nicht vorliegt, können sie selbstverständlich nicht ersetzen.

16 BRETHOLZ, Berthold: Lateinische Paläographie, 2. Aufl. Leipzig u.a. 1912, S. 89. Einzelheiten zu den Buchstaben auch bei SCHULZ 1926 (wie Anm. 5), S. 5f.

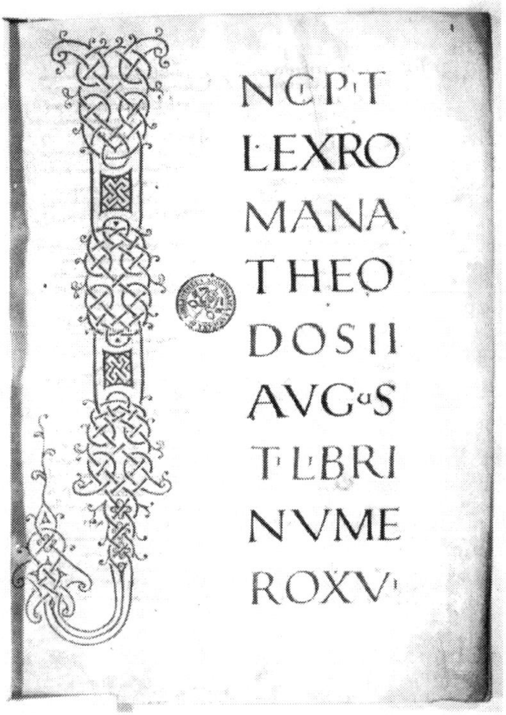

Abb. 2 Breviarium Alaricianum; Rom, BAV, Cod. Reg. Lat. 1128, fol. 4r

in rot gehalten. Auf fol. 1r und 4r erstrecken sich Schmuckinitialen über die ganze Länge der Seite (Abb. 1, 2). Am unteren Rande von fol. 1r steht ein eigenhändiger Namenseintrag des Pariser Gelehrten Alexandre Petau (1610-1672): „Alexander Pauli filius Petavius Senator Parisiensis anno 1647".[17]

Innerhalb des Codex umfasst der Breviartext 190 Blätter und endet ohne Abschlussvermerk[18] auf der Rückseite von fol. 190, etwa im ersten Viertel der zweiten Spalte. Es schließt sich mit den Worten *Incip[iunt] tituli ex corpore Ulpiani*[19] unmittelbar das Titelverzeichnis des pseudo-ulpianischen Regelwerks an, wodurch der unrichtige äußere Eindruck erweckt wird, der anschließende Text sei noch Teil des Breviars.[20] Dieser Anschein wird dadurch verstärkt, dass erst nach dem Ende

[17] Den gleichen bzw. entsprechenden Namenseintrag weisen noch weitere Handschriften aus der Sammlung Alexandre Petaus auf, so u. a. die Codices Rom, BAV, Reg. Lat. 336 (fol. 3r), 846 (fol. 1r), 886 (fol. 1r) und 1050 (fol. 6 r).

[18] Abweichend unrichtig HAENEL 1847/49 (wie Anm. 2), S. XIV.

[19] PARDESSUS 1843 (wie Anm. 11), S. LVII liest unrichtig: *Incipiunt capituli* [...].

[20] Der Schreiber hielt ihn offenbar für einen Teil des *Breviars*; CONRAT 1891 (wie Anm. 1),

des *liber singularis regularum* ein Einschnitt erfolgt, der dadurch gekennzeichnet ist, dass der Rest der Seite freigelassen ist (fol. 202v, re. Sp.). Am Fuße von fol. 202v steht nochmals ein zusätzliches *expl[icit]*. Auch sind die Blätter, auf denen der Breviarteil (einschließlich des Regelwerks) steht, so angeordnet, dass der Text auf der letzten Seite eines Faszikels endet: die Quaternionen des Breviars werden von zwei Ternionen (fol. 187-192 und 193-198) und schließlich einem Binio (fol. 199-202) abgelöst. Es folgen dann die *Notae Iuris* und die anderen Rechtsbücher.

Breviarteil und Volksrechte sind offenbar nicht von derselben Hand geschrieben worden, weisen aber denselben Schrifttyp auf. Auch die Hilfslinien folgen durchgehend einem Muster. Auf einem Vorsatzblatt des Codex (linke Seite vor fol. 1r) befindet sich ein von der Hand Alexandre Petaus stammendes Inhaltsverzeichnis.[21]

Der Text weist eine Reihe sinnloser Fehler und, gemessen am hochsprachlichen Latein, viele *Eigentümlichkeiten der Schreibweise* auf. Für die Frage, inwieweit diese bereits aus der Vorlage übernommen worden sind, ist zu unterscheiden zwischen Fehlern, die auf die Abschrift der karolingischen Zeit zurückgehen, und Vulgarismen, die schon der antike Text aufwies.

Fehler, die aus der Abschrift herrühren, spielen im Text nur eine geringe Rolle. Dies ist nichts Ungewöhnliches: Aus den wenigen Fällen, wo sich neben Abschriften der karolingischen Zeit die antiken Vorlagen erhalten haben, darf man bekanntlich darauf schließen, dass antike Texte im 9. Jahrhundert im Wesentlichen wortgetreu abgeschrieben wurden.[22] Die typischen Fehler sind insoweit bekannt und erforscht.[23] Fehler und Interpolationen werden in vielen Fällen bereits in den Vorlagen enthalten gewesen sein und auf die Qualität derjenigen Textstufe zurückgehen, die aus der Umschrift aus Papyrusrollen hervorging. Eingriffe und Korruptelen kommen besonders bei Gebrauchstexten nicht selten vor.[24] Für den

S. 86; SCHULZ 1926 (wie Anm. 5), S. 7; vgl. NELSON, Hein L. W.: Rez. F. Mercogliano, Tituli ex corpore Ulpiani. Storia di un testo, in: Bollettino di Studi Latini 29 (1999), S. 283-287, hier 284.

[21] So zutreffend PELLEGRIN 1975-1991 (wie Anm. 12), S. 148. Spätere Zusätze sind nur die (zunächst versäumte) Angabe der *Lex Salica* sowie die Ziffer 377 (alte Signatur der Handschrift).

[22] Zu dieser Beobachtung BURSIAN, Conrad: Geschichte der classischen Philologie in Deutschland von den Anfängen bis zur Gegenwart, 1. Hälfte, München u.a. 1883, S. 32. Nachzuweisen ist dies z.B. an der Liviushandschrift Rom, BAV, Reg. Lat. 762 (Tours um 800), deren Vorlage ein erhaltenes Unzialmanuskript aus dem 5. Jahrhundert ist; vgl. REYNOLDS, Leighton D.; WILSON, Nigel G.: Copisti e filologi. La tradizione dei classici dall'antichità ai tempi moderni, 2. Aufl. Padua 1973, Taf. XI nach S. 88.

[23] REYNOLDS; WILSON 1973 (wie Anm. 22), S. 250.

[24] ZELZER, Michaela: Die Umschrift lateinischer Texte von Rollen auf Codices und ihre Bedeutung für die Textkritik, in: BLANCHARD, Alain (Hg.): Les Débuts du Codex. Actes de la journée d'étude organisée à Paris les 3 et 4 juillet 1985 par l'Institut de Papyrologie de la

Cod. Reg. Lat. 1128 ist nicht anzunehmen, dass der Text nach Diktat geschrieben wurde, so dass sich Hörfehler eingeschlichen haben könnten. Allenfalls kommt an einigen Stellen das sog. „innere Diktat“ in Betracht: Der Schreiber liest den Text und spricht ihn sich anschließend für die Niederschrift in Gedanken selbst vor.[25] Solche Quasi-Hörfehler haben hier offenbar zu einzelnen sinnlosen Schreibvarianten geführt. Da der Schreiber offenbar nicht verstand, was er schrieb,[26] erkannte er einige sinnentstellende Korruptelen nicht als solche.[27]

Im Übrigen weist das Erscheinungsbild des überlieferten Textes eine große Zahl an sprachlichen und orthographischen Besonderheiten auf, aus denen sich ergibt, dass hier nicht etwa ein hochsprachlicher Text durch die mittelalterliche Überlieferung verdorben wurde,[28] sondern dass bereits die der Abschrift vorausgegangene Textfassung durch eine vulgare Schreibweise gekennzeichnet war,[29] wie sie in verschiedenen Varianten etwa um 200 n. Chr. im ganzen Latein sprechenden Westen auftrat.[30] Zu den wichtigsten Merkmalen gehören Vokalverschiebungen,

---

Sorbonne et l'Institut de Recherche et d'Histoire des Textes, Turnhout 1989, S. 157-167, hier 166.

25 Zum inneren Diktat vgl. MAZAL, Otto: Lehrbuch der Handschriftenkunde, Wiesbaden 1986, S. 75.

26 Anhand karolingischer Texte hat Michael RICHTER gezeigt, dass es durchaus möglich war, Latein lesen zu lernen, ohne es zu verstehen; Die Sprachenpolitik Karls des Großen, in: Sprachwissenschaft 7 (1982), S. 412-437, hier 420f.; vgl. GANZ, David: The Preconditions for Caroline Minuscule, in: Viator. Medieval and Renaissance Studies 18 (1987), S. 23-44, hier 40. Während im Süden und Westen Galliens zu Beginn des 9. Jahrhunderts Latein noch verstanden worden sein dürfte, war es im Ostteil des Frankenreiches, wo eine germanische Volkssprache herrschte, eine fremde Sprache; RICHTER 1982, S. 423, 433f.; vgl. RÖDER, Karl David August: Versuche der Berichtigung von Ulpiani Fragmenta, Göttingen 1856, S. 9.

27 „Niemand hört als was er weiß, niemand vernimmt als was er empfinden, imaginiren und denken kann“; GOETHE, Johann Wolfgang v.: Hör-, Schreib- und Druckfehler (1820), in: Goethes Werke, hg. im Auftrage der Großherzogin Sophie von Sachsen, Bd. 41, 1. Abt., Weimar 1902, S. 183-188, hier 184.

28 Dagegen nahm Gustav Ernst HEIMBACH „Schreibfehler, von der zufälligen Gedankenlosigkeit herrührend“, an; Rez. F. C. v. Savigny, Ueber die handschriftliche Grundlage des Ulpian, Zeitschrift für Geschichtliche Rechtswissenschaft 9 (1838), S. 157-173, in: HJWK 1838, Sp. 1961-1966, 1969-1984, 1990-1992, hier 1970; SCHULZ 1926 (wie Anm. 5), S. 7 u. 10. Auch Hein L. W. NELSON scheint anzunehmen, dass der „karolingische Kopist“ für fehlerhafte Passagen verantwortlich sei; Rez. F. Mercogliano, Tituli ex corpore Ulpiani, in: Tijdschrift voor Rechtsgeschiedenis 67 (1999), S. 374-377, hier 376.

29 Was die Parallelüberlieferungen betrifft, so ist festzustellen, dass auch die drei Handschriften der *Collatio* Vulgarismen enthalten (Coll. 6,2 entsprechend Tit. 5,6 u. 7; Coll. 16,4 entsprechend Tit. 26,1), während dies bei dem justinianischen Text (vgl. die Überlieferung von D. 22,5,17 im Vergleich zu Tit. 20,6) eine deutlich geringere Rolle spielt. Der Grund wird darin liegen, dass die *Collatio* eine Privatschrift ist (WENGER 1953 [wie Anm. 6], S. 545), die im Unterschied zu den justinianischen Texten keine offizielle Redaktion erfuhr.

30 Als allgemeine Kennzeichen gelten die Verwechslung von *e* und *ae* (z. B. in den Endungen der a-Stämme), Weglassung des auslautenden *-m* (*vinu* statt *vinum*), falsche Zusetzung

die fehlerhafte Verwendung des *h* sowie die Vertauschung von *v* und *b*. Im Manuskript sind die zunächst übernommenen Vulgarismen teilweise anschließend von einem Korrektor verbessert worden. Insbesondere bei Vokalverschiebungen ist dies der Fall. Die auffälligen *h*-Fehler sind dagegen nicht verbessert worden, was damit zusammenhängt, dass sowohl der Schreiber als auch dessen Korrektor die richtige Verwendung des lateinischen *h* offenbar nicht beherrschten.[31] Entsprechend ist auch zu begründen, dass die Korrektur anderer Eigenheiten, die die zeitgenössische Sprache gleichfalls aufwies, nicht erfolgte, wie es etwa bei der Vertauschung von *v* und *b* der Fall war.

Aus den *Schriftmerkmalen* der Handschrift ergeben sich wichtige Hinweise zu ihrer chronologischen Einordnung. Sie weist nämlich einige Merkmale auf, die die in der karolingischen Zeit gebräuchliche Minuskelschrift in ihrer Entstehungsphase kennzeichneten. Während die fertig ausgebildete karolingische Minuskel über mehrere Jahrhunderte lang in relativ konstanter Gestalt in Gebrauch blieb,[32] weist die Schrift der karolingischen Zeit in ihrer Entstehungsphase, d.h. bis zum 2. Viertel des 9. Jahrhunderts, noch besondere Merkmale auf, die ihre Identifikation ermöglichen. In dieser Frühphase war nämlich das Prinzip des einheitlichen Alphabets noch nicht konsequent durchgeführt.[33]

Unter den Leitzeichen zur Erkenntnis der frühen Schrift weist der Text insbesondere noch verschiedene Formen des *a* auf.[34] In dieser Phase war das aus der Unzialen stammende *a* bereits gebräuchlich,[35] aber noch nicht als das spätere „a der karolingischen Minuskel schlechthin" etabliert. Es trat vielmehr noch neben

(*eadem legem* anstatt *eadem lege*) sowie die Verwendung falscher Fälle, z.B. nach Präpositionen. Vgl. STOLZ, Friedrich: Geschichte der lateinischen Sprache, 3. Aufl. Berlin 1953, S. 97; KRAMER, Johannes: Geschichte der lateinischen Sprache, in: GRAF, Fritz (Hg.): Einleitung in die lateinische Philologie, Stuttgart u.a. 1997, S. 115-162, hier 156-162.

31 In Frankreich war das *h* jedenfalls schon in der *lingua romana rustica* (7. und 8. Jahrhundert) in der Aussprache verschwunden; BOURCIEZ, Édouard; BOURCIEZ, Jean: Phonétique française. Étude historique, Paris 1967 (ND Paris 1978), § 110, S. 124. Es wurde zwar geschrieben, hatte aber keinen spezifischen Lautwert mehr; vgl. STOTZ, Peter: Art. Aussprache: Latein, in: Der Neue Pauly 13 (1999), Sp. 355-358, hier 357. Über die Bemühungen Alkuins, die *h*-Fehler korrigieren zu lassen, vgl. LE COULTRE, Jules: La prononciation du latin sous Charlemagne, in: Mélanges Nicole: recueil de mémoires de philologie classique et d'archéologie offerts à Jules Nicole, Genève 1905, S. 313-334, hier 327f. In dem von germanischen Sprachen beherrschten Ostteil des Frankenreichs war Latein ohnedies Fremdsprache (vgl. oben Anm. 26).

32 Vgl. LÖFFLER, Karl; MILDE, Wolfgang: Einführung in die Handschriftenkunde, Stuttgart 1997, S. 93.

33 MAZAL 1986 (wie Anm. 25), S. 108; vgl. BISCHOFF, Bernhard: Paläographie des römischen Altertums und des abendländischen Mittelalters, 2. Aufl. Berlin 1986, S. 156.

34 Es gibt freilich Schulen, die Nebenformen (wie offenes *a*, unziales *d* und Majuskel-*N*) nie ausschlossen; vgl. MAZAL 1986 (wie Anm. 25), S. 109.

35 Es handelte sich um eine Modernisierungsmaßnahme, die gegenüber dem offenen *a* der Eindeutigkeit der Schrift diente; MAZAL 1986 (wie Anm. 25), S. 108.

älteren Formen auf, nämlich neben dem geschlossenen *a* und einem solchen, dessen Form an zwei hintereinander stehende *c* erinnert (sog. *cc-a*).[36] Die letztgenannte Form verschwand als erste und bildet damit ein bedeutendes Altersindiz: bei Handschriften, die es noch aufweisen, ist an die erste Hälfte des 9. Jahrhunderts zu denken.[37] Die keulenförmige Verdickung der Oberlängen bei *b, d, l, h*[38] sowie die spitz zulaufenden und einwärtsgerichteten Schäfte von *m* deuten im allgemeinen auf das erste Viertel des 9. Jahrhunderts hin.[39] Alle diese Merkmale weist unser Text auf. Schließlich sind die offenen Bögen des *g*[40] sowie die häufige Verwendung des Majuskel-*N*,[41] wie sie hier am Anfang oder Schluss eines Wortes oder in Ligatur auftritt, als Merkmale dieser frühen Phase zu nennen.

Demgegenüber lässt die Schrift verschiedene Merkmale, durch die die voll ausgebildete karolingische Minuskel des 10. Jahrhunderts in vielen Manuskripten gekennzeichnet ist, noch nicht erkennen. So ist der Winkelschenkel des aus der Unzialen stammenden *a*, der zunächst schräg gestellt war, noch nicht aufgerichtet. Die Verwendung des *e caudata* für das offene *e*, die besonders im 10. Jahrhundert häufig vorkommt, tritt hier kaum auf. Die im 10. Jahrhundert bei *m, n*, und *i* aufkommenden kleinen Abschlussstriche sowie das etwas unter die Zeile gezogene *r* sind noch nicht festzustellen. Alle diese Merkmale sind selbstverständlich nur mit Vorsicht als Beweismittel zu benutzen. Ihre Häufung verschafft jedoch eine brauchbare Wahrscheinlichkeitsgrundlage für die zeitliche Einordnung der Entstehung des Manuskripts.[42] Nach allem spricht der Gesamteindruck dafür, dass unsere Handschrift in der ersten Hälfte des 9. Jahrhunderts entstand.

2. Entstehungsort

Nach bislang überwiegender Ansicht soll die Handschrift ursprünglich aus dem Kloster Fleury an der Loire stammen.[43] Eine andere Vermutung richtet sich dar-

---

[36] LÖFFLER; MILDE 1997 (wie Anm. 32), S. 91; vgl. MAZAL 1986 (wie Anm. 25), S. 109.

[37] LÖFFLER; MILDE 1997 (wie Anm. 32), S. 95.

[38] MAZAL 1986 (wie Anm. 25), S. 109; vgl. LÖFFLER; MILDE 1997 (wie Anm. 32), S. 92.

[39] LÖFFLER; MILDE 1997 (wie Anm. 32), S. 92.

[40] MAZAL 1986 (wie Anm. 25), S. 109 schränkt ein, das *g* dieser Phase habe i.d.R. den unteren Bogen offen. Dies ist bei unserer Handschrift jedenfalls gegeben; gelegentlich (einschränkend SCHULZ 1926 (wie Anm. 5), S. 5f.) sind sogar beide Bogen offen, z.B. fol. 192 r, Sp. b, 9. Zeile von unten: *vulgo*.

[41] LÖFFLER; MILDE 1997 (wie Anm. 32), S. 92; MAZAL 1986 (wie Anm. 25), S. 109.

[42] LÖFFLER; MILDE 1997 (wie Anm. 32), S. 96.

[43] So erstmals HAENEL, Rez. Hugo 1834 (wie Anm. 5), S. 351. Nach Heimbachs Bericht über Haenels Forschungen soll dieser in dem Manuskript eine für Fleury über längere Zeit charakteristische Schrift erkannt haben: HEIMBACH, Rez. von Savigny 1838 (wie Anm. 28), Sp. 1974f.; DERS., Was haben die Quellen des Römischen Rechts durch die kritischen Bestrebungen der neueren Juristen gewonnen? Erster Artikel. IV. Ulpian's Fragmente, in: Leipziger Repertorium der deutschen und ausländischen Literatur 1 (1843), S. 93-108, hier

auf, dass sie auf das Skriptorium von St. Martin in Tours bzw. auf eine davon abhängige Schreiberwerkstatt zurückgehe.[44] Die in der Literatur hierfür genannten Gründe sind jeweils überaus dürftig.[45]

Wir dürfen demgegenüber heute davon ausgehen, dass die Handschrift im Kloster Sankt Gallen entstand.[46] Den Ausgang nimmt diese Vermutung bei der Schmuckinitiale, mit der der Text der *Lex Romana Visigothorum* im Cod. Reg. Lat. 1128 anfängt.[47] Das *Incipiunt* auf fol. 1r beginnt mit einem *I*, das sich über die gesamte Länge der Seite erstreckt (Abb. 1).[48] Die Initiale besteht aus einem Bandgeflecht. Dieses lässt in der oberen und unteren Hälfte je ein Feld frei, das mit angedeutetem Geflecht ausgefüllt ist. An den Enden des *I* münden die Bänder in je einen charakteristischen, an eine Schlange erinnernden Tierkopf mit nach rückwärts spitz zulaufendem Auge und unten einem verschlungenen, oben zwei kurzen, schopfartigen Fortsätzen. Dem geöffneten Maul entspringt jeweils ein Band, mit dem das Geflecht endet, gelegentlich kleine Fäden entlassend, die in Häkchen oder Kügelchen enden.

Die karolingische Buchkunst hatte ihre Hauptsitze zwar vorwiegend an westfränkischen Stätten, doch ist unter den wenigen ostfränkischen, an denen die Buchmalerei in karolingischer Zeit blühte, der berühmteste Sankt Gallen.[49] Nun war der Sankt Galler Buchschmuck am Beginn des 9. Jahrhunderts noch bescheiden; erst zu diesem Zeitpunkt löste der karolingische Stil hier den merowingischen ab.[50] Die Handschriften dieser Zeit weisen kaum bedeutende Initialen auf.[51] Unter

96. MOSTERT bezweifelt dagegen gerade diesen einheitlichen Schreibstil; 1989 (wie Anm. 11). Haenels Vermutung einer Entstehung in Fleury, deren Gründe im einzelnen nicht mitgeteilt sind, machen sich außer Heimbach noch CAREY 1923 (wie Anm. 7), S. 134, SCHULZ 1926 (wie Anm. 5), S. 6, KÜBLER 1925 (wie Anm. 7), S. 281 und Robert VILLERS, Tituli ex corpore Ulpiani, in: GIRARD, Paul Frédéric; SENN, Félix: Textes de Droit Romain, 7. Aufl. Paris 1967, S. 414 zu eigen. Theodor MOMMSEN vermutete, dass die Handschrift jedenfalls in Fleury aufbewahrt worden sei; De Ulpiani regularum libro singulari (1855), in: DERS., Gesammelte Schriften 2; Juristische Schriften 2, Berlin 1905, S. 47-55, hier 55.

[44] Hier ist sowohl PELLEGRIN 1975-1991 (wie Anm. 12), S. 149 zu nennen als auch die vorsichtige Vermutung Bischoffs (vgl. Anm. 14): „zum Teil Tours?“. Leider hat Bischoff keine Gründe für seine Vermutung angegeben.

[45] Vgl. AVENARIUS 2005 (wie Anm. 3), S. 24-26 mit Nachweisen.

[46] Zustimmend jetzt Anton von EUW, Die St. Galler Buchkunst vom 8. bis zum Ende des 11. Jahrhunderts, St. Gallen 2008, Bd. 1: Textband, S. 334f. In diesem neuen Katalogwerk der St. Galler Handschriften wird das Manuskript unter Nr. 36 geführt.

[47] Immerhin für eine Zuordnung der Initialen zum Bodenseegebiet ergibt sich aus dem unveröffentlichten Nachlass von Bernhard Bischoff (vgl. Anm. 14) eine Bestätigung. So vermerkte Bischoff zum Cod. Reg. Lat. 1128: „gleichzeitige Reichenauer (St. Gall.) Initialen“.

[48] AVENARIUS 2005 (wie Anm. 3), S. 26-29.

[49] LÖFFLER, Karl: Schwäbische Buchmalerei in romanischer Zeit, Augsburg 1928, S. 1f.

[50] MERTON, Adolf: Die Buchmalerei in St. Gallen vom neunten bis zum elften Jahrhundert, Leipzig 1912, S. 15.

[51] Scriptoria Medii Aevi Helvetica. Denkmäler schweizerischer Schreibkunst des Mittelalters,

den Manuskripten, die im Skriptorium von Sankt Gallen in der ersten Hälfte des 9. Jahrhunderts entstanden sind, zeigen viele in ihren Schmuckinitialen bestimmte Varianten von Tierköpfen. Unter letzteren dominieren neben den Fischen die Vogel- oder vogelähnlichen Köpfe,[52] deren gemeinsames Merkmal das rückwärts spitz zulaufende Auge ist. In vielen Fällen[53] hat die Figur anstatt des Schnabels ein Schlangenmaul, oft zudem den oder die schopfartigen Fortsätze des Kopfes, derentwegen Merton sie in seinem grundlegenden Werk über die Buchmalerei in Sankt Gallen als „Wiedehopf" bezeichnet hat.[54] Diese Figur, deren geöffnetem Maul ein Band entspringt, entspricht auffallend den beiden im vatikanischen Manuskript in der Schmuckinitiale fol. 1r dargestellten Köpfen (Abb. 1).[55] Auch das lockere Flechtwerk des Initialschmucks entspricht demjenigen, das sich in Handschriften aus Sankt Gallen findet.[56] Während nämlich im 9. Jahrhundert die fränkischen Ranken häufig eine plastische Wirkung hatten, wurde in der Schule von Sankt Gallen die Ranke abgeflacht,[57] ebenso, wie es in unserer Handschrift der Fall ist. Schließlich sind auch die das Flechtwerk zierenden Fäden und Kügelchen Stilelemente der Sankt Galler Initialkunst.[58]

Die Zugehörigkeit des Schmuckes unserer Handschrift zum Sankt Galler Stil wird deutlich im Vergleich der Initiale auf fol. 1r des Cod. Reg. Lat. 1128 mit derjenigen, die im Wolfcoz-Evangelistar (Cod. Sang. 367) auf p. 44 die Einleitungsformel

---

Bd. 2: BRUCKNER, Albert (Hg.): Schreibschulen der Diözese Konstanz. St. Gallen 1, Genf 1936, S. 40. Dies zeigt sich besonders deutlich an dem noch relativ unentwickelten Schmuck im St. Galler Cod. 20 und im Züricher Cod. C 12.

52 Fische und Vögel sowie Flechtwerk und Ranken sind Merkmale, die aus der merowingischen Initialkunst stammen; vgl. MAZAL, Otto: Das Buch der Initialen, Wien 1985, S. 8f.

53 Für die Form vgl. die (farblich bereits weiterentwickelten) Schmuckinitialen bei LAPIÈRE, Marie-Rose: La lettre ornée dans les manuscrits mosans d'origine bénédictine (XIe-XIIe siècles), Paris 1981, S. 323 sowie bei VON EUW, Anton: St. Galler Kunst im frühen und hohen Mittelalter, in: OCHSENBEIN, Peter (Hg.): Das Kloster St. Gallen im Mittelalter. Die kulturelle Blüte vom 8. bis zum 12. Jahrhundert, Stuttgart 1999, S. 167-204, hier 173.

54 MERTON 1912 (wie Anm. 50), S. 15, mit genauer Beschreibung der Merkmale des Tierkopfs und Abbildungen von Varianten auf Tafeln III,1; VIII,2; X,1; XI,2; XII,1.

55 Abbildung in Farbe bei VON EUW, Anton: Die St. Galler Buchkunst vom 8. bis zum Ende des 11. Jahrhunderts, St. Gallen 2008, Bd. 2: Tafelband, S. 86, Abb. 123.
Unter den verschiedenen zoomorphen Köpfen, die die St. Galler Initialkunst aufweist, lässt sich der hier beschriebene Typ vielfach nachweisen. Er tritt bereits im Wolfcoz-Psalter (Cod. 20, von 820-840, S. 65) auf, und überaus häufig dann im Wolfcoz-Evangelistar (Cod. 367, um 830/845). Für die spätere Entwicklung ist er nachzuweisen im letzten Band der Großen Hartmut-Bibel (Cod. 83, um 850/880, S. 5 und 15) sowie im Goldenen Psalter (Cod. 22, zw. 860 u. 900) und im Folchard-Psalter (Cod. 23, zw. 864 u. 883). In den letztgenannten Handschriften ist der Typus bereits Bestandteil aufwendigen Buchschmucks, gegenüber dem sich die Schmuckinitialen unseres Manuskripts, die ja nur eine profane Gebrauchsschrift zieren, als sehr bescheiden ausnehmen.

56 MERTON 1912 (wie Anm. 50), S. 15.

57 MAZAL 1985 (wie Anm. 52), S. 10.

58 Vgl. VON EUW 1999 (wie Anm. 53), S. 170f. mit Abb. S. 171.

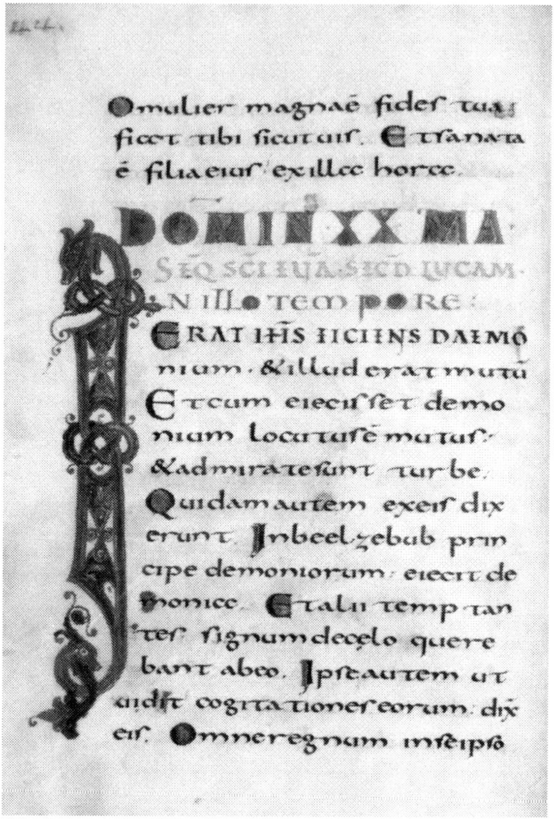

Abb. 3 Wolfcoz-Evangelistar; St. Gallen, Cod. Sang. 367, p. 44

In illo tempore [...] schmückt (Abb. 3). Diese beiden Initialen weisen insgesamt eine besonders weitgehende Übereinstimmung der jeweiligen Gestaltungsidee auf. Dieser Eindruck beruht nicht nur auf der Ähnlichkeit der Tierköpfe,[59] sondern gründet sich auch auf die Parallelität der verschlungenen Bänder und Sporangien sowie der beiden markanten linksgerichteten Ecken im Korpus der Initialen.[60] Das vatikanische Manuskript enthält auf fol. 4r noch eine zweite Schmuckinitiale *I*, jedoch ohne Tierköpfe (Abb. 2).[61] Diese ist hauptsächlich aus einem Flecht-

[59] Andere der genannten Schmuckinitialen weisen, wenn man nur auf die Form des Kopfes abstellt, noch weitergehende Übereinstimmung auf.

[60] Im Cod. Sang. 367, S. 44 sind die in Rot gehaltenen Konturen mit Gold und Silber ausgefüllt. Für eine Abbildung in Farbe vgl. jetzt die Codices Electronici Sangallenses (http://www.cesg.unifr.ch/virt_bib/handschriften.htm; dort „Cod. 367, 44").

[61] Abbildung in Farbe bei VON EUW 2008 (wie Anm. 55), S. 87, Abb. 124.

werk aus einfachen Linien gebildet, innerhalb dessen bei Überschneidungen die überschnittene Linie vor der Berührung aussetzt.[62] Zwei im Geflecht ausgesparte Felder enthalten Mäanderformen; das Geflecht selbst weist einzelne symmetrische, schmetterlingsförmige Blüten auf. Ein gleichartiges Flechtwerk findet sich im Sankt Galler Cod. 367, S. 157 sowie besonders häufig im Zürcher Cod. C 12, einem wahrscheinlich in Sankt Gallen entstandenen Psalterium.[63]

Ein nächster Hinweis auf eine Entstehung des Manuskripts in Sankt Gallen ergibt sich aus dem Schriftcharakter. Die karolingische Schrift setzte sich im Sankt Galler Skriptorium erst während der Amtsperiode des Abtes Gozbert (816-837) durch. Sie löste allmählich eine zuvor geschriebene alemannische Minuskel ab, die in der Schaffensphase des Schreibers Wolfcoz (817-822) in besonderer Blüte stand.[64] Unser Text dürfte nicht sehr viel später geschrieben worden sein, worauf in erster Linie das Auftreten des alten *cc-a* hindeutet, das um die Jahrhundertmitte außer Gebrauch kam. Bei der Schriftart des Textes handelt es sich, wie wir gesehen haben, noch nicht um die voll ausgebildete karolingische Minuskel. Wir haben es vielmehr, wie Anton von Euw jetzt festgestellt hat, mit der für Sankt Gallen charakteristischen Vorläuferin zu tun, nämlich mit der alemannischen Schrift.[65]

Auch die Lagenordnung der Handschrift korrespondiert mit dem, was man über Sankt Galler Manuskripte dieser Epoche weiß. So bestehen diese älteren Bände regelmäßig aus Quaternionen, nur gelegentlich durchsetzt mit Ternionen und Binionen. Die Folge von Blättern, die mit der Haar- oder Fleischseite beginnt und innerhalb der Lage anschließend gleichartige Seiten einander zukehrt,

---

62 Zu diesem Merkmal in St. Galler Handschriften vgl. noch MERTON 1912 (wie Anm. 50), S. 15f.

63 Vgl. Cimelia Sangallensia. Hundert Kostbarkeiten aus der Stiftsbibliothek St. Gallen, SCHMUKI, Karl; OCHSENBEIN, Peter; DORA, Cornel (Hg.): St. Gallen 1998, S. 54; EGGENBERGER, Christoph: Die Sankt Galler Buchkunst, in: VOGLER, Werner (Hg.): Die Kultur der Abtei Sankt Gallen, Zürich 1990, S. 93-118, hier 99. Seit 2006 befindet sich der Zürcher Codex C 12 als Leihgabe wieder in der Stiftsbibliothek St. Gallen. Bei VON EUW 2008 (wie Anm. 46) wird er unter Nr. 32 geführt.

64 BERSCHIN, Walter: Sanktgallische Schriftkultur, in: VOGLER 1990 (wie Anm. 63), S. 69-80, hier 70f. Zu dieser alemannischen Schrift näher SCARPATETTI, Beat v.: Das St. Galler Scriptorium, in: OCHSENBEIN 1999 (wie Anm. 53), S. 31-67, hier 48f. und mit Rücksicht auf die Wolfcoz-Phase: DERS., Schreiber-Zuweisungen in St. Galler Handschriften des achten und neunten Jahrhunderts, in: OCHSENBEIN, Peter; ZIEGLER, Ernst (Hg.): Codices Sangallenses. Festschrift für Johannes Duft zum 80. Geburtstag, Sigmaringen 1995, S. 25-56, hier 38.

65 VON EUW 2008 (wie Anm. 46), S. 334. In dieser Frage, in der Erfahrung und womöglich auch Divination den Ausschlag geben, ist der Rechtshistoriker auf die Einschätzung des Spezialisten angewiesen. Nachdem sich mir früher ein heterogenes Meinungsbild präsentiert hatte, das auch Stellungnahmen von Paläographen einschloß, folge ich nun gerne dem Urteil des bedeutendsten lebenden Kenners der Sankt Galler Manuskripte und gebe meinen bisherigen Standpunkt (Der pseudo-ulpianische *liber singularis regularum* [wie Anm. 3], S. 17) insoweit auf.

was bei Kennzeichnung nur der oberen Blattseite je einer halben Lage kurz mit HFHF (bzw. FHFH) bezeichnet werden kann,[66] ist schon in den ältesten Bänden der Normalfall und setzt sich im ersten Drittel des 9. Jahrhunderts zur vollen Regelmäßigkeit durch. Dabei überwog die Lagenordnung HFHF.[67] Der Cod. Reg. Lat. 1128 weist diese Merkmale auf. Der Breviarteil beginnt mit Quaternionen in der Lagenordnung HFHF. Der Abschnitt des Ps.-Ulpian lässt in zwei Ternionen HFH (fol. 187r - 192v; fol. 193r - 198v) und einem Binio HF (fol. 199r - 202v) das entsprechende System der Lagenordnung erkennen.

Es gibt ein weiteres Indiz dafür, dass sich die Handschrift zumindest im Kloster Sankt Gallen befand: Auf fol. 241r ist zweimal ein Name zu lesen, der am Anfang mit *Gauzb*[...] noch sicher zu bestimmen, im Übrigen aber unsicher ist. Wahrscheinlich lautet er „Gauzbertus".[68] Dieser Name bezieht sich wahrscheinlich auf den Abt Gozbert,[69] mit dessen Amtszeit die in wissenschaftlicher und geistiger Hinsicht besonders fruchtbare Phase Sankt Gallens begann.[70] Gozbert war gleich-

---

[66] Ausdrucksweise im Anschluss an Edward Kennard RAND, Studies in the Script of Tours, I. A Survey of the Manuscripts of Tours, Vol. I, Text, Cambridge (Mass.) 1929, S. 11 m. Nachweisen in Anm. 3. H bezeichnet die Haarseite, F die Fleischseite des Pergaments. HFHF bedeutet also für den Quaternio: H (Rückseite F); F (Rückseite H); H (Rückseite F); F (Rückseite H) / H (Rückseite F); F (Rückseite H); H (Rückseite F); F (Rückseite H).

[67] BRUCKNER 1936 (wie Anm. 51), Bd. 2, S. 50. Im 2. Vierteljahrhundert ging die wechselnde Lagenanordnung dann allgemein zurück; LESNE, Émile: Histoire de la propriété ecclésiastique en France, Tome 4: Les livres, Lille 1938, S. 331.

[68] So auch PELLEGRIN 1975-1991 (wie Anm. 12), S. 149, während Cuthbert Hamilton TURNER „Gauzibertus" liest; Jean du Tillet: A Neglected Scholar of the Sixteenth Century, in: FOTHERINGHAM, John Knight (Hg.): The Bodleian Manuscript of Jerome's Version of the Chronicle of Eusebius, reproduced in Collotype, Oxford 1905, S. 48-63, hier 58, Appendix 5. Die gewisse Unbeholfenheit der Schrift wird damit zusammenhängen, dass der zweite Namenszug dem ersten wahrscheinlich nachgebildet worden ist. Die Stelle wurde offenbar, um den Namen besser lesbar zu machen, mit einer bräunenden Tinktur behandelt.

[69] Aus dem „Lemmatisierten Personennamenregister" in: BORGOLTE, Michael; GEUENICH, Dieter; SCHMID, Karl (Hg.): Subsidia Sangallensia I. Materialien und Untersuchungen zu den Verbrüderungsbüchern und zu den älteren Urkunden des Stiftsarchivs St. Gallen, St. Gallen 1986, S. 565 ist eine große Zahl von Schreibvarianten dieses Namens zu ersehen, u. a. die Formen Gauzberti, Gauzbertus (5 Nachweise!) sowie Gauzpertus. Vgl. noch die überlieferten Schreibweisen des Namens in der *Keronis Monachi S. Galli Interpretatio verborum Alamannicorum*, in: GOLDAST, Melchior: Alamannicarum rerum scriptores aliquot veteres, Tomus secundus, Frankfurt 1661, S. 69-118, hier 105.
Als immerhin möglich erscheint auch, dass sich die Namensangabe auf Gozberts gleichnamigen Neffen bezogen haben könnte, der die Geschichte des Klosters erarbeitete; vgl. SPRANDEL, Rolf: Das Kloster St. Gallen in der Verfassung des Karolingischen Reiches, Freiburg i.B. 1958, S. 24, 47f. Wahrscheinlich ist aber der Abt gemeint, denn allein 4 der 5 Fälle der Schreibweise Gauzbertus (Subsidia Sangallensia I, S. 565) stehen mit *A*[*bbas*].

[70] DUFT, Johannes: Geschichte des Klosters St. Gallen im Überblick vom 7. bis zum 12. Jahrhundert, in: OCHSENBEIN 1999 (wie Anm. 53), S. 11-30, hier 17. Selbstverständlich ist es theoretisch auch möglich, dass der Name erst nach dem Tode Gozberts eingetragen wurde.

zeitig Begründer der Klosterbibliothek[71] und richtete als erster eine planmäßig arbeitende Schreiberschule ein.[72]

Neben den Erkenntnissen, die unmittelbar aus der Handschrift zu gewinnen sind, können noch andere historische Gesichtspunkte angeführt werden.[73] So ist die Annahme Sankt Gallens als Entstehungsort auch darum plausibel, weil es seit der Unterwerfung der Alemannen durch die Merowinger um 500 zum Frankenreich gehörte. Es galten die Volksrechte, für die Alemannen, in deren Gebiet Sankt Gallen lag, also die *Lex Alamannorum*,[74] die Bestandteil der Handschrift ist.[75] Sankt Gallen lag am „äußersten Rand gallorömischer Rechtskultur".[76] Eine im 8. Jahrhundert aufgetretene Krise in den Beziehungen des Klosters zum Königshaus war dadurch beigelegt worden, dass die gegen die Oberherrschaft der Karolinger opponierenden Alemannenherzöge entmachtet wurden und die Abtei 759 endgültig dem Konstanzer Bistum untergeordnet wurde.[77] Beim Amtsantritt Gozberts war die karolingerfeindliche Vergangenheit zum Abschluss gekommen.[78] Mit der neuen Hinwendung der Rechtspflege zur Zentralgewalt hing die Herstellung vieler Breviarhandschriften im 9. Jahrhundert zusammen. Um die Mitte des 9. Jahrhunderts umfasste die Bibliothek etwa 400 Bände, deren Verzeichnis im Codex 728 der Stiftsbibliothek erhalten ist.[79]

---

[71] MERTON 1912 (wie Anm. 50), S. 3; WEIDMANN, Franz: Geschichte der Bibliothek von St. Gallen seit ihrer Gründung um das Jahr 830 bis auf 1841, St. Gallen 1846, S. 1; DUFT, Johannes; GÖSSI, Anton; VOGLER, Werner: Die Abtei St. Gallen, St. Gallen 1986, S. 102f.; DUFT, Johannes: Stiftsbibliothek Sankt Gallen, 8. Aufl. St. Gallen 1990, S. 22. Um die Mitte des 9. Jhdts. umfasste die Bibliothek etwa 400 Bände, deren Verzeichnis im Codex 728 der Stiftsbibliothek erhalten ist. Dieser alte Katalog ist abgedruckt bei WEIDMANN, S. 364-396.

[72] BRUCKNER 1936 (wie Anm. 51), Bd. 3: St. Gallen 2, Genf 1938, S. 19-22; vgl. über das Skriptorium LESNE 1938 (wie Anm. 67), S. 300-317.

[73] Dazu grundsätzlich AUTENRIETH, Johanne: Probleme der Lokalisierung und Datierung von spätkarolingischen Schriften (10. und 11. Jahrhundert), in: Codicologica 4: Essais méthodologiques (1978), S. 67-74, hier 69f.

[74] Erlassen z.Zt. des Herzogs Lantfrid (gest. 730). Für die Geltung im 9. Jahrhundert vgl. Ekkehard IV., *Casus sancti Galli*. St. Galler Klostergeschichten, übers. v. HAEFELE, Hans F., Darmstadt 1980, S. 46f., Kap. 17.

[75] Fol. 257v - 271v.

[76] LIEBS 2002 (wie Anm. 1), S. 21.

[77] PRINZ, Friedrich: Frühes Mönchtum im Frankenreich. Kultur und Gesellschaft in Gallien, den Rheinlanden und Bayern am Beispiel der monastischen Entwicklung (4. bis 8. Jahrhundert), München 1965, S. 228f.; GEUENICH, Dieter: Geschichte der Alemannen, Stuttgart u.a. 1997, S. 106-108.

[78] SPRANDEL 1958 (wie Anm. 69), S. 41 u. 48.

[79] MERTON 1912 (wie Anm. 50), S. 13. Vgl. WEIDMANN 1846 (wie Anm. 71), S. 364-396, wo insgesamt 91 Bände mit juristischen Schriften genannt sind, darunter 3 Handschriften des *Breviarium Alaricianum* bzw. Kompendien desselben (S. 459). Die in der Stiftsbibliothek St. Gallen erhaltenen Breviarhandschriften Codd. 722 und 729 stammen allerdings offenbar aus anderen Skriptorien; vgl. MORDEK, Hubert: Bibliotheca capitularium regum Francorum

Als (schwache) Indizien können schließlich noch einzelne in der Fuldaer Dekretalenhandschrift D 5 (Hessische Landesbibliothek) überlieferte Glossen zu dem Kanonisten Bernardus Papiensis angeführt werden, deren Formulierung bestimmten Passagen unseres Textes stark ähnelt und daher die Annahme einer engen überlieferungsgeschichtlichen Verbindung erlaubt. Der mutmaßliche Zusammenhang beider Texte dürfte für unsere Handschrift insoweit auf Sankt Gallen hindeuten, als der Glossenapparat im 13. Jahrhundert in Weingarten entstand.[80] Weingarten aber war ebenso wie Sankt Gallen eine Benediktinerabtei und gehörte zum Bistum Konstanz. Die organisatorische Verbindung der beiden Klöster sowie deren räumliche Nähe boten günstige Voraussetzungen für einen wechselseitigen Handschriftenaustausch.

Das erste, schon in Friedrich Carl v. Savignys Standardwerk über die Geschichte des Römischen Rechts im Mittelalter erwähnte Beispiel betrifft die Terminologie der Regelungen zur zeitlichen Konkurrenz von Gesetzen.[81] Ps.-Ulp. principium § 3 lautet:

> *Lex aut rogatur, id est fertur; aut abrogatur, id est prior lex tollitur; aut derogatur, id est pars primae tollitur; aut subrogatur, id est adicitur aliquid primae legi; aut obrogatur, id est mutatur aliquid ex prima lege.*

> Ein Gesetz wird entweder 'rogiert', d.h. es wird (auf Antrag eines Magistrats oder Volkstribuns von der Volksversammlung) gegeben, oder 'abrogiert', d.h. ein früheres Gesetz wird aufgehoben, oder 'derogiert', d.h. ein Teil des früheren wird aufgehoben, oder 'subrogiert', d.h. es wird dem früheren Gesetz irgendetwas hinzugefügt, oder es wird 'obrogiert', d.h. es wird irgendetwas aus dem früheren Gesetz abgeändert.

Der Text gibt die für die klassischen, also im 2. Jahrhundert n. Chr. geltenden Derogationsregeln verbindliche Terminologie wieder. Die Regeln beruhen auf dem Gedanken, dass jüngere Regelungen ältere ganz oder auch teilweise verdrängen, und nicht, wie nach anderer Lehre, ältere mit jüngeren Regelungen zu harmonisieren sind.[82] Ein überlieferungsgeschichtlicher Zusammenhang besteht offenbar mit einer Weingartener Glosse (Fulda D 5, fol. 1r, linke Glossenspalte). Sie lautet:

---

manuscripta, München 1995, S. 660 und 668.

80 Die Handschrift stammt ursprünglich aus Oberitalien; vgl. HAUSMANN, Regina: Einleitung, in: Die theologischen Handschriften der Hessischen Landesbibliothek Fulda bis zum Jahr 1600. Bd. 1, Codices Bonifatiani 1-3 Aa 1-145, Wiesbaden 1992, S. XXIIIf.

81 SAVIGNY, Friedrich Carl v.: Geschichte des Römischen Rechts im Mittelalter, Bd. 3, 2. Ausg. Heidelberg 1834 (ND Bad Homburg 1961), S. 507; Bd. 7, Heidelberg 1851 (ND Bad Homburg 1961), S. 254; vgl. CONRAT 1891 (wie Anm. 1), S. 86f. mit weiteren ähnlichen Textstellen, deren mutmaßliche Abhängigkeit von Ps.-Ulp. princ. § 3 er allerdings auf eine Vermittlung durch Glossare zurückführt.

82 AVENARIUS 2005 (wie Anm. 3), S. 167f.

Legi aut rogatur aut derogatur aut abrogatur aut subrogatur aut obrogatur. Rogatur cum profertur, abrogatur cum aufertur, derogatur cum una pars ei detrahitur, subrogatur cum alia additur, obrogatur cum una detrahitur et alia additur.

Die Reihenfolge des zweiten Satzes entspricht der des Ps.-Ulpian; umgestellt ist der erste Satz. Die auffallende Vollständigkeit und Ordnung lässt vermuten, dass der Verfasser der Glosse entweder das ps.-ulpianische Regelwerk benutzt hat oder jedenfalls eine andere, entwicklungsgeschichtlich eng verwandte Juristenschrift.[83] Die Glosse weist mit der Voranstellung der Gliederung sogar einen höheren Systematisierungsgrad auf, so dass ein Zusammenhang mit dem ps.-ulpianischen Regelwerk wahrscheinlich ist. Angesichts der Überlieferungslage kommt dabei ernsthaft in Betracht, dass unsere Handschrift mittelbar oder unmittelbar benutzt wurde.

Ein zweiter Hinweis auf den mutmaßlichen Zusammenhang zwischen dem Regelwerk und der Weingartener Glosse ergibt sich im Hinblick auf Ps.-Ulp. 20,1. Der Satz enthält eine Definition des Testaments:

Testamentum est mentis nostrae iusta contestatio in id sollemniter facta, ut post mortem nostram valeat.

Nach dieser Definition ist das Testament die in feierlicher Form vorgenommene, zivilrechts-gemäße Bezeugung unserer Gesinnung, damit sie nach unserem Tode gilt. Die etymologische Begriffsbestimmung mit *contestatio mentis* ist in der klassischen Zeit wirkungsmächtig, aber keineswegs allgemeingültig. Sie stammt vielmehr aus der späten republikanischen Jurisprudenz und ist, wie Gellius in den *Noctes Atticae* berichtet, erstmals für Servius Sulpicius Rufus (cos. 51 v. Chr.) belegt, den Begründer der frühen klassischen Rechtswissenschaft.[84] Auf Grundlage eines spezifischen Sprachverständnisses zeichneten sich deren Etymologien dadurch aus, dass jeweils eine bestimmte Wortbedeutung in die Wortform hineingelegt wird, indem sich die Umschreibung an die grammatische Form des zu

[83] Der Glossenapparat enthält neben Zitaten aus Institutionen und Digesten Justinians Stellen, die auf die Benutzung einer juristischen Elementarschrift hindeuten, so z.B. Begriffsbestimmungen zu Freilassungsformen einschließlich der *manumissio vindicta* (fol. 7r: *fit autem manumissio multis modis* [...] *dicente domino, esto liber, item coram iudice, quae dicitur manumissio vindicta* [...]) und zum Testament (fol. 38v).

[84] Gellius, *Noctes Atticae* 7,12,1: *Servius Sulpicius iureconsultus* [...] *‚testamentum‘* [...] *compositum esse dixit a mentis contestatione*. Über Servius vgl. BEHRENDS, Okko: Art. Servius Sulpicius Rufus, in: STOLLEIS, Michael: Juristen. Ein biographisches Lexikon, München 1995, S. 562f., jetzt abgedruckt in: DERS., Institut und Prinzip. Siedlungsgeschichtliche Grundlagen, philosophische Einflüsse und das Fortwirken der beiden republikanischen Konzeptionen in den kaiserzeitlichen Rechtsschulen. Ausgewählte Aufsätze, hg. v. AVENARIUS, Martin; MEYER-PRITZL, Rudolf; MÖLLER, Cosima, Göttingen 2004, Bd. 2, S. 980.

erklärenden Ausdrucks anschmiegt.[85] Die klassische, auf die *mens* abstellende Definition findet sich auch bei dem hochklassischen Juristen Javolenus Priscus.[86]

Die Besonderheit der klassischen, etymologischen Definition erweist sich daran, dass auch andere überliefert sind. So formulierte der severische Jurist Herennius Modestinus[87] die Begriffsbestimmung zu Beginn des 3. Jahrhunderts in seinen *pandectae* abweichend. Er schrieb (Mod. 2 pand. D. 28,1,1):

> *Testamentum est voluntatis nostrae iusta sententia de eo, quod quis post mortem suam fieri velit.*

Die wichtigste Abweichung liegt bei Modestin darin, dass er nicht mit Servius und dem Regelwerk die *mens* in Bezug nimmt, also die auf Pflicht und Gewissen ausgerichtete Gesinnung. Modestin bringt stattdessen einen Testamentsbegriff zum Ausdruck, der uns heute viel vertrauter vorkommen dürfte: In seinem Mittelpunkt steht ein privatautonomer, der Idee nach freier Wille, die *voluntas*.[88] Hier zeigt sich wahrscheinlich der Einfluss von Salvius Julianus (2. Jhdt.).[89] Dieses Oberhaupt der sabinianischen, mit der klassischen Tradition konkurrierenden Schule vertrat eine willenstheoretische Lehre,[90] die einer älteren Vorstellung, nach der der Wille im Mittelpunkt des Testaments stand, zu neuem Einfluss verholfen hatte.[91]

Während Modestin hier von der durch die regelhafte Fassung des Satzes begünstigten Überlieferungstradition abweicht, wurde die im *liber singularis regularum*

---

[85] Dazu grundlegend BEHRENDS, Okko: Gesetz und Sprache. Das römische Gesetz unter dem Einfluß der hellenistischen Philosophie, in: BEHRENDS, Okko; SELLERT, Wolfgang (Hg.): Nomos und Gesetz. Ursprünge und Wirkungen des griechischen Gesetzesdenkens (Abhandlungen der Akademie der Wissenschaften in Göttingen, Philologisch-Historische Klasse, 3. Folge, 209), Göttingen 1995, S. 137-249, hier 196f., jetzt abgedruckt in: BEHRENDS 2004 (wie Anm. 84), Bd. 1, S. 91-224, hier 163f.; AVENARIUS 2005 (wie Anm. 3), S. 118.

[86] Javolen 2 *ex post. Lab.* D. 35,1,40,3: *ego puto secundum mentem testatoris* [...] *spectandum esse*. Vgl. ferner Javolen 7 *epistularum* D. 50,16,115 und Ulpian 5 *fideicommissorum* D. 40,5,24,8.

[87] Zu Herennius Modestinus vgl. KNÜTEL, Rolf: Art. Modestinus, Herennius, in: STOLLEIS 1995 (wie Anm. 84), S. 430f.

[88] Auf die *voluntas* stellt auch der erste Anhang zur Turiner Institutionenglosse ab: *Tit. De testament. Testator est, qui in fata cedens, i. e. moriens, testamentum facit. Testamentum vero est ultimus sermo, vel ultimum elogium, vel ultima voluntas, qua quis rebus suis disponit. Testatore vivente, testamentum nihil valet; quia et adhuc mutari potest: quod tamen post mortem aperitur, et valet. Solemnitas in testamento est*; DIRKSEN, Heinrich Eduard: System der juristischen Lexicographie, Leipzig 1834, S. 24f., Anm. 18.

[89] Zu Salvius Julianus vgl. BUND, Elmar: Salvius Iulianus, Leben und Werk, in: TEMPORINI, Hildegard (Hg.): Aufstieg und Niedergang der Römischen Welt, Teil II, Bd. 15, Berlin u.a. 1976, S. 408-454.

[90] Für die Auswirkungen der Willenstheorie Julians im Recht des Erbschaftsantritts vgl. AVENARIUS 2005 (wie Anm. 3), S. 424.

[91] Vgl. BEHRENDS 1995 (wie Anm. 85), S. 174 u. 177.

auftretende Etymologie *contestatio* bzw. *testatio mentis* auf anderem Wege weiter tradiert, und tritt in einer anderen Glosse der Fuldaer Dekretalenhandschrift D 5 (fol. 38v) auf:

dicitur testamentum quasi testatio mentis, id est manifestatio voluntatis.

Obwohl die Testamentserrichtung im zweiten Satzteil mit der Bekräftigung des Willens erklärt wird, hält der Glossator also auffälligerweise an der dem Wortlaut verpflichteten, ursprünglich klassischen Etymologie fest.

III. Das Schicksal der Handschrift in der Neuzeit

Erst in jüngster Zeit ist es gelungen, das Schicksal der Handschrift in der Neuzeit und damit die Provenienz lückenlos aufzuklären.[92] Im Jahre 1529 ging das Manuskript dem Kloster Sankt Gallen verloren. Der Glaubenswechsel der Stadt nach der Reformation hatte einen Bildersturm zur Folge, bei dem viele der Bücher geraubt wurden.[93] Viele Mönche verließen das Kloster. Die Bürger von Sankt Gallen kauften es 1530 mit allem Inventar. Nach dem Sieg der katholischen Partei im Zweiten Kappelerkrieg (1531) wurde ein großer Teil der Schriften zurückgegeben. Ein Teil der Bestände blieb aber verschwunden. Begünstigt durch die hohe Wertschätzung der Handschriften von seiten humanistischer Gelehrter und die Nachfrage bedeutender Sammler, gelangten viele Werke ins Ausland.[94] Der Humanismus stand in voller Blüte – 1531 ist das Jahr, mit dem die romanistische Forschung das Erscheinen von Haloanders bahnbrechender Novellenausgabe verbindet. Offenbar hatte man den Stellenwert des Codex als bedeutende Breviarhandschrift ebenso zutreffend erkannt wie dessen Einzigartigkeit als Überlieferungsquelle des Pseudo-Ulpian.

Schon 1544, also nur dreizehn Jahre später, wissen wir unsere Handschrift in der Bibliothek des Bischofs Jean Dutillet in Paris.[95] Dieser Gelehrte hatte sich der

---

[92] AVENARIUS 2005 (wie Anm. 3), S. 32-35.

[93] WEIDMANN 1846 (wie Anm. 71), S. 56; vgl. BORGOLTE 1986 (wie Anm. 69), S. 39.

[94] WEIDMANN 1846 (wie Anm. 71), S. 57f.

[95] Dutillet war Bischof von St. Brieuc und später Meaux und starb in Paris am 19. Nov. 1570. Zur Person vgl. TURNER 1905 (wie Anm. 68), S. 48; DERS., The Bibliography of Jean du Tillet, in: The Journal of Theological Studies 12 (1911), S. 128-133, hier 128f.; KELLEY, Donald R.: Jean du Tillet, Archivist and Antiquary, in: JMH 38 (1966), S. 337-354, hier 340-341; DERS., Foundations of Modern Historical Scholarship. Language, Law, and History in the French Renaissance, New York u.a. 1970, S. 220-222; Nouvelle Biographie Générale, Bd. 45, Paris 1866, Sp. 379-381; LA CROIX DU MAINE, François Grudé de: Les bibliothèques françaises de La Croix Du Maine et de du Verdier, Nouvelle édition, Paris 1772, Bd. 1, S. 269 u. Bd. 3, S. 523; SAVIGNY, Friedrich Carl v.: Ueber die handschriftliche Grundlage des Ulpian (1838), abgedruckt in: DERS., Vermischte Schriften, Bd. 3, Berlin 1850, S. 57-75, hier 69f.; DERS., Adversaria Tom. 2. Angefangen 1802, Decbr (UB Marburg, Ms. 925/47,1),

Erforschung der Quellen des römischen Rechts gewidmet[96] und galt als einer der sorgfältigsten Geschichtsforscher seiner Zeit. Im Jahre 1549 besorgte er die Erstausgabe des Pseudo-Ulpian unter dem Titel *XXVIIII Tituli ex corpore Ulpiani*[97] und erklärte in einem der Ausgabe vorangestellten Brief an Aymar de Ranconnet, dass er die Handschrift bereits seit fünf Jahren besitze. Der relativ kurze zeitliche Abstand zwischen der kriegsbedingten Entfernung der Handschrift aus der Klosterbibliothek, der Verbringung ins Ausland und schließlich dem Erwerb durch Dutillet könnte vorsichtige Rückschlüsse darauf zulassen, weshalb der Weg, den das Manuskript in diesen Jahren nahm, nicht genau zu verfolgen ist. Wir dürfen annehmen, dass die Beteiligten die Zusammenhänge kannten oder jedenfalls ahnten und aus diesem Grunde kein Interesse daran hatten, den Vorgang zu dokumentieren oder sonst publik zu machen.

S. 21. Zur Unterscheidung Bischof Jean Dutillets von seinem gleichnamigen Bruder vgl. AVENARIUS 2005 (wie Anm. 3), S. 32, Anm. 121.

96 ZEDLER, Johann Heinrich: Grosses vollständiges Universal-Lexicon aller Wissenschaften und Künste, Bd. 44, Halle u.a. 1745, Sp. 168; JÖCHER, Christian Gottlieb: Allgemeines Gelehrten-Lexicon, 4. Teil, Leipzig 1750/51, Sp. 1202. Bischof Dutillet war es auch, der den *Codex Theodosianus* edierte: E libris Constitutionum Theodosii A. Libri priores octo longè melióres quàm adhuc circum ferebantur: sed ab Alarico rege Gotthorum ita deminuti, ut vix decima pars in his hodie appareat eorum, quae in Theodosiano codice continebantur. Posteriores octo integri, nunc primùm post M. annos in lucem revocati à Io. Tilio Engolism, Paris 1550 (580 S.; folgt [eigene Paginierung 123 S.]:) E libris constitutionum Theodosii Libri posteriores octo integri, nunc primum post M. annos in lucem revocati à Io. Tilio Enggolism. Parisiis 1550. Dutillet benutzte für die Ausgabe auch den späteren Cod. Reg. Lat. 1128, das Manuskript also, das auch der Erstausgabe unseres Textes zugrunde lag. Vgl. GIRARD, Paul F.: Le manuscrit des gromatici de l'évêque Jean du Tillet, in: Mélanges Fitting, Bd. 2, Montpellier 1908 (ND Aalen u.a. 1969), S. 235-286, hier 259; CAMUS, Armand Gaston: Lettres sur la Profession d'Avocat; et Bibliothèque choisie Des Livres de Droit, 4. Aufl., Bd. 2, Paris 1818, S. 85f.; ferner TURNER 1905 (wie Anm. 68), S. 53-54 sowie schließlich KELLEY 1966 (wie Anm. 95), S. 341, Anm. 15; DERS. 1970 (wie Anm. 95), S. 222, Anm. 20.

97 Die heute seltene Ausgabe ist „rezensiert" worden durch FEUERBACH, Neuer Literarischer Anzeiger Nr. 11 vom 9.9.1806, Sp. 164-167. Dutillet bekannte sich – außer in klaren Fällen – gegen Emendationen: „in huiusmodi vetustorum monumentorum reliquiis, ne quid detrahatur, addatur, immutetur, nisi se mendae luce clariores prodant. Nolumus enim de nostro quicquam adiici, liberumque de locis dubiis cuique iudicium relinquimus"; vgl. TURNER 1905 (wie Anm. 68), S. 53. Im Schrifttum ist nicht immer hinterfragt worden, inwieweit diese Behauptung Dutillets seiner Arbeitsweise tatsächlich entsprach; vgl. VOLTERRA, Edoardo: L'Uxor et la nurus in manu dans Gai., 3, 46; 41, et Ulp., 29, 1, in: DERS.: Scritti Giuridici, Bd. 3, Napoli 1991, S. 607-614, hier 608; MERCOGLIANO 1997 (wie Anm. 7), S. 3. In Wirklichkeit enthält der Text nämlich viele (zunächst nicht als solche erkannte) Emendationen, die Dutillet vornahm, ohne sie von jemand anderem überprüfen zu lassen; GIRARD, Paul F.: La jeunesse de Cujas, in: Nouvelle Revue Historique de Droit Français et Étranger 40 (1916), S. 429-504 u. 590-627, hier 618.

Im Jahre 1576 konnte Jacques Cujas das Manuskript einsehen, nachdem er wegen des Krieges aus Bourges nach Paris hatte fliehen müssen.[98] Er dankte dafür Jacques Dutillet,[99] einem Neffen des Erstherausgebers, an den dessen Bibliothek gelangt war.[100] Die umfangreiche Sammlung, die noch immer die Handschriftenbestände des Bischofs enthielt,[101] ging schließlich auf Jean Dutillet (d.J.) über, den Sohn Jacques Dutillets. Als Aymar de Ranconnet,[102] Pierre Pithou[103] und Edmond Merille (vor 1618)[104] das Manuskript sahen, befand es sich offenbar noch in der Bibliothek Dutillet in Paris.

---

[98] KARLOWA, Otto: Römische Rechtsgeschichte, Bd. 1, Leipzig 1885, S. 768; SAVIGNY 1838 (wie Anm. 95), S. 68; CANCELLI, Filippo: Art. Tituli ex corpore Ulpiani, in: Novissimo Digesto Italiano, Bd. 19, Torino 1973, S. 392-400, hier 395.

[99] VOLTERRA 1991 (wie Anm. 97), S. 608 identifiziert ihn irrtümlich mit dem Bruder des Bischofs, der aber schon 1570 gestorben war. Tatsächlich war Jacques Dutillet dessen Sohn.

[100] Nouvelle Biographie Générale 45, Paris 1866, Sp. 381; LA CROIX DU MAINE 1772 (wie Anm. 95), S. 594; VAHLEN, Johannes: Domitii Ulpiani e Libro regularium singulari excerpta, Ejusd. Ulpiani institutionum fragmenta, Bonn 1856, S. 8; vgl. KARLOWA 1885 (wie Anm. 98), S. 768.

[101] DE MEYIER, Karel A.: Paul en Alexandre Petau: en de geschiedenis van hun handschriften (voornamelijk op grond van de Petau-handschriften in de Universiteitsbibliotheek de Leiden), Leiden 1947, S. 196.

[102] Rancon(n)et, Amarus (Aemarus), gest. 1559, Rat beim Parlament in Paris, danach Präsident der Requeten-Kammer. J. De Thou zählt Ranconnet zu den ersten, die die wahren Quellen des römischen Rechts herausbrachten: *primus veros iuris Romani fontes aperuit*; Jac. Augusti THUANI Historiarum sui temporis tomus primus (lib. I - XXIV) (1733), lib. XXIII, S. 790; vgl. CANCELLI 1973 (wie Anm. 98), S. 394; VOLTERRA, Edoardo: Notizie sulla vita e l'attività di Aimar de Ranconnet. Addenda zu: La „Graduum agnationis vetustissima descriptio" segnalata da Cujas (1978), in: DERS. 1991 (wie Anm. 97), S. 547-557, hier 549; KARLOWA 1885 (wie Anm. 98), S. 5. Ranconnet arbeitete mit dem Manuskript; MOSTERT 1989 (wie Anm. 11), S. 278; Codex Theodosianus (wie Anm. 6), S. LXXVII, Anm. 1.

[103] Eine sorgfältige Collation, der offenbar das vatikanische Manuskript zugrundelag, befindet sich, in Pierre Pithous Handschrift gehalten, in seinem Brachylogos-Handexemplar: Brachylogos totius iuris civilis, sive corpus legum, cui adiunctae sunt Institutiones T. Caij Iurecons. Ulpiani Ex toto scriptorum ipsius corpore Tituli undetriginta, Ex recenti reperto, Lugduni, Apud Mauricium Roy, & Ludovicum Pesnot 1553; darin: S. 193-256: XXIX. Tituli ex corpore Ulpiani, Lyon (Lugduni, Apud Ludovicum Pesnot) 1553 (Oxford, Bodleian Library, Sig. Bodl. 8°. I. 24. Jur.). Wenn auch die Abweichungen des Pesnot-Textes vom Manuskript nicht ausnahmslos verzeichnet sind, und Pithou bei Tit. 1,24 als Lesart des Ms. Vat. abweichend *fusia* (statt richtig: *fufia*) angibt, scheint doch wegen der vielen wiedergegebenen Besonderheiten der vatikanischen Handschrift diese vorgelegen zu haben. Vgl. auch TURNER 1905 (wie Anm. 68), S. 63, Anm. 1.

[104] Edmond Merille zitiert die Handschrift in seinen Observationes 2, 33 u. 37; vgl. Emundi MERILLI I. C. observationum libri III, Paris (Lutetiae Parisiorum) 1618. Tit. 16,1 hat Merille aber entweder falsch gelesen oder stillschweigend emendiert. Vgl. SAVIGNY, Friedrich Carl v.: Ueber das Vaticanische Manuscript des Ulpian (1813), abgedruckt in: DERS.: Vermischte Schriften, Bd. 3, Berlin 1850, S. 28-56, hier S. 45.

Was nun den Namenseintrag des Alexandre Petau von 1647 betrifft, so findet sich die gleiche Eintragung mit dieser Jahreszahl in einer Vielzahl von Handschriften aus der Sammlung Alexandre Petaus. Dass ein handschriftliches Exemplar des bei Montfaucon abgedruckten Katalogs die Überschrift „Catalogus MSS. Alex. Petavii Senatoris Parisiensis 1647“[105] trägt, zeigt, dass Alexandre Petau unsere Handschrift zusammen mit vielen anderen erst 1647, also viele Jahre nach dem Tod seines Vaters, bekommen haben muss. Dies legt wiederum den Schluss nahe, dass er diese Manuskripte übernahm, als eine andere Pariser Bibliothek aufgelöst wurde. Eben dies war mit der Dutilletschen Sammlung geschehen, nachdem Jean Dutillet (d.J.) am 28. (oder 29.) Dezember 1646 in Paris gestorben war.[106] Erst aus diesem Anlass gelangte unter vielen anderen Schriften auch unsere Handschrift an Alexandre Petau.[107] Das Manuskript war bis dahin immer in der Sammlung Dutillet geblieben, die innerhalb der Familie weitergegeben wurde. Im Übrigen haben Untersuchungen de Meyiers zu dem Ergebnis geführt, dass der beschriebene Eigentumseintrag Alexandre Petaus – auch wenn man von der Jahreszahl absieht – niemals in Handschriften auftritt, die er von seinem Vater geerbt hatte.[108]

Das Schicksal der Handschrift nach ihrem Eingang in die Sammlung Alexandre Petaus ist im Wesentlichen bekannt. Sie gelangte aus dieser Bibliothek zusammen mit anderen Schriften an die schwedische Königin Christine (1626-1689) und

105 SAVIGNY, Friedrich Carl v.: Recension von: Domitii Ulpiani fragmenta libri regularum singularis, hg. v. HUGO, G., abgedruckt in: DERS.: Vermischte Schriften, Bd. 5, Berlin 1850, S. 81-103, hier 88. Vgl. den Catalogus Alphabeticus Manuscriptorum qui extabant in Bibliotheca Alexandri Petavii, ac deinde divenditi in Sueciam sunt transportati; nunc autem plurimâ parte asservantur Romae in Bibliotheca Reginae Sueciae, 1660, in: DE MONTFAUCON, R. P. D. Bernard: Bibliotheca Bibliothecarum manuscriptorum nova: Ubi, quae innumeris pene Manuscriptorum Bibliothecis continentur, ad quodvis Literaturae genus spectantia et notatu digna, describuntur et indicantur, Tomus primus, Paris (Parisiis) 1739, S. 61-96.

106 DE MEYIER 1947 (wie Anm. 101), S. 196. Mehrere Handschriften der Vaticana erlauben, ihren Weg über die Sammlung Petaus bis nach Angoulême, der Heimat der Familie Dutillet, zurückzuverfolgen. So steht im Cod. Reg. Lat. 336 auf fol. 3r: *P[raese]ns liber p[ertine]t ad c[onven]tum engolismen[sem] ord[inis] fr[atrum]*; anschließend sind einige Worte wegen Schimmels unleserlich geworden; Wilmart liest: *„predi[cato]rum“*. Daran ist von anderer Hand angefügt: (Wilmart: *Datur hoc opus jnperfectum per Conventum*) *angolism[ensem] seguino Seraphino tilletio XXIIa mensis oct[obris] MVc XXVII*; vgl. WILMART, Andreas: Bibliothecae Apostolicae Vaticanae codices manu scripti recensiti iussu Pii XII Pontificis Maximi praeside Iohanne Mercati. Codices Reginenses Latini, Tomus II, Codices 251-500, in Bibliotheca Vaticana 1945, S. 254.

107 MOSTERT 1989 (wie Anm. 11), S. 279 vermutet, dass die Handschriften versteigert worden seien.

108 DE MEYIER 1947 (wie Anm. 101), S. 146. Außerdem weisen von Paul Petau herrührende Handschriften den Eintrag *Paulus Petavius C[onsultor] R[egius]* oder *in Parisiensi Parlamento Consiliarius* auf; vgl. DUDÍK 1855 (wie Anm. 7), S. 143.

wurde 1651 nach Stockholm verschifft.[109] Nach ihrem Thronverzicht im Jahre 1654 brachte die Königin 2145 Handschriften nach Rom mit. Bei ihrem Tode im Jahre 1689 setzte sie den Kardinal Decio Azzolini zum Alleinerben ein,[110] und nachdem dieser noch im gleichen Jahr verstorben war, gelangte die Sammlung an seinen Neffen Pompeo Azzolini. Dieser verkaufte sie an den Kardinal Pietro Ottoboni,[111] den späteren Papst Alexander VIII., der sie im Jahre 1690 mit vielen anderen Handschriften der Vatikanischen Bibliothek stiftete.[112] Als Bestandteil des Fondo Reginense[113] wurde das Manuskript, das in der königlichen Bibliothek als Codex 377 geführt worden war, zum Codex Reginensis Latinus 1128.

---

[109] DUDÍK 1855 (wie Anm. 7), S. 143; BLUME, Friedrich: Iter Italicum, Bd. 3, Halle 1830, S. 57f. MOSTERT 1989 (wie Anm. 11), S. 31, datiert den Verkauf zwar auf 1645, was aber wegen des Namenseintrags Petaus von 1647 nicht richtig sein kann.

[110] CALLMER, Christian: Königin Christina, ihre Bibliothekare und ihre Handschriften, Stockholm 1977, S. 217. Das Testament ist abgedruckt bei ARCKENHOLTZ, Johan: Mémoires pour servir a l'histoire de Christine reine de Suède, Bd. 2, Amsterdam u.a. 1751, S. 314-319: *Instituiamo per nostro Erede universalissimo [...] il Sigr. Cardinale Diecio Azzolini* (S. 318). Vgl. ferner BIGNAMI ODIER, Jeanne: La Bibliothèque Vaticane de Sixte IV à Pie XI: Recherches sur l'histoire des collections de manuscrits, Città del Vaticano 1973, S. 144 und zur Erbfolge DIES., Christiniana, in: MAH 80 (1968), S. 705-747, hier 727f.

[111] Vgl. HAENEL, Gustav: Catalogi librorum manuscriptorum qui in bibliothecis Galliae, Helvetiae, Belgii, Britanniae maioris, Hispaniae, Lusitaniae asservantur, Leipzig 1830 (ND 1976), Sp. 268; DUDÍK 1855 (wie Anm. 7), S. 161; CALLMER 1977 (wie Anm. 110), S. 219, BIGNAMI ODIER, Jeanne: Le fonds de la reine a la Bibliothèque Vaticane, in: Collectanea Vaticana in honorem Anselmi M. Card. Albareda a Bibliotheca Apostolica edita, Città del Vaticano 1962, S. 159-189, hier 174.

[112] BETHMANN, Ludwig: Dr. Ludwig Bethmann's Nachrichten über die von ihm für die Monumenta Germaniae Historica benutzten Sammlungen von Handschriften und Urkunden Italiens, aus dem Jahre 1854. Erster Theil. Der Kirchenstaat, in: AGG 12 (1874), S. 201-426, hier 213f.; BIGNAMI ODIER 1973 (wie Anm. 110), S. 144. Anders FOERSTER, Hans: Abriss der lateinischen Paläographie, 2. Aufl. Stuttgart 1963 (ND Stuttgart 1981), S. 103.

[113] Der Fondo Reginense enthält 2120 lateinische Manuskripte. Vgl. Les Manuscrits de la Reine de Suède au Vatican. Réédition du Catalogue de Montfaucon et Cotes Actuelles, Città del Vaticano 1964, und die Berichtigungen dazu in der Rezension von PELLEGRIN, Élisabeth, in: Bibliothèque de l'École des Chartes 123 (1965), S. 200-204; ferner BIGNAMI ODIER, Jeanne: Analecta Reginensia 1. Queen Christina of Sweden. Documents and Studies, Stockholm 1966, S. 33-43; DIES. 1968 (wie Anm. 110), S. 716, Anm. 3.

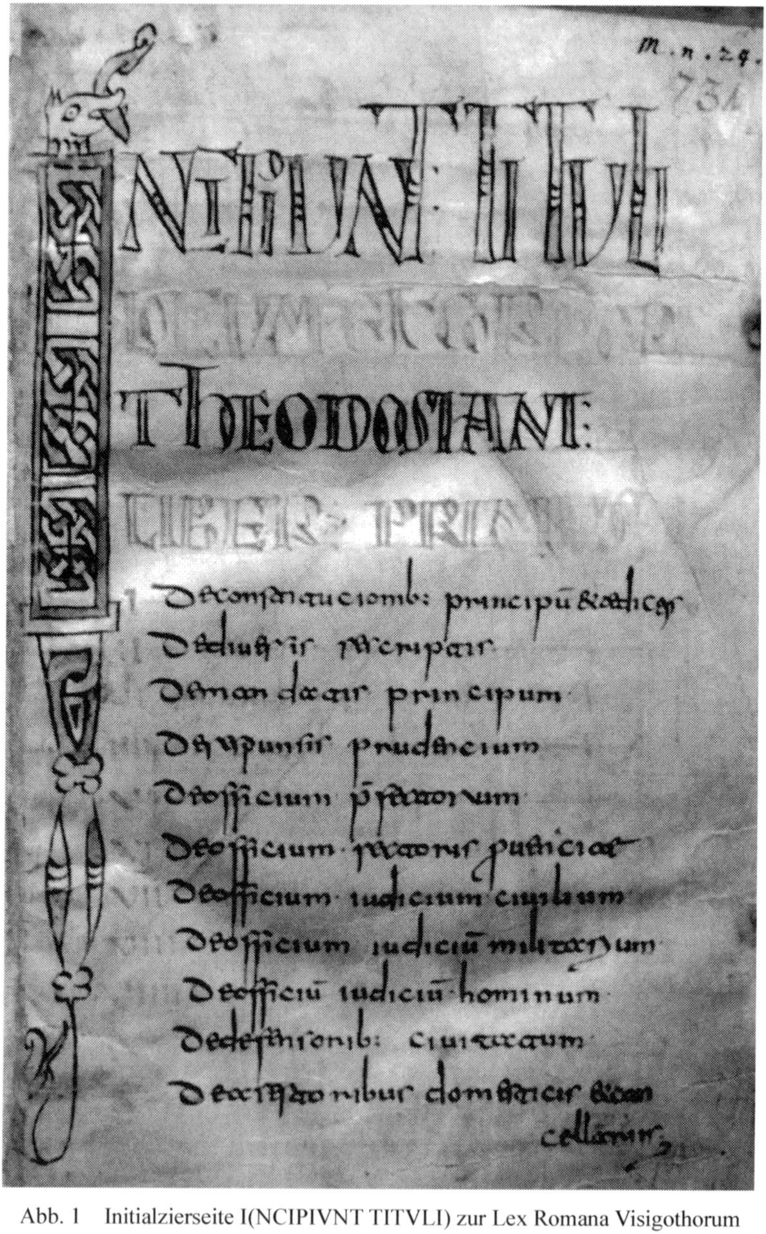

Abb. 1 Initialzierseite I(NCIPIVNT TITVLI) zur Lex Romana Visigothorum

Anton von Euw

Zur künstlerischen Ausstattung früher Leges-Handschriften Cod. 729, 730 und 731 der Stiftsbibliothek St. Gallen

Anhand der von Paul Lehmann herausgegebenen Reihe „Mittelalterliche Bibliothekskataloge Deutschlands und der Schweiz"[1] gab Johannes Duft 1971 einen Überblick über die „Rechtshandschriften in mittelalterlichen Bibliothekskatalogen des Bodenseeraumes",[2] allerdings ohne die in den Katalogen von Reichenau, St. Gallen, Chur und Feldkirch verzeichneten Bücher mit den beispielsweise in St. Gallen und Karlsruhe noch erhaltenen Handschriften zu identifizieren. Diese mittelalterlichen Kataloge unterscheiden die Rechtshandschriften in kirchenrechtliche und staatsrechtliche Gruppen. Unter die staatsrechtlichen fallen die *Leges* (Gesetze) und die *Capitularia* (ergänzende königliche Verordnungen). Unsere Aufmerksamkeit richtet sich im Folgenden besonders auf die *Leges*-Handschriften Cod. 729, 730 und 731 der Stiftsbibliothek St. Gallen, wobei wir den *Edictus Rothari* als frühestes Werk zuletzt behandeln und uns seiner künstlerischen Ausstattung besonders zuwenden wollen.

Der in Cod. Sang. 728 (p. 5-20) erhaltene älteste karolingische Bücherkatalog, geschrieben um 850 und erweitert um 880 – das *Breviarium librorum de cenobio sancti Galli*[3] – führt auf p.17 folgende Leges-Handschriften auf:

> *LEX Theodosiana, LEX Ermogeniana, LEX Papiani, LEX Francorum, LEX Alamannorum in volumine I.*
> *Item INstitutiones imperatorum Romanorum, volumen I.*[4]

Die LEX *Theodosiana* etc. identifizierte ich mit Cod. Reg. Lat. 1128 der Biblioteca Apostolica Vaticana,[5] die Martin Avenarius in diesem Band behandelt.[6] Die

1 LEHMANN, Paul: Mittelalterliche Bibliothekskataloge Deutschlands und der Schweiz. Erster Band. Die Bistümer Konstanz und Chur, München 1918 (Nachdruck München 1969).

2 DUFT, Johannes: Rechtshandschriften in mittelalterlichen Bibliothekskatalogen des Bodenseeraumes, in: Festschrift für Ernst Kolb zum sechzigsten Geburtstag (Veröffentlichungen der Universität Innsbruck 69), Innsbruck 1971, S. 65-80.

3 LEHMANN 1918 (wie Anm. 1), S.71-82. Letzter Überblick über die karolingischen St. Galler Bibliothekskataloge bei: VON EUW, Anton: Die St. Galler Buchkunst vom 8. bis zum Ende des 11. Jahrhunderts (Monasterium Sancti Galli 3, 1-2), St. Gallen 2008, S. 13.

4 LEHMANN 1918 (wie Anm. 1), S. 79, Z. 21-22. Zwischen den Institutiones stehen die Capitularia.

5 VON EUW 2008 (wie Anm. 3), S. 57, Nr. 36, Abb. 123-124.

6 Vgl. dazu schon: AVENARIUS, Martin: Der pseudo-ulpianische *liber singularis regularum*.

in zweiter Position genannten *Institutiones* sind in der St. Galler Stiftsbibliothek nicht mehr erhalten.

I. Cod. Sang. 731

Eine der auch in der Kunstgeschichte bekanntesten karolingischen *Leges*-Handschriften ist Cod. Sang. 731,[7] nicht zuletzt wegen ihrer Federzeichnung auf p. 234 und der Unterschrift *Wandalgarius fecit hec.*[8] Man sieht, durch eine Arkade ausgezeichnet, einen nach rechts schreitenden, in einen „Schuppenpanzer“ gekleideten Mann mit einer Gesetzestafel in der Rechten und einem Stab in der Linken – offenbar ein „neuer Moses“. Das Bild steht vor dem Textbeginn der *Lex Salica.* Die Handschrift wurde, wie das Postskriptum auf p. 342 verlauten lässt, von Wandalgarius – wahrscheinlich in St. Paul zu Lyon – am 9. Oktober 793 vollendet.[9] Der Inhalt von Cod. 731 ist folgender:[10]

P. 1-230 *Lex Romana Visigothorum* (Breviarium Alarici) mit Capitulatio (p. 1-18). Darauf folgt p. 231-233 der *Liber generationis* (Matthäus 1,1-16).
P. 234 Bild des Gesetzgebers, p. 235-292 *Lex Salica* mit Prolog (p. 235-237) und Capitulatio (p. 237-241) mit 100 Titeln. Darauf folgt p. 293-294 die Namensliste der Frankenkönige von Dagobert (623-639) bis Pippin (753-768) mit Vor- und Nachwort.

Entstehung, Eigenart und Überlieferung einer hochklassischen Juristenschrift. Analyse, Neuedition und deutsche Übersetzung (Quellen und Forschungen zum Recht und seiner Geschichte 12), Göttingen 2005, S. 15-35, Abb. 27.

7 SCHERRER, Gustav: Verzeichniss der Handschriften der Stiftsbibliothek von St. Gallen, Halle 1875 (ND Hildesheim/New York 1975), Nr. 731, S. 238-240; LOWE, Elias Avery: Codices Latini Antiquiores, Part VII, Switzerland, Oxford 1956, Nr. 950; Supplement 1971, S. 59 – unten abgekürzt = CLA VII.

8 MÜTHERICH, Florentine: Frühmittelalterliche Rechtshandschriften, in: Aachener Kunstblätter (Festschrift für Hermann Fillitz zum 70. Geburtstag) 60 (1994), S.79-86, bes. 84, Anm. 33; VON EUW, Anton: Beispiele illustrierter Rechtshandschriften aus dem frühen und hohen Mittelalter, in: CARLEN, Louis (Hg.): Forschungen zur Rechtsarchäologie und Rechtlichen Volkskunde 21, Zürich/Basel/Genf 2004, S. 151-170, bes. 151, Abb.1.

9 Zur Handschrift zusammenfassend: SCHMUKI, Karl in: Cimelia Sangallensia. Hundert Kostbarkeiten aus der Stiftsbibliothek St. Gallen, beschrieben v. SCHMUKI Karl; OCHSENBEIN, Peter; DORA, Cornel, St. Gallen 1998, Nr. 13, S. 36-37, Literatur S. 215. Schmukis Hinweis auf St. Paul in Lyon als Sitz des Schreibers Wandalgarius stützt sich auf einen im Reichenauer Verbrüderungsbuch genannten Wandalgarius. – Vgl. dazu allgemeiner BISCHOFF, Bernhard: Panorama der Handschriftenüberlieferung aus der Zeit Karls des Großen in: DERS.: Mittelalterliche Studien III, Stuttgart 1981, S. 5-38, bes. 19: „In burgundischem Gebiet, möglicherweise in der Westschweiz, die Burgund gehörte, haben wohl Wandelgar, der 793 die St. Galler Legeshandschrift Ms. 731 schrieb (CLA VII, 950) und die Schreiber einer etwa gleichzeitigen komputistisch-hagiographischen Sammlung (V, 56 und VI, 785) gearbeitet.“

10 Hier wiedergegeben nach SCHERRER 1875 (wie Anm.7), S. 238-240.

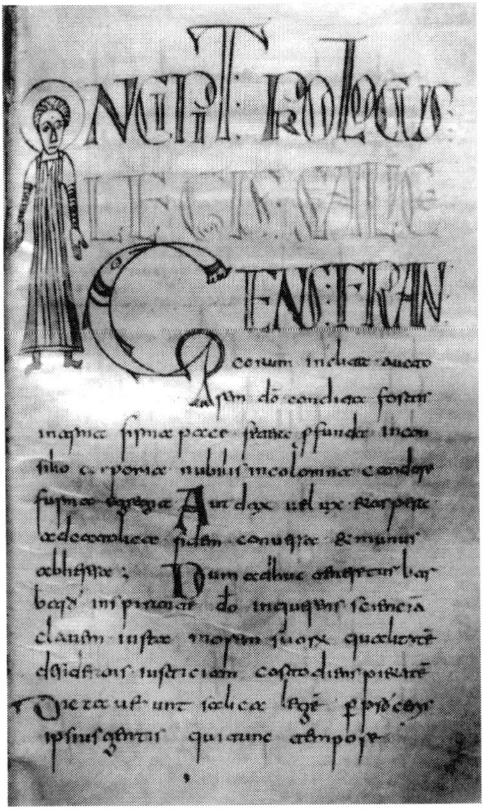

Abb. 2 Beginn des Prologes der Lex Salica mit der Initiale G(ENS FRANcorum)

P. 295-341 *Lex Alamanorum* und Capitulatio (p. 296-302) mit 95 Titeln; Explicit (p. 342) mit Subskription des Wandalgarius sowie Datierung in das 26. Regierungsjahr Karls des Großen (793).
Der Weg der Handschrift in die St. Galler Bibliothek ist noch nicht rekonstruiert.

Cod. Sang. 731 enthält eine Reihe interessanter Initialen, in Federzeichnung mit partieller Kolorierung in Minium. Typisch für den künstlerischen Ausdruckswillen ist schon die Titelseite mit dem Beginn der Capitulatio (p. 1) und der über die ganze Seite hinab gezogenen Initiale *I(NCIPIVNT TITVLI LEGVM EX CORPORE THEODOSIANI LIBER PRIMVS*) (Abb. 1). Ihr Buchstabenkörper ist mit Flechtbandfeldern gefüllt, der Fuß wächst vegetabil aus, die Krone bildet ein Tierkopf; die Textzeilen sind abwechselnd mit Tinte und Minium in Hohlcapitalis geschrieben. Wie das *Q(uicumque*) p. 19 zu Beginn der *Lex Romana Visigo-*

thorum zeigt, werden die Initialkörper mit dem Zirkel gezeichnet; eine stehende Menschengestalt erhebt das *Q* als Buchstaben des Gesetzes wie einen Clipeus (Rundschild). Beim *Q(uicumque)* p. 25 zu Beginn des 1. Buches wird alsdann die Menschengestalt durch einen Vogel ersetzt; der Mensch selbst ist im Hohlraum der Initiale in Orantenstellung nur mit Kopf und erhobenen Armen dargestellt. Andere Initialen werden durch die Kombination von Vögeln und Pflanzen gebildet. So bringt das *A(Dvocatus)* p. 33 einen Pfauen, der als linker Schenkel in einen Halm mit Blattenden als rechten Schenkel des Buchstabens beißt. Außer Pfauen sind Hähne beliebte Initialkörper, seien sie nun einzeln und fast auf dem Rücken liegend wie am *C(onstitutum)* p. 205 oder paarweise gegenständig wie am *S(i quis)* p.224 in der *Lex Salica* dargestellt. Aber auch der Fisch bekommt hier Buchstaben bildende Funktion. Ein imposantes Beispiel ist das *G(ENS FRANcorum)* p. 235 zu Beginn des Prologes der *Lex Salica* mit dem mondsichelförmigen Fisch (Abb. 2), der wie die aus Hühnern gebildeten *S(i quis)*-Initialen auf p. 224 und 242 (Abb. 3) mit dem Zirkel umrissen wurde. Im *I(NCIPIT PROLOGVS)* dieser Seite 235 übernimmt sogar eine nimbierte Menschengestalt die Funktion der Initiale.

Die Initialkunst von Cod. Sang. 731 darf als karolingisches Extrakt[11] verschiedener in Frankreich und Italien seit dem 6./7. Jahrhundert nachweisbarer Strömungen gesehen werden, die in den Haupthandschriften der merowingischen Buchmalerei wie dem *Missale Gothicum* (Rom, BAV, Cod. Reg. Lat. 317, Luxeuil, um 700)[12] und dem *Sacramentarium Gelasianum* (Rom, BAV, Cod. Reg. Lat. 316, Chelles um 750)[13] ihre schönsten Erzeugnisse hinterließ. Die „Münzbilder" sind als Initialfüllungen auch in den frühkarolingischen kirchenrechtlichen Handschriften Cod. 210 der Kölner Dombibliothek[14] und in Cod. B. 10.6 des Museums Meermanno-Westreeniaum, Den Haag,[15] zu sehen, die eher dem Nordwesten

[11] ZIMMERMANN, Ernst Heinrich: Vorkarolingische Miniaturen (Denkmäler deutscher Kunst III), Berlin 1916, S. 9, 11, 14, 89-91, 129, 227, Taf. 150-152.

[12] ZIMMERMANN 1916 (wie Anm. 11), S. 16, 48, passim, 76, 168-169, Taf. 44-47; CLA I, Nr. 106; BIERBRAUER, Katharina: Missale Gothicum, in: PLOTZEK, Joachim M. u.a. (Hg.): AK Biblioteca Apostolica Vaticana. Liturgie und Andacht im Mittelalter. Erzbischöfliches Diözesanmuseum Köln, Stuttgart 1992, Nr. 2.

[13] ZIMMERMANN 1916 (wie Anm. 11), S. 17, 19f., 78f., passim, 217-218, Taf. 135-138; CLA I, Nr. 105; BIERBRAUER, Sacramentarium Gelasianum, in: AK Biblioteca Apostolica (wie Anm. 12), Nr. 3.

[14] VON EUW, Anton: Kirchenrechtliche Sammelhandschrift, in: PLOTZEK, Joachim M. u.a. (Hg.): AK Glaube und Wissen im Mittelalter. Die Kölner Dombibliothek. Erzbischöfliches Diözesanmuseum Köln, München 1998, Nr. 19.

[15] NORDENFALK, Carl: Die spätantiken Zierbuchstaben, Stockholm 1970, S.145 mit Anm. 3 und Abb. 35. Zur Handschrift: ZECHIEL-ECKES, Klaus: Zur kirchlichen Rechtspraxis im späteren 8. Jahrhundert. Die Zwei-Bücher-Sammlung der Kölner Dom-Handschrift 210 (fol. 122-151), in: Mittelalterliche Handschriften der Kölner Dombibliothek. 2. Symposion 1. bis 2. Dezember 2006 (Libelli Rhenani 24), Köln 2008, S. 187-229.

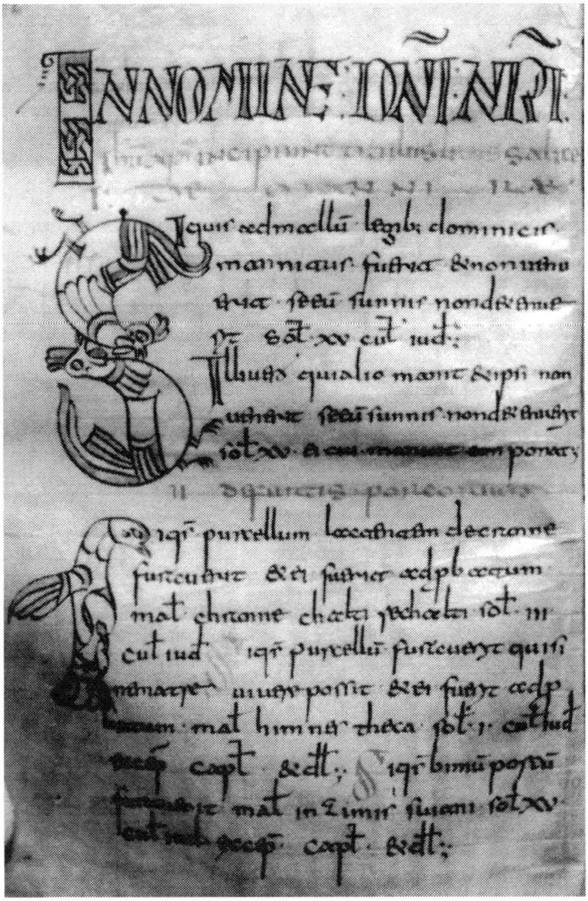

Abb. 3 Beginn der Titutli zur Lex Salica mit der Initiale S(i quis)

Frankreichs angehören. Als Menschen- oder Christusbilder integriert sie auch der um 760-780/90 in St. Gallen tätige Winithar in die Initialen.[16] Wie die Initialen des im 6. Jahrhundert in Afrika oder Spanien entstandenen Bandes mit den Briefen des Apostels Paulus, Clm 6234 der Bayerischen Staatsbibliothek, erkennen lassen, sind sie alle spätantiker Herkunft.[17]

[16] VON EUW 2008 (wie Anm. 3), S. 33-37, Nr. 1-7, Abb. 3, 7f., 11.

[17] NORDENFALK 1970 (wie Anm. 15), S. 20, 119, 132, 136, 144, Taf. IV, 51-52.

II. Cod. Sang. 729

Den gleichen Inhalt, nämlich die drei Stammesrechte der Westgoten, Franken und Alemannen, die mit ihren Lagensignaturen (III-XVII; q. I-III; q. I-IIII) einzeln signiert sind, enthält auch Cod. Sang. 729.[18] Daraus ergeben sich folgende Teile:

P. 1-260 *Lex Romana Visigothorum* (Breviarium Alarici) mit Capitulatio (p. 1-9; fol.1 fehlt), p. 10-12 Prolog, p. 13-260 Text.
P. 261-334 *Lex Salica* mit Capitulatio (p. 262-267 von 97 Tituli) und Prolog (p. 269-272); p. 328-334 *Decretum Hildeberti* und Epilog (p. 334).
P. 335-404 *Lex Alamanorum* (mit 97 Titeln, Überschriften nur bis Titel 39).

Die Handschrift hatte einen berühmten Vorbesitzer, nämlich den „Vater der Schweizer Geschichtsschreibung“ Aegidius Tschudy (1505-1572), 1558-1560 Landammann von Glarus. Er stand mit Abt Diethelm Blarer von St. Gallen (1530-1564) in freundschaftlichem Verhältnis. Aus dem Nachlass Tschudys gelangte sie 1768 durch Kauf nach St. Gallen.[19] Seit Scherrer besteht die Meinung, es handle sich um die im ältesten Bibliothekskatalog unter den *Leges* enthaltene einzige Handschrift;[20] Cod. Vat. Reg. Lat. 1128 war früher als St. Galler Werk nicht im Gespräch. Nach Peter Ochsenbein und Karl Schmuki gelangte Cod. Sang. 729, „im ersten Viertel des 9. Jahrhunderts wohl in Westfrankreich geschrieben, um 850 nach St. Gallen, wurde hier neu gebunden und im ältesten Bibliothekskatalog (Cod. 728, S. 17) unter den Leges-Handschriften aufgeführt.“[21] Während die Schrift anscheinend typisch französisch ist,[22] wird der mit Blindliniierung und Stempeln verzierte karolingische Einband von Jean Vezin als „plutôt germanique“ bezeichnet,[23] was den frühen Import nach St. Gallen erklären würde. Das Werk wäre dann wohl zur Zeit des Abtes Grimald (841-872) in St. Gallen erst gebunden worden.

---

[18] SCHERRER 1875 (wie Anm. 7), S. 235-236.

[19] Dazu der Überblick von OCHSENBEIN, Peter; SCHMUKI, Karl: Bibliophiles Sammeln und Historisches Forschen. Der Schweizer Polyhistor Aegidius Tschudy (1505-1572) und sein Nachlass in der Stiftsbibliothek St. Gallen. Führer durch die Ausstellung (1. Dezember 1990 bis 2. November 1991). St. Gallen 1991, zu Cod. 729 bes. S. 42.

[20] Siehe dagegen oben, S. 33.

[21] OCHSENBEIN; SCHMUCKI 1991 (wie Anm. 19), S. 42

[22] Die Lokalisierung „Westfrankreich“ geht offenbar auf Bernhard Bischoff zurück. Siehe auch ECKHARDT, Karl August: Pactus Legis Salicae, in: Monumenta Germaniae Historica Leges IV, I, Hannover 1962, Einleitung S. XVII.

[23] VEZIN, Jean: Les Reliures carolingiennes en cuir estampé conservées à Saint-Gall, in: HEITZ, Carol; VOGLER, Werner; HEBER-SUFFRIN, François (Hg.): Le Rayonnement spirituel et culturel de l’abbaye de Saint-Gall (Centre de recherche sur l’Antiquité tardive et le haut Moyen Âge IX), Paris 2000, S. 73-90, bes. 77.

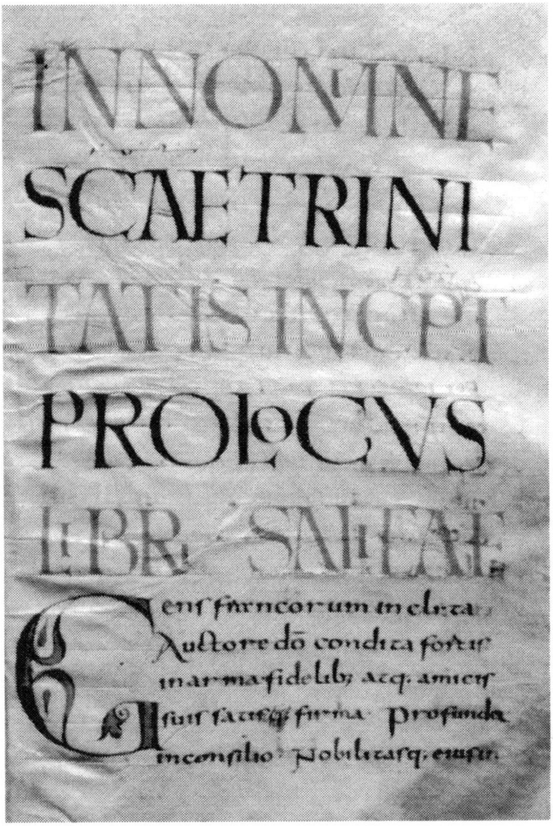

Abb. 4 Titelseite zum Prolog der Lex Salica mit der Initiale G(ens Francorum)

Die Auszeichnungsschriften und Ansätze zur Initialbildung in Cod. Sang. 729 sind keineswegs einheitlich, was auch für die Schrift gilt. Die Titelseite zum *Corpus Theodosianum* (p. 13) entspricht nicht der Leistung eines regulierten Skriptoriums aus dem 1. Viertel des 9. Jahrhunderts. Davon auszunehmen ist vielleicht die Titelseite zum Prolog der *Lex Salica* (p. 269) mit der *Initiale G(ens Francorum)* (Abb. 4). Sie ist am inneren Bogen mit zwei Voluten („Augen") besetzt. Wir haben sie als Derivat der merowingischen Kunst zu deuten, die solche Formen auch den frühkarolingischen westfränkischen Skriptorien wie Reims vermittelte.[24]

[24] BIERBRAUER, Katharina und Volker: Reims vor Ebo – Zu einer Handschrift in London, British Library Harley 1772, in: BIERBRAUER, Katharina; KLEIN, Peter; SAUERLÄNDER, Willibald (Hg.): Studien zur mittelalterlichen Kunst 800-1250. Festschrift für Florentine MÜTHERICH zum 70. Geburtstag, München 1985, S. 29-48, bes. 37, Abb. 8.

III. Cod. Sang. 730

Die älteste der drei Leges-Handschriften ist Cod. Sang. 730, nur fragmentarisch und an verschiedenen Orten erhalten.[25] Seine Rekonstruktion begann unter den St. Galler Bibliothekaren Ildefons von Arx (1755-1823) und Johann Nepomuk Hautinger (1756-1823). Sie entdeckten die Fragmente als Makulatur auf den Innenseiten der Deckel der Codices 52, 111, 427, 454, 577, 579 und 854.[26] Aber auch in den Reichenauer Beständen der Badischen Landesbibliothek Karlsruhe zeigten sich solche Fragmente. Cod. Aug. perg. 128 enthielt beispielsweise die heute unter Fragment 144 gesammelte rechte obere Ecke der Titelseite des *Edictus Rothari*, die Dold eine Rekonstruktion dieser Seite erlaubte.[27] Auch unter den 1712 nach Zürich verschleppten Handschriften waren weitere Fragmente, heute gesammelt in C 184 (IV; VI-XI) der Zentralbibliothek Zürich und als AG 19 XV (fol. 30-31) des Staatsarchivs Zürich.[28] Schließlich entdeckten Alban Dold und Bernhard Bischoff weitere Teile, besonders Einbandstreifen, unter den Handschriften der Stiftsbibliothek St. Gallen. Alle Fragmente zusammen ergeben ein Konvolut von etwa 80 Seiten, die jedoch erst die Hälfte des ganzen Textes ausmachen.

Die Rekonstruktion der Titelseite nach dem Karlsruher Fragment (Abb. 5) lenkte den Blick auf die Reichenau und deren Bücherverzeichnisse ihres berühmten Bibliothekars Reginbert (um 780-846).[29] In seinem Katalog von 821 liest man unter den Leges-Handschriften an siebenter Stelle:

Item lex Longobardorum in Codice I

---

[25] Edition: BLUHME, Friedrich: Leges Langobardorum, in: Monumenta Germaniae Historica, Leges IV, Hannover 1868, Einleitung S. IX-XLVI (Sang. 730 = S. IX-XVI), zwischen XII und XIII Farbtafeln; Text S. 1-3 (Prolog), 3-90 Gesetze; SCHERRER 1875 (wie Anm. 7), S. 236-238; ZIMMERMANN 1916 (wie Anm. 11), S. 12, 41f., 151f., Taf. 13f.; CLA VII, Nr. 949; DORA 1998 (wie Anm. 9), Nr. 7, S. 24-25, 215. Der Verfasser konnte Cod. Sang. 730 am 14. September 2005 in St. Gallen einsehen. Die hier wiedergegebene Paginierung der St. Galler Fragmente entspricht der damals im gebundenen Fragmentenband vorgefundenen.

[26] DOLD, Alban: Zum Langobardengesetz, in: Deutsches Archiv für Geschichte des Mittelalters 4 (1940), S. 1-53; SCHERRER 1875 (wie Anm. 7), S. 236.

[27] HOLDER, Alfred: Die Reichenauer Handschriften zweiter Band. Die Papierhandschriften. Fragmenta-Nachträge (Die Handschriften der Großherzoglichen Badischen Landesbibliothek in Karlsruhe VI), Leipzig/Berlin 1914 (ND mit bibliographischen Nachträgen Wiesbaden 1971), S. 591-592, Fr. 144. Zu Cod. Aug. perg. 128 in Karlsruhe siehe zuletzt: HOFFMANN, Hartmut: Bernhard Bischoff und die Paläographie des 9. Jahrhunderts, in: Deutsches Archiv für Erforschung des Mittelalters 35 (1999), S. 549-590, bes. 574.

[28] DOLD, Alban: Zur ältesten Handschrift des Edictus Rothari. Urfassung des Langobardengesetzes. Zeit und Ort ihrer Entstehung. Mit Anhang: Der Bildschmuck zur Gesetzessammlung der Langobarden im Codex Cavensis, Stuttgart 1955, S. 5-48, bes. 5f. MOHLBERG, Cunibert L.: Katalog der Handschriften der Zentralbibliothek Zürich I: Mittelalterliche Handschriften, Zürich 1932, 2. Aufl. 1952, Nr. 207, S. 79-80.

[29] LEHMANN 1918 (wie Anm. 1), S. 240-252; 252-256. DUFT 1971 (wie Anm. 2), S. 178-180.

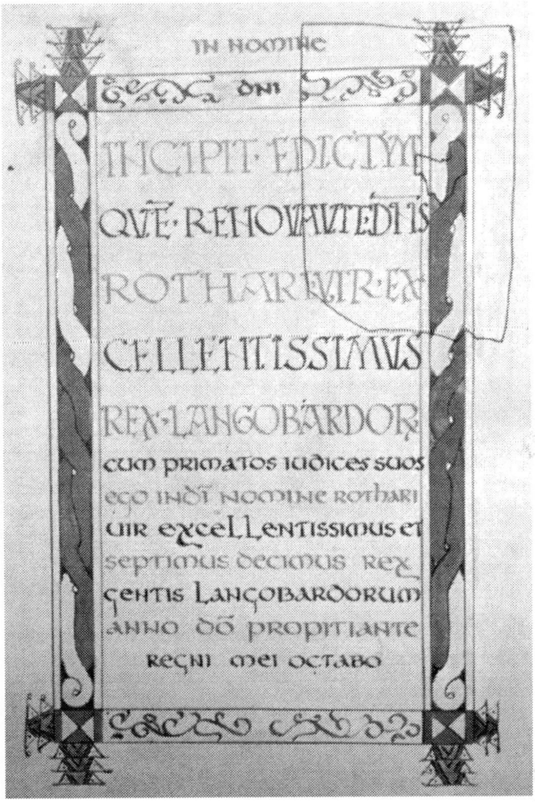

Abb. 5 Edictus Rothari, Rekonstruktion der Titelseite von Alban Dold (1955) nach dem Karlsruher Fragment

im Sonderkatalog seiner Sammelbände:

> *In XIX libello habetur lex Longobardorum,*
> *et passio Servuli, quem emi VIII denariis –*
> *Im 19. Büchlein, das ich für 8 Denare gekauft habe, ist das Recht der Langobarden enthalten, und die Passio des Servulus.*

Der *Edictus Rothari* Sang. 730 könnte demnach jene Handschrift gewesen sein, die Reginbert vielleicht um 830-840 für 8 Denare kaufte. Möglicherweise kam sie schon im 9. Jahrhundert nach St. Gallen und fiel dort in der Neuzeit dem Buchbinder zum Opfer.

Hinsichtlich ihrer Entstehung wurde die Handschrift schon 1916 von Zimmermann um 700 oder in den Beginn des 8. Jahrhunderts datiert und in das vom hl. Kolumban (543-615) gegründete Kloster Bobbio lokalisiert.[30] Dieser Lokalisierung schloss sich Dold an, trat aber vehement für eine Datierung um 670-680 ein.[31] Seitdem ist die Entstehung des Werkes in Bobbio eine mehr oder weniger beschlossene Sache.[32] Als Alternative dazu nannte Bernhard Bischoff Pavia, seit 572 Hauptstadt der Langobarden.[33] Dort erließ der Langobardenkönig Rothari (636-652) am 22. November 643 den *Edictus* als Ergebnis des Zusammenschlusses der in Oberitalien lebenden Langobarden und als Abgrenzung gegen die Franken.[34]

Dolds kunstgeschichtliche Würdigung des Schmuckes von Cod. Sang. 730 zu lesen, die der Beuroner Benediktiner 1955 mit vielen Abbildungen illustriert vorlegte, wird zum Vergnügen. Hier kam das tiefe Wissen eines Textforschers und Paläographen im Verein mit besonderer Begabung zur Definition ornamentaler und zoologischer Formen in der Natur zum Tragen. Er beginnt mit den geometrischen Formen des Kreises für die Buchstaben *O* und *Q*, die jeweils mit verschiedenen Kreuzen gefüllt sind.[35] Er bringt dann Beispiele von Initialen und Ligaturen, in deren Schäften als Füllung das einfache Zopfband zu sehen ist (Abb. 6); diese nach dem Prinzip des Diminuendo von links nach rechts kleiner werdenden Buchstaben vergleicht er mit dem entsprechenden Phänomen in frühen irischen Handschriften und leitet es aus der insularen Buchkunst ab.[36] Er beobachtet, dass alle Initialen, die Rundkörper haben (*D*, d, h, *O*, *P*, *Q*, *S*) mit dem Zirkel geschlagen sind. Ihre Buchstabenkörper bilden entweder „Schmalfische" oder „Dickfische", letztere mit gekräuselten Schwanzflossen, oder Hühner mit ebensolchen Schwänzen, gegenständig und oft mit einem Fisch als Zwischenglied; aneinander gereihte Fische haben statt der Schwanzflosse einen zweiten Kopf.[37] Aus besonderen Formen sind die unzialen d gebildet, sie enden oben in einem „Drachenkopf" mit auf-

[30] ZIMMERMANN 1916 (wie Anm.11), S.12, 41f., 151f.

[31] DOLD 1955 (wie Anm. 28), S. 25.

[32] TOSI, Michele: L'Edictus Rothari nei Manoscritti Bobiani, in: Archivum Bobiense 4 (1982), S. 11-72, bes. 46f.

[33] Vgl. DOLD 1955 (wie Anm. 28), S. 26; BISCHOFF, Bernhard: Scriptoria e manoscritti mediatori di civiltà dal sesto secolo alla riforma di Carlo Magno, in: DERS.: Mittelalterliche Studien II, Stuttgart 1967, S. 312-327, bes. 320: "Questo manoscritto prodotto molto probabilmente di una cultura latina dei langobardi, che un secolo dopo culmina nella figura die Paolo Diacono."

[34] VISMARA, Giulio: Art. Edictus (Edictum) Rothari, in: Lexikon des Mittelalters, Bd. 3, Sp. 1573-1574; DELOGU, Paolo: Art. Rothari, in: Lexikon des Mittelalters, Bd. 7, Sp. 1049-1050.

[35] DOLD 1955 (wie Anm. 28), S. 8-9, Abb. 3-4.

[36] DOLD 1955 (wie Anm. 28), S. 10-11, Abb. 5-8.

[37] DOLD 1955 (wie Anm. 28), S. 14-15, Abb. 14-19.

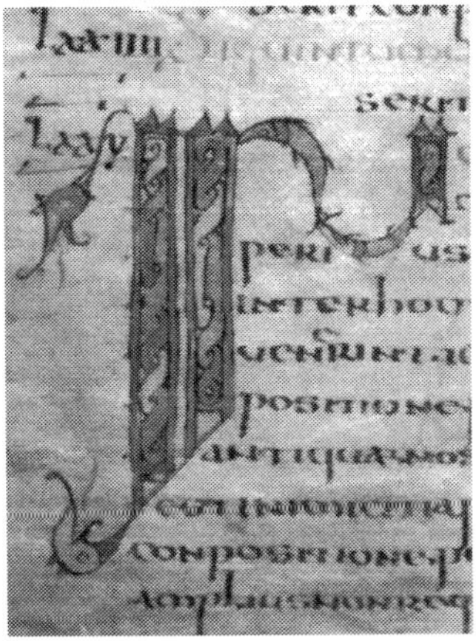

Abb. 6 Edictus Rothari, Initiale IN(omnis istas) als gebundene Doppelinitiale nach irischem Vorbild

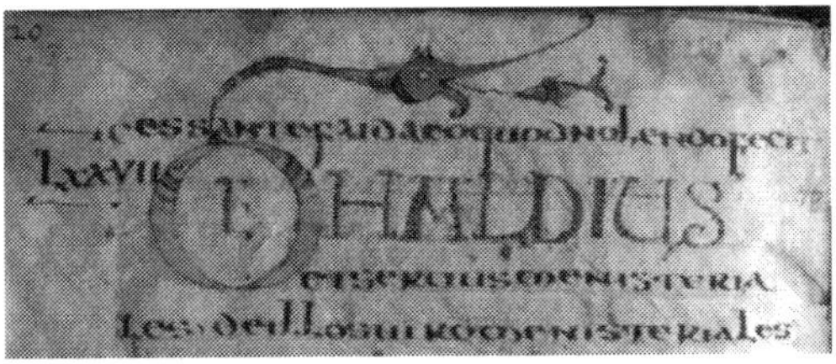

Abb. 7 Edictus Rothari, unziale Initiale d(E HALDIUS), gebildet aus zwei „Schmalfischen" und einem dritten „Schmalfisch", im Schwanz in einen „Drachenkopf„ auswachsend

gerissenem Schlund (Abb. 7).[38] Aus der Vogelwelt entdeckte Dold verschiedene Hühnerarten, aber auch andere geflügelte Wesen (Abb. 8): „in Profilstellung einen Adler mit vorgerecktem Brustkorb und langgestrecktem Hals. In Angriffsstellung sitzt er, auf das rechte Bein und die steil abwärts gedrückten Schwanzfedern gestützt, da, wie im Begriffe, mit seinem scharf gekrümmten Schnabel im nächsten Augenblick auf zwei Dickfische einzuhacken, die in ihrer absonderlichen Stellung innerhalb der Initiale die Aufgabe haben, das *N* zu vervollständigen, augenscheinlich aber, sich der ihnen drohenden Gefahr nicht bewusst sind." Im runden Buchstabenkörper eines unzialen *d* sieht Dold zwei streitende Pfauenhennen sowie als oberes Ende einen Pfauen, der hinzukommt, um die Streitenden zu trennen (Abb. 9). Zur Vogelwelt gehört auch ein „rabenähnlicher" Vogel, der von einer an einer Ranke gebildeten Fahne des unzialen d nascht; sein Buchstabenkörper ist aus „Schmalfischen" gebildet.[39] Vielen Buchstabenkörpern des unzialen *d*(*e*) entwachsen, wenn es der Freiraum darüber zulässt, Ranken in zarter Federzeichnung (Abb. 10). Sie charakterisieren einen Teil der Initialornamentik von Cod. Sang. 730.[40] Hinzu kommt noch ein weiteres Kennzeichen, nämlich die Initiale *S*(*i quis*) als Seepferdchen, die Dold bei den entsprechenden Seepferdchen-Fibeln unter dem Stichwort „Fibulae" im DACL von Cabrol-Leclercq wiederfand (Abb. 11).[41]

[38] DOLD 1955 (wie Anm. 28), S. 1-14, Abb. 11-15.
[39] DOLD 1955 (wie Anm. 28), S. 16-17, Abb. 20-23.
[40] DOLD 1955 (wie Anm. 28), S. 17-19, Abb. 24-29.
[41] DOLD 1955 (wie Anm. 28), S. 12, Abb. 10.

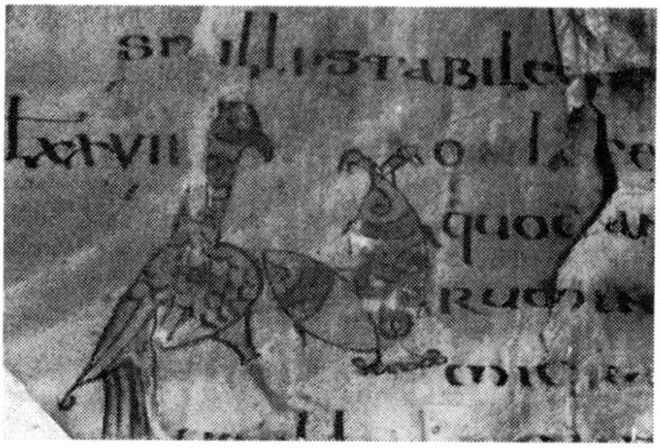

Abb. 8 Edictus Rothari, Initiale N(on leceat) gebildet aus einem Adler, der zwei Fische jagt

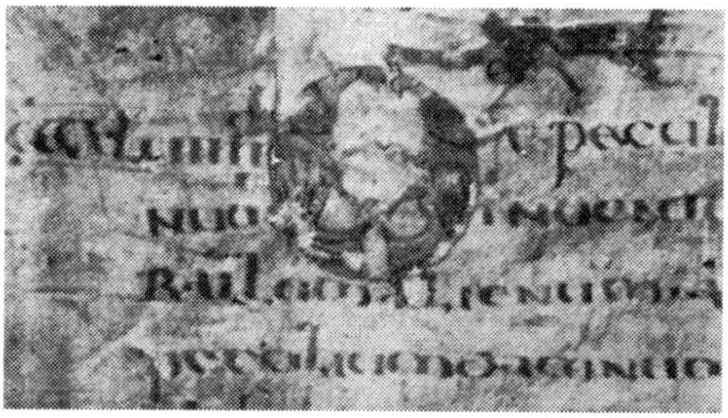

Abb. 9 Edictus Rothari, unziale Initiale d(e peculio) gebildet aus zwei Pfauenhennen und einem Pfauen

Vor allem die Entdeckung der mit den Initialen verbundenen Ranken im Bereich gewisser Textpartien der Handschrift, aber auch der „Rabe" am unzialen *d* seiner Abb. 22 lenkten Dolds Blick auf spätantike Handschriften, die ähnliche Füllsel aufweisen. Abgebildet hatte er die Zierleiste fol. 81v aus der Hilarius-Handschrift Nouv. acq. lat. 1592 der Bibliothèque nationale de France, Paris[42] und den „Raben" sowie eine Zierleiste aus dem Valerianus-Codex, Clm 6224 der Bayerischen Staatsbibliothek, München.[43] Mit diesen beiden im 6./7. Jahrhundert in Oberitalien entstandenen Werken fand er die unmittelbaren künstlerischen Vorläufer des *Edictus Rothari.*[44] Wie Carl Nordenfalk zeigte, geht der Brauch des Rankenschmukkes in die Frühzeit der griechischen Bibelhandschriften, beispielsweise des *Codex Sinaiticus* (London, British Library, Add. 43725) und des *Codex Vaticanus* (Rom, BAV, Cod. Gr. 1209), zurück, wo die Ornamentik am Ende der Bücher eingesetzt wird.[45] Da dieser Rankendekor in Cod. Sang. 730 nicht durchgehend, sondern nur an bestimmten Stellen zu sehen ist, wird man daran zweifeln dürfen, dass er zur ursprünglichen künstlerischen Konzeption der Initialen gehört; er könnte auch dem Horror vacui eines nicht viel späteren Besitzers entsprungen sein,

42 ZIMMERMANN 1916 (wie Anm. 11), Taf. I, 2b.

43 DOLD 1955 (wie Anm. 28), S. 17, Abb. 23, S. 20, Abb. 32-33.

44 Zu diesen Handschriften siehe NORDENFALK 1970 (wie Anm. 15), S. 118, 127 passim, 134, 158, Taf. III, 47-50, fig. 40, 46.

45 NORDENFALK 1970 (wie Anm. 15), S. 101-110, fig. 22-29, bes. fig. 22.

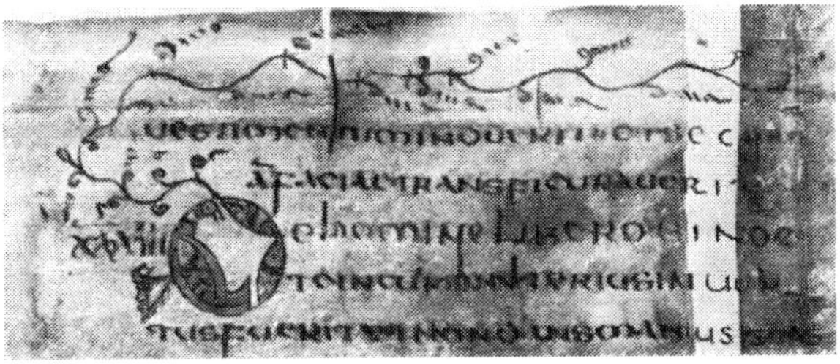

Abb. 10 Edictus Rothari, unziale Initiale d(e homine libero) gebildet aus einem Huhn und zwei Fischen sowie Ranken

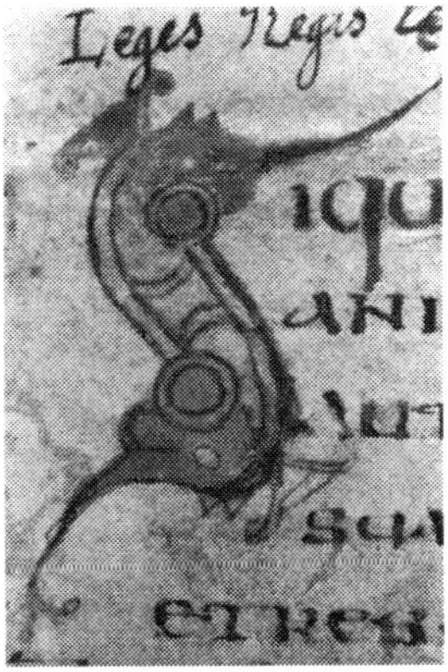

Abb. 11 Edictus Rothari, Initiale S(i quis) gebildet aus einem Seepferdchen mit zwei Köpfen

der die spätantiken Gepflogenheiten noch einbringen wollte. Jedenfalls ersetzt er an diesen unzialen *d(e)* jedes Mal die „Fahne“ (Oberlänge) des Buchstabens. Der Vorgang erinnert an gewisse Barbarismen im Textbereich des *Edictus Rothari*. Dennoch gehörte die Ranke mit runden Trieben und Blattenden als vegetabiles Element sowie die Verwendung von Dreiecken und viereckigen Gebilden als geometrische Formen zum Repertoire des Künstlers. Den Beweis dafür enthält das Karlsruher Fragment der Titelseite des Werkes, die Dold rekonstruierte (Abb. 5).[46] Die Rahmenbänder haben dort oben und unten Rankenschmuck, seitlich dagegen farbige Zopfbandfüllungen. Ihre betonten Ecken sind innen mit zwei Spitze an Spitze gegeneinander gestellten Dreiecken, außen mit in der Mitte gepunkteten Dreiecken verziert.

Alle ursprünglichen, aus der Zeichnung entstandenen Formen des Rahmens und der Initialen werden partiell mit den Farben Minium, Gelb und Grün – dem antiken Farbkanon – vom Pergament abgehoben. Diese Farben durchziehen den Text der Handschrift gleichsam als Obertöne.

Die Titelzierseite von Cod. Sang. 730 ist einem anderen bedeutenden, in Oberitalien im frühen 7. Jahrhundert bald nach der Gründung des Kolumbanklosters (612) entstandenen Werk, nämlich der Chronik des Orosius, Ms. D. 23 sup. der Biblioteca Ambrosiana, Mailand, zu vergleichen.[47] Ihre Zierseite auf fol. 1v besteht aus einem gerahmten Bild ohne Text. In seiner Mitte befindet sich ein großer Kreis mit einer Mittelrosette, er wird in den Diagonalen flankiert von vier klei-

[46] DOLD 1955 (wie Anm. 28), Abb. 1 (farbige Rekonstruktion der Titelseite).

[47] ALEXANDER, Jonathan J.G.: Insular Manuscripts 6th to the 9th Century (A Survey of Manuscripts Illuminated in the British Isles, t.1), London 1978, Nr. 3, fig. 6; CRIVELLO, Fabrizio: La miniatura a Bobbio tra IX e X secolo e i suoi modelli carolingi, Turin/London/Venedig 2001, S. 126, Anm. 60 mit neuerer Literatur.

neren, ebenso rosettenförmig gefüllten Kreisen. Das Ganze ist hochrechteckig gerahmt, wobei die Rahmenfüllung links und rechts aus einem Zopfband, unten und oben aus Viereckreihen mit Spitze an Spitze eingelegten größeren und kleineren, farbig abgestuften Dreiecken besteht. Ohne Zweifel sind hier und an der Titelzierseite von Cod. Sang. 730 formale Übereinstimmungen zu vermerken, die künstlerisch nicht aus der insularen, sondern aus der antik-römischen Tradition heraus gewachsen sind.

Stärker irisch geprägt ist dagegen die in Halbunziale (= irischer Majuskel) geschriebene Prologseite fol. 2r in D. 23 sup. mit ihrer Initiale *P(RECEPTIS TUIS)* und ebenso eindeutig insular beeinflusst die fast eine Ligatur bildende stattliche Doppelinitiale *IN*(*omnis istas*) p.18 in Cod. Sang. 730 (Abb. 6).[48] Sie folgt dem Gesetz des Diminuendo einer Buchstabenreihe, das die Iren in den frühesten von ihnen gestalteten Zierseiten entwickelt hatten.[49] Die Zopfbandfüllungen der Schäfte des *IN* (p.18) aber sind wieder mediterraner Herkunft. Sie füllen auch die Schäfte von Initialen bedeutender spätantik-römischer und -italischer Handschriften, etwa im Augustinus, *De Genesi ad Litteram*, in Rom (Bibl. Naz., Sessor 13), in Gregors *Regula pastoralis zu Troyes* (Bibl. mun., Ms. 504) oder in der Kirchenväter-Handschrift von St. Petersburg (Öffentliche Bibliothek, Lat. Q. v. I 6-10);[50] von letzterer wurde angenommen, sie sei noch zu Lebzeiten Cassiodors (um 490-583) in dessen Kloster Vivarium entstanden.[51] Auf den Schäften des *IN* (p.18) sieht man jeweils als „Krönchen" zwei Dreiecke, die wir als Typica der ganzen Handschrift werten dürfen, sie waren, besonders akzentuiert und mit Mittelpunkten verziert, an den Rahmenecken der Titelseite zu sehen.

Ein weiteres Element am *IN* (p.18) sind die „Schmalfische", die, zu zweit aneinander gereiht, den Verbindungsbogen der Schäfte bilden (Abb. 6). Die frühesten lateinischen Handschriften wie der *Vergilius Augusteus* (Rom, BAV, Cod. Lat. 3256; Rom, 2. Hälfte d. 4.Jh.) haben bei *O*- und *Q*-Initialen Buchstabenkörper, die aus beringten gegenständigen „Mondsicheln" bestehen.[52] Von diesen „Lunulae" zu den „Schmalfischen" ist der Schritt zur animalischen Verlebendigung des Buchstabens ein kleiner. So wundert es nicht, wenn wir etwa am *P*(*rincipium*) fol. 53r der *Institutio Nili Monachi* (Paris, BNF, Lat. 12205) und an Initialen des Lat. Q. v. I 6-10 (St. Petersburg) in der 2. Hälfte des 6. Jahrhunderts als Lebewesen voll ausgebildete „Schmalfische" entdecken.[53] Diese „Schmalfische" sind auch gerundete Bindeglieder der schönen und mit zierlicher Feder geschmückten Initiale *N*(*ullus*) p. 2 in der Mailänder Hieronymus-Handschrift (Bibl. Ambros. S. 45

[48] DOLD 1955 (wie Anm. 28), S. 10, Abb. 5.

[49] NORDENFALK, Carl: Insulare Buchmalerei. Illuminierte Handschriften der Britischen Inseln 600-800, München 1977, S. 12-15, Abb. II; S. 14 zum Prinzip des Diminuendo.

[50] Beispiele dieser Handschriften bei NORDENFALK 1970 (wie Anm. 15), S. 184-186.

[51] Darüber kritisch NORDENFALK 1970 (wie Anm. 15), S. 184-186.

[52] NORDENFALK 1970 (wie Anm. 15), S. 70f., passim, Taf. 19-20.

[53] NORDENFALK 1970 (wie Anm. 15), S. 120 passim, Taf. VI, 75c und 76c.

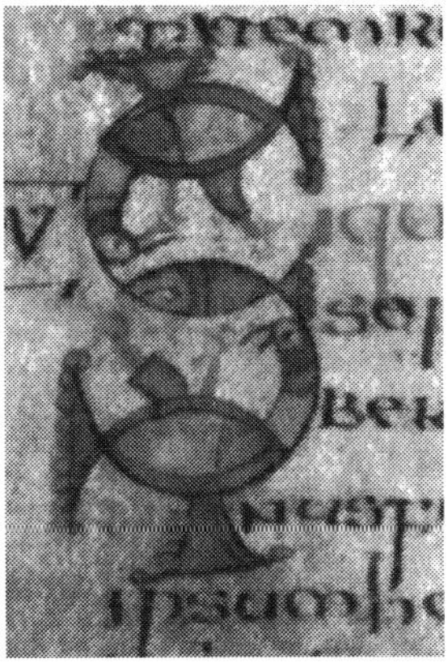

Abb. 12 Edictus Rothari, Initiale S(i quis) gebildet aus zwei Hühnern und einem Fisch

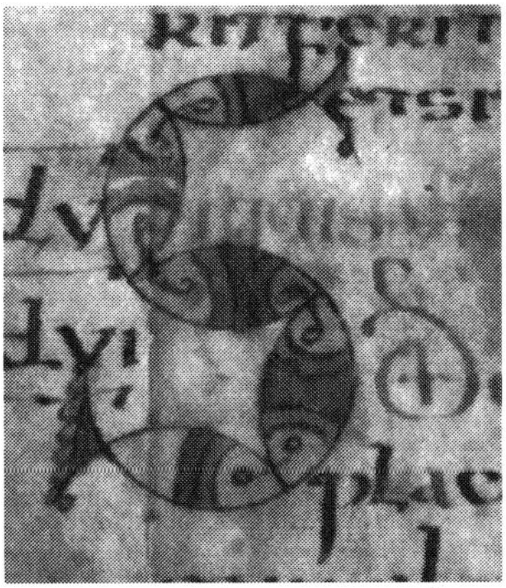

Abb. 13 Edictus Rothari, Initiale S(i quis) gebildet aus fünf Fischen

sup.). Der Hieronymuskommentar zum Propheten Isaias ist ein in Bobbio schon unter Abt Atalanus (615-622), dem Nachfolger Kolumbans, entstandenes Werk.[54] Hier findet sich eine etwas ältere künstlerische Variante zu Cod. Sang. 730, die ebenso als Synthese irischer und mediterraner Elemente bezeichnet werden kann. Die X (= Chi-) förmige, wie eine Fahne vom *N(ullus)* abflatternde Verzierung vor dem in Rustica geschriebenen Titel *INCIP(IT) IN ISAIA COMMENTARIORUM LIB(ER) XII* besteht aus zierlichen „Pelta-Formen". In der Feinheit der Zeichnung vergleichbare Zierleisten enthalten als Schlussornamente von Büchern schon die frühen griechischen Handschriften wie der *Codex Alexandrinus* (London, British Library, Royal I. D. V-VIII, 1. Hälfte d. 5.Jh.).[55] Sie zählen folglich zum ältesten Formenrepertoire frühmittelalterlicher Buchkunst überhaupt.

Ähnliche gekräuselte Verzierungen schmücken die Flossen der „Dickfische" sowie die Schwanzfedern und Flügel der ebenso mit dem Zirkel gezeichneten Hühner in Cod. 730 (Abb. 12-13).[56] Diese „Dickfische" und Hühner haben ihre nächsten Verwandten in der merowingischen Buchkunst. Ihre Hauptwerke stehen mit dem vor Bobbio schon 590 vom Iren Kolumban gegründeten Kloster Luxeuil (Vogesen) in Verbindung. Die älteste datierte Handschrift (New York, Pierpont

[54] CLA III, Nr. 328; ALEXANDER 1978 (wie Anm. 47), Nr. 2; CRIVELLO 2001 (wie Anm. 47), S. 126; BIERBRAUER, Katharina: Der Einfluss insularer Handschriften auf die Kontinentale Buchmalerei, in: STIEGEMANN, Christoph; WEMHOFF, Matthias (Hg.): Kunst und Kultur der Karolingerzeit. Beiträge zum Katalog der Ausstellung Paderborn 1999, Mainz 1999, S. 464-484, bes. 464-468, Abb. 1.

[55] NORDENFALK 1970 (wie Anm. 15), S. 106-110, fig. 25-28.

[56] DOLD 1955 (wie Anm. 28), S. 15, Abb. 16-19.

Morgan Library, Ms. 334) entstand im Jahr 669, es folgen Bücher wie das oben genannte *Missale Gothicum* (um 700), deren Fisch- und Vogelschmuck mit dem Zirkel gezeichnet ist.[57] Die Initiale M auf fol. 2r der New Yorker Handschrift steht als früheste merowingische künstlerische Aussage den entsprechenden Initialen im *Edictus Rothari* offensichtlich am nächsten. Dagegen besteht zwischen den späteren merowingischen Werken und Cod. Sang. 730 ein erheblicher künstlerischer Unterschied.

Die italische Eigenschaft der Dekoration von Cod. Sang. 730 wird an einigen Initialen besonders deutlich erkennbar. Ihr Merkmal ist, dass die im Buchstabenkörper eingesetzten Vögel und Fische kein gleich geordnetes passives Dasein im Nebeneinander oder in der Hintereinanderreihung führen, sondern dass sie in eine dramatische Handlung verwickelt werden, wie man sie im Existenzkampf der Natur beobachtet. Als Beispiele dafür seien zuerst die schon von Dold genannten „Drachen" betrachtet.[58] Wir sehen sie am *IN*(*omnis istas*) p.18 (Abb. 6), am unzialen *d*(*E HALDIUS et servus*) p. 20 (Abb.7) und an anderen unzialen *d*-Initialen. Es sind fischartige Tiere mit aufgeblähtem Kopf, Auge, kurzer Unterlippe, oben einrollbarem „Rüssel" und zumeist mit einer Zunge, die aus dem geöffneten Schlund hervor schießt. Beim *d*(*E HALDIUS*) p. 20 wird das Wesen dieses Getiers erkennbar, denn es jagt einen kleinen Fisch, der sogleich in seinem Schlund verschwinden wird – etwa so, wie der Prophet Jonas im Bauch des Meeresungeheuers (Jon 2,1-11). Es ist also die Abart eines Meeresungeheuers (Ketos, Cetus). Ein zweites dramatisches Beispiel dieser Art ist die Initiale *N*(*on leceat*) p. 30 (Abb. 8) mit dem von Dold treffend als Adler beschriebenen Vogel, der sich im Anflug über die den Verbindungsstrich und den rechten Schaft des *N*(*on*) bildenden Fische hermacht. Diese „Szene" führt uns indirekt, nämlich über die Reichenauer Buchkunst des späten 10. Jahrhunderts zurück zur Antike. In der Überlieferung der Buchkunst von der Antike zum Mittelalter bilden die Kanontafeln der Evangelienbücher eine wesentliche Rolle.[59] Was uns an Bildelementen aus jenen Büchern fehlt, weil es im Lauf der Jahrhunderte verloren ging, hat in Werken wie dem Evangeliar des Gregormeisters in Paris (BNF, Lat. 8851; Trier, um 984) oder im Münchener Evangeliar Ottos III. (Bayerische Staatsbibliothek, Clm 4453; Reichenau, um 1000) überlebt. Dort sehen wir den Adler mit dem Fisch in den Fängen.[60] Ein drittes Bild für das Naturspiel im Tierreich gibt das un-

---

[57] Siehe Anm. 12 und BIERBRAUER 1999 (wie Anm. 54), S. 466-468; NORDENFALK, Carl: Art. Fisch- und Vogelbuchstaben, in: Reallexikon zur Deutschen Kunstgeschichte, Bd. 9, Sp. 299-305, bes. 301-302, Abb. 4 (Morgan Library, Ms.334, fol.2r).

[58] DOLD 1955 (wie Anm. 28), S. 10-13, Abb. 5, 9, 11-13, 15.

[59] NORDENFALK, Carl: Die Spätantiken Kanontafeln. Studien über die eusebianische Evangelien-Konkordanz in den ersten vier Jahrhunderten ihrer Geschichte, Göteborg 1938.

[60] MÜTHERICH, Florentine: Der Adler mit dem Fisch, in: ROTH, Helmut (Hg.): Zum Problem der Deutung frühmittelalterlicher Bildinhalte, Sigmaringen 1986, S. 317ff.; DIES.: Ausstattung und Schmuck der Handschrift, in: DIES.; DACHS, Karl (Hg.): Das Evangeliar Ottos III. Clm 4453 der Bayerischen Staatsbibliothek München, München/London/NewYork

ziale *d(e peculio)* fol. 5v im Zürcher Fragment C 184, VII., ab (Abb. 9). Das Rund des Buchstabenkörpers bilden gegenständig zwei sich streitende Pfauenhennen; als Fahne des Buchstabens kommt nun aus falscher Richtung (von rechts nach links, anstatt von links nach rechts) ein männlicher Pfau hinzu, wohl um den Streit zu schlichten. Diese Szene ist meines Wissens im gesamten Bilderrepertoire der Buchmalerei einmalig.

Ein weiteres Motiv in Cod. Sang. 730 ist das Seepferdchen als Buchstabenkörper des *S(i quis)* p. 1 (Abb. 11), an dem Dold die zwei „Doppelkreise" bei den Köpfen auffielen. Er verglich sie mit den „Durchbrechungen des Metalls an den S-Form-Fibeln der Völderwanderungszeit.[61] Solche sah er, in mehreren Varianten umgezeichnet, im Artikel „Fibules" von Henri Leclercq im DACL, der sie nach J. de Baye's „Industrie langobarde" abbildete.[62] Die langobardischen S-Fibeln sind nach Otto von Hessen „im Unterschied zu denen anderer Kulturen des Merowingerkreises in einer Fülle von verschiedenen Varianten" erhalten und „als etwas Eigenständiges" anzusehen.[63] Dass die Langobarden damit ein Meereswesen, nämlich ein Seepferdchen (Hippocampus antiquorum) assoziierten, geht aus der Initiale *S(i quis)* p. 1 im *Edictus Rothari* eindeutig hervor. Sie gehören zusammen mit den Ketoi zu jenen Meereswesen, die die Langobarden in Italien auf römischen Sarkophagen und Fußbodenmosaiken im 6. und 7. Jahrhundert noch sehen konnten.[64] Vor allem werden die phantastischen maritimen Szenen römischer Fußböden, die seit der Kaiserzeit in Rom und seinen Provinzen entstanden waren, auch den Buchkünstlern Anregungen gegeben haben.[65] Spätantike Handschriften des 5. und 6. Jahrhunderts mit Zierbuchstaben, bei denen Fische aller Art die linken Schenkel der Buchstaben A bilden, lehren dieses. Angeführt seien nur die

---

2001, S. 27-31, Taf. 12.

[61] DOLD 1955 (wie Anm. 28), S. 12, Abb. 10.

[62] LECLERCQ, Henry: Art. Fibule, in: Dictionnaire d'Archéologie chrétienne et de Liturgie, Bd. 5, Sp. 1478-1586, bes. 1507-1508; DE BAYE, Joseph: Industrie longobarde, Paris 1888, p. VI.

[63] VON HESSEN, Otto: Die Langobarden in Pannonien und in Italien, in: ROTH, Helmut (Hg.): Kunst der Völkerwanderungszeit. Propyläen Kunstgeschichte, Supplementband IV, Berlin 1979, S. 164-179, bes. 164. Dazu auch BIERBRAUER, Volker: Art. Fibel (Gewandspangen), in: Reallexikon zur Deutschen Kunstgeschichte, Bd. 8, Sp. 719-763, bes. 728, fig. 5d.

[64] Siehe dazu beispielsweise den Deckel des Girlandensarkophages mit Szenen aus der Aktaion-Sage im Louvre oder die Jonasruhe auf dem Sarkophag von S. Maria Antiqua, Rom, in: KRAUS, Theodor (Hg.): Das römische Weltreich. Propyläenkunstgeschichte, SA Berlin 1990, Abb. 214 und 246b.

[65] Ein schönes Beispiel sind die Rahmen des Mosaiks „Triumph des Dionysos" im sog. Bad Trajans (98-117) in Acholla (Nordafrika), auf denen sich der Kampf der Ketoi gegen die Fische abspielt, begleitet von auf Meereswesen reitenden Najaden, Eroten und Tritonen (DUNBABIN, Katherin M. D.: The Mosaics of Roman North Africa. Studies in Iconography and Patronage, Oxford 1978, S. 19, 181, 248, Pl. II, fig. 3).

A-Initialen im Florentiner Orosius (Bibl. Laurenziana, Plut. LXV. 1, fol.126v; Ravenna, Mitte d. 6. Jh.) und in Gregors *Regula Pastoralis* zu Troyes (Bibl. mun., Ms. 504, fol. 55r; Rom, um 600). Wie das Beispiel aus Troyes lehrt, scheint der Delphin als Freund des Menschen unter den Fischen den ersten Platz erhalten zu haben.[66]

Diese Aquarien- und Vogelkäfigkleinkunst der Buchmalerei des 7. Jahrhunderts überlebt im 8. Jahrhundert offenbar auch in Alpennähe in einem anderen Medium, nämlich in den Zellenschmelzarbeiten der Goldschmiedekunst. Drei Beispiele seien hier genannt: das Achatkästchen in der Camara Santa des Domes von Oviedo mit seinen Lebensbäumen und Vögeln, seinen Hippokampen und Ketoi sowie der sogenannte Ältere Lindauer Deckel mit seinen springenden Vögeln auf den Kreuzarmen dieses Bucheinbandes und den Hühnern, Pfauen sowie Hippokampen auf den alten erhaltenen Rahmenleisten;[67] diese Werke haben schließlich ihren karolingischen Nachkommen am Goldaltar des Wolvinus in Sant'Ambrogio zu Mailand.[68] Die Zellenschmelzemailkunst (Senkschmelze) ist der Federzeichnung der Initialen in Handschriften insofern unmittelbar verwandt, als sie die Figuren mit hauchdünnen Goldstegen zeichnet, die sich von deren Farbgrund und von dem die versenkte Emailfigur umgebenden Goldgrund als Umriss- und Binnenzeichnung abheben. Günther Haseloff führt ihre Ursprünge nach Byzanz zurück.[69] Doch haben sich andere Stimmen erhoben, die Rainer Kahsnitz im Überblick referierte,[70] und nachgewiesen, dass es in Byzanz vor dem Bilderstreit (726-843) keine Zellenschmelzkunst gab.[71]

Von den drei genannten Beispielen sei hier der Ältere Lindauer Deckel näher betrachtet. Der in St. Gallen wohl zur Zeit des Abtes Bernhard (883-890) als Rückdeckel auf das sich heute in der Pierpont Morgan Library, New York, als M. 1 befindliche Evangeliar montierte Buchdeckel, enthält auf den Armen des ihn zentral schmückenden Kreuzes und auf einigen noch erhaltenen Rahmenplättchen Zellenschmelzemails, die wie der ganze Rückdeckel wohl aus der Zeit des Abtes Johannes (759/60-782) von St. Gallen, der zugleich Bischof von Konstanz war, stammen. Damals war er wohl der Vorderdeckel eines älteren Evangeliars oder Sakramentars, das dann gegen Ende des 9. Jahrhunderts durch Morgan 1 ersetzt worden wäre.

[66] NORDENFALK 1970 (wie Anm. 15), S. 19, 100, passim, Taf. VIa; S. 19, 120, passim, Taf. VIIb.

[67] HASELOFF, Günther: Email im frühen Mittelalter. Frühchristliche Kunst von der Spätantike bis zu den Karolingern, Marburg 1990, S. 89-90, 134, Abb. 63; S. 90-91, Abb. 66 a-c.

[68] CAPPONI, Carlo (Hg.): L'altare d'oro di Sant'Ambrogio, Mailand 1996; HASELOFF 1990 (wie Anm. 67), S. 78-80, Abb. 51 a-r.

[69] HASELOFF 1990 (wie Anm. 67), S. 91.

[70] KAHSNITZ, Rainer: Ottonische Emails. Zum Stand der Forschung, in: Zeitschrift des Deutschen Vereins für Kunstwissenschaft 52/53 (1998/99), S. 115-150.

[71] BUCKTON, David: Byzantine Enamel and the West, in: HOWARD-JOHNSTON, James D. (Hg.): Byzantium and the West, c. 850 - c. 1200. Procedings of the XVIII Spring Symposium of Byzantine Studies (Byzantinische Forschungen 13), Amsterdam 1988, S. 235-244, Taf. 1-23; KAHSNITZ 1998/99 (wie Anm.70), S. 116 mit weiterer Literatur in Anm. 6-8.

Das Evangeliar Morgan 1 ist ein in der Nachfolge des St. Galler Folchart-Psalters (Cod. Sang. 23; St. Gallen, 872-883) stehendes Werk.[72] So hätte der kostbare Einband bereits in der zweiten Hälfte des 8. Jahrhunderts in St. Gallen gelegen. Darauf, dass er auch im alpinen Raum entstand, weisen die in Grubenschmelztechnik ausgeführten Christusbildnisse auf seinen Kreuzarmen hin, denn diese haben ohne Zweifel Verwandtschaft zum Tassilo-Kelch in Kremsmünster, den der Bayernherzog Tassilo (748/57-788, † nach 794) um 777 der im Jahr 770 von ihm gegründeten Abtei Kremsmünster geschenkt hatte.[73] Der Ältere Lindauer Deckel mag demnach ein alpenländisches (Raum Ostschweiz-Graubünden-Oberitalien) Produkt aus der zweiten Hälfte des 8. Jahrhunderts sein. Diese künstlerisch hochstehenden Erzeugnisse der Goldschmiedekunst des 8. Jahrhunderts werfen ein Licht auch auf die Illumination des *Edictus Rothari* und dessen Bedeutung im 7. Jahrhundert. Seine Initialen bilden unmittelbar eine Brücke einerseits hinab zu den Anfängen in der Spätantike, andererseits hinauf in das Zeitalter Karls des Großen (768-814), in dem sich die Kunst neu formierte.

Gegenüber Werken wie dem oben genannten, in Bobbio im 1. Viertel des 7. Jahrhunderts entstandenen Hieronymuskommentar S. 45 sup. der Biblioteca Ambrosiana, dessen Initialen Tosi zusammen mit denen des *Edictus Rothari* in Umzeichnung wiedergab,[74] offenbart letzterer eine unmittelbar der Antike entwachsene künstlerische Phantasie, die mit diesen Formen in den Klosterhandschriften aus Bobbio nicht wiederzufinden ist.[75] Vielleicht bildet diese Initialornamentik exakt ein Parallelphänomen zum lateinischen Text des *Edictus*, der mit seinen sprachlichen Barbarismen eine eigene Welt verkörpert. In einem Klosterskriptorium wie Bobbio wären solche Barbarismen möglicherweise korrigiert worden. So wird man sich, trotz der Argumente, die u.a. Dold und Tosi für die Entstehung des *Edictus* in Bobbio vorgetragen haben,[76] neu überlegen, ob dieses Werk nicht am königlichen Hof in Pavia geschrieben und illuminiert wurde.[77] Zeitlich darf es in das 3. Viertel des 7. Jahrhunderts oder mit Dold in die Jahre 670-680 angesetzt werden.[78]

---

[72] VON EUW 2008 (wie Anm. 3), S. 134-139, Nr. 99, Abb. 391-396, 906-907.

[73] ELBERN, Victor H.: TASSILO DVX FORTIS: Stifter des sog. Älteren Lindauer Buchdeckels?, in: Studi di Oreficeria (Bolletino d'Arte, Ergänzungsband 95), Rom 1997, S. 1-12; WAMERS, Egon: Insulare Kunst im Reich Karls des Großen, in: STIEGEMANN; WEMHOFF 1999 (wie Anm. 54), S. 452-464, bes. 460-463, Abb. 11; VON EUW 2008 (wie Anm. 3), S. 134, 144.

[74] TOSI 1982 (wie Anm. 32), Taf. 1-7

[75] BERTELLI, Carlo: Codici miniati fra Goti, Langobardi e Franchi, in: Magistra Barbaritas. I Barbari in Italia (Antica madre. Collana die studi sull'Italia antica), Mailand 1984, S. 571-601, bes. 587.

[76] DOLD 1955 (wie Anm. 28), S. 45-48; TOSI 1982 (wie Anm. 32), S. 53-55.

[77] Dass wir aus Pavia weder Kloster- noch Hofhandschriften kennen, beklagte schon CASAGRANDE MAZZOLI, Maria Antonietta: Cultura e scrittura a Pavia (secoli V-IX), in: AK Storia di Pavia, Primo volume, l'età antica, Mailand 1984, S. 177-218, bes. 185f.

[78] Siehe S. 42 mit Anm. 31.

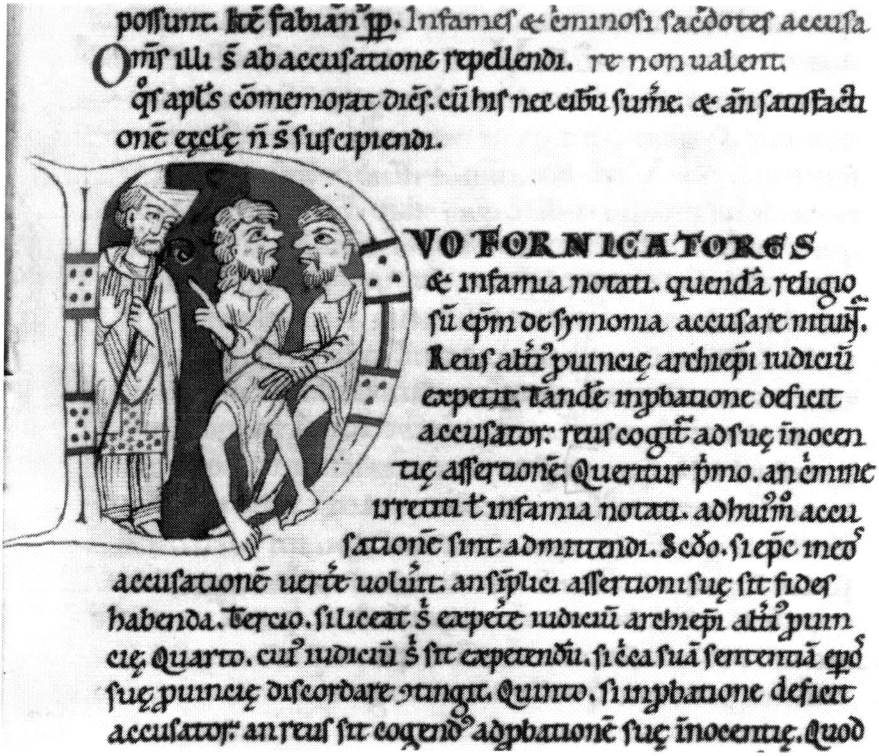
possunt. Item fabianus papa. Infames et criminosi sacerdotes accusa
Omnes illi sunt ab accusatione repellendi. qui non ualent.
quos apostolus commemorat dicens. cum his nec cibum sumere. et ante satisfacti
onem ecclesie non sunt suscipiendi.
DUO FORNICATORES
et infamia notati. quendam religio
sum episcopum de symonia accusare nituntur.
Reus alterius prouincie archiepiscopi iudicium
expetit. Tandem in probatione deficit
accusator: reus cogitur ad sue innocen
tie assertionem. Queritur primo. an crimine
irretiti uel infamia notati. adhuc sint ad accu
sationem sint admittendi. Secundo. si episcopus in eos
accusationem uertere uoluerit. an simplici assertioni sue sit fides
habenda. Tercio. si liceat sibi expetere iudicium archiepiscopi alterius prouin
cie. Quarto. cuius iudicium sibi sit expetendum. si ecclesia suam sententiam episcopo
sue prouincie discordare contingit. Quinto. si in probatione deficit
accusator: an reus sit cogendus ad probationem sue innocentie. Quod

Abb. 1 Decretum Gratiani; München, BSB, Clm 17161, fol. 69r

Christine Jakobi-Mirwald

Gratian in Schäftlarn

Einleitung*

Eine der schönsten und interessantesten frühen Handschriften des *Decretum Gratiani* stammt aus dem süddeutschen Kloster Schäftlarn. Sie wird in der Münchener Staatsbibliothek unter der Signatur Clm 17161 verwahrt.

Zur Einstimmung sei die historisierte Initiale vorgestellt, die den Musterfall der *Causa* 6 illustriert (fol. 69r, Abb. 1).

> *Duo fornicatores et infamia notati quendam religiosum episcopum de symonia accusare nituntur. Reus alterius prouincię archiepiscopi iudicium expetit. Tandem in probatione deficit accusator, reus cogitur ad suę innocentię assertionem.*

> Zwei Unzüchtige und Infame streben danach, einen frommen Bischof der Simonie zu beschuldigen. Der Angeklagte verlangt das Urteil eines Erzbischofs von einer anderen Provinz. Der Kläger scheitert in der Beweisführung, dennoch wird der Bischof gezwungen, seine Unschuld zu beweisen.[1]

Die beiden Figuren stehen locker im Binnenfeld der Initiale und offenbaren ein frühreifes Inventar an Gestik und Mimik. Diese *fornicatores* hängen ganz offensichtlich einer ganz bestimmten Form der *fornicatio* an, worauf die überaus laszive Haltung des vorderen, leichtgeschürzten und barfüßigen Herrn hinzuweisen scheint. Ein Charakteristikum der Handschrift ist der Gestus der überkreuzten Arme, der fast regelmäßig einen Konflikt oder auch eine Falschheit andeutet. Zudem fasst der erste *fornicator* dem anderen an das Handgelenk: ein Gestus, der unterschiedlich interpretiert wird. Die frühere Deutung als Unfähigkeit ist hier

* Das Vortragsmanuskript vom 9.7.2005 im Rahmen des zweiten Rechtshandschriftenkolloquiums wurde für diesen Beitrag nur wenig verändert und mit Fußnoten versehen. Ein herzlicher Dank noch einmal an Susanne Wittekind und Kristin Böse vom Kunsthistorischen Institut Köln für die Einladung, und an alle Diskussionsteilnehmer für ihre Anregungen und Kommentare.

[1] Die Texte geben die Lesart der Handschrift wieder. Alle Transkriptionen und Übersetzungen die Verfasserin.

aber weniger passend als die Interpretation als „unbedingte Gefolgschaft“[2] – noch eine zusätzliche Betonung der Natur der gezeigten *fornicatio*.
Auch ohne Kenntnis der ikonographischen Tradition wird deutlich, dass diese Initiale schwerlich der Norm entsprechen dürfte.

Die Handschrift[3]

Das *Decretum Gratiani* Clm 17161 in der Münchener Staatsbibliothek ist ein mächtiger Codex von rund 45 auf 30 cm. Er wird um 1170 datiert, sein lederbezogener Holzeinband stammt aus dem 15. Jahrhundert. 183 Blatt Kalbspergament in 23 Lagen, überwiegend Quaternionen, sind zweispaltig beschrieben, in einer regelmäßigen karolingischen Minuskel mit kaum Zeichen von Gotisierung und nur wenigen Zusätzen, Randglossen und Korrekturen. Der Text umfasst das vollständige *Decretum Gratiani* mit einem im wesentlichen aus dem Dekret kompilierten Einschub auf einem mitgehefteten Doppelblatt zwischen *Causa* 3 und 4, der ebenfalls mit einer Initiale versehen wurde.

Das Gliederungsschema entspricht dem der frühen Gratianhandschriften. Zu Beginn des Distinktionenteils, vor jeder der 36 *Causae* des zweiten Teils sowie zu Beginn des hier als *Causa* 37 bezeichneten dritten Teils *De Consecratione* steht jeweils eine gezeichnete und kolorierte Initiale, zusammen mit der des Einschubs also insgesamt 39. Hinzu kommen 35 ornamentierte I-Initialen der *Introductio* (*In prima parte agitur*). Eine ganzseitige Stammbaumzeichnung steht auf fol. 165r. Von den Initialen des Hauptteils, die zwischen 10 und 28 Zeilen einnehmen (ca. 50-160 mm) sind neun ornamental, die übrigen 30 sind historisierte Initialen.

Der Codex stammt aus Kloster Schäftlarn, südlich von München in der Diözese Freising, und wurde dort auch geschrieben. Das Kloster wurde im 8. Jahrhundert als Benediktinerkloster von Freising aus gegründet und nach seinem Ver-

---

[2] KLEMM, Elisabeth: Der Schäftlarner Gratian und die Anfänge der Rechtsillustration, in: Bibliotheksforum Bayern (Festschrift Karl Dachs) 22 (1994), S. 204-220, hier 219.

[3] RUF, Paul: Die Handschriften des Klosters Schäftlarn, in: MITTERER, Sigisbert (Hg.): Zwölfhundert Jahre Kloster Schäftlarn 762-1962. Blätter zum Gedächtnis, München 1962, S. 20-87; MELNIKAS, Anthony: Corpus picturarum minutarum quae in codicibus manu scriptis iuris continentur/The Corpus of the Miniatures in the Manuscripts of the Decretum Gratiani (Studia Gratiana 16-18), Rom/Columbus 1975, passim; JAKOBI, Christine: Das Schäftlarner Decretum Gratiani Clm 17161, Magister-Hausarbeit München 1988 (masch.); KLEMM, Elisabeth: Die romanischen Handschriften der Bayerischen Staatsbibliothek, 2. Die Bistümer Freising und Augsburg. Verschiedene deutsche Provenienzen (Katalog der Illuminierten Handschriften der Bayerischen Staatsbibliothek in München 3.2), Wiesbaden 1988, Kat. Nr. 134 m. Angabe der älteren zumeist kanonistischen Lit., Abb. VI, S. 291-302; KLEMM 1994 (wie Anm. 2); JAKOBI-MIRWALD, Christine: Text-Buchstabe-Bild, Berlin 1998, S. 28, 77-78, Abb. 50; DIES., Das mittelalterliche Buch, Stuttgart 2004, S. 210-212, Abb. 24; DIES., Die Schäftlarner Gratianhandschrift Clm 17161 in der Bayerischen Staatsbibliothek, in: Münchner Jahrbuch der bildenden Kunst 3. F. 58, 2007, 23-70.

fall im Jahr 1140 von Bischof Otto I. von Freising mit Prämonstratensermönchen aus dem wenig früher gegründeten schwäbischen Kloster Ursberg neu besiedelt. Unmittelbar danach scheint man mit dem Aufbau einer Bibliothek begonnen zu haben. Etwa ein Viertel der erhaltenen rund einhundert Codices aus der zweiten Hälfte des 12. Jahrhunderts wurde signiert, auch von Frauen. Das Frauenkloster wurde jedoch, wie bei den frühen Prämonstratensergründungen üblich, offenbar bald wieder aufgegeben.

Der Schreiber des Codex nennt sich in einem ungewöhnlich ausführlichen Kolophon:

> *Sciant hoc omnes tam posteriori quam praesentes hec librum per biennium ab Adalberto indigno presbytero scriptum, in honorem gloriosi praeciosi et post apostolis secundo loco positi s. martyris Dionysii, defensoris ac patrono nostri, et in laudem sanctę matronę uirginis iulianę, ea conditione, ut amborum intercessione muniatur in huius uitę conuersatione, ac finita temporis quod ei residuum est conclusione, aliquantula fruatur cęlestis regni portione.*

> Allen Menschen, in der Zukunft und in der Gegenwart, sei bekannt gegeben, dass dieses Buch von dem unwürdigen Priester Adalbert im Zeitraum von zwei Jahren geschrieben wurde: zur Ehre des ruhmvollen, würdigen und nach den Aposteln an zweiter Stelle rangierenden heiligen Märtyrers Dionysius, unseres Verteidigers und Schutzherrn, sowie zum Lob unserer heiligen Schutzherrin, der Jungfrau Juliana. Möge er (d. h. der Schreiber) durch beider Fürbitte im Wandel des irdischen Lebens beschützt werden, und nach Ablauf der ihm verbleibenden Zeit ein wenig am himmlischen Reich teilhaben.

Aus paläographischen Vergleichen geht hervor, dass die Hand von Adalbert sich in einigen anderen Codices findet (signiert: Clm 17075, Clm 17076 und 17041, beteiligt war der Schreiber auch an Clm 17137, Clm 17151 und Clm 17066, von der selben Zeichnerhand wie der Clm 17161 ist die Legendarhandschrift Clm 17137), und Korrekturen von seiner Hand in Handschriften anderer Schreiber und Schreiberinnen lassen auf eine hervorgehobene Position Adalberts innerhalb des Skriptoriums schließen. Der Text ebenso wie die Zeichnungen des Codex sind von einer Hand, und obwohl sich auch in dem Legendar 17137 der gleiche Schreiber mit dem gleichen Zeichner zusammenfindet, kann man nicht bestimmen, ob auch die Zeichnungen von Adalbert stammen – auch wenn man bedenken sollte, dass die Zahl der Mitarbeiter in einem Skriptorium wie Schäftlarn nicht sehr groß gewesen sein kann.

Die Ikonographie der frühen Gratianhandschriften

Wir werden uns an dieser Stelle nicht auf die Suche nach ikonographischen Übereinstimmungen mit anderen frühen Gratianhandschriften machen. Dies ist bereits geschehen,[4] weshalb hier in aller Kürze festgehalten werden kann, dass es keine vergleichbaren frühen Gratianhandschriften gibt, weder in Frankreich noch in Italien, geschweige denn in Deutschland. Wenn die französischen Handschriften allgemein etwas mehr Berührungspunkte aufweisen, so liegt das in erster Linie an der vergleichbaren Illustrationsweise der historisierten Initiale und an allgemeinen Prinzipien der Illustration. Formale und motivische Übereinstimmungen resultieren aus dem gemeinsamen zugrunde liegenden Text.

Dass es in Frankreich und Italien bereits im 12. Jahrhundert Ansätze zur Bildung einer Bildredaktion gibt, muss hier nicht weiter ausgeführt werden. Eine zentrale Rolle spielten hierbei die Universitätsstädte Bologna und Paris. In der frühen Zeit kann man am *Decretum Gratiani* in geradezu exemplarischer Weise verfolgen, wie eine Textillustration entsteht. Ein Text mit einem festen Entstehungsdatum, einer sehr rasch erfolgten weiten Verbreitung und mit bildhaften, zur Illustration einladenden Stellen wie das *Decretum* ist für diese Fragestellung geradezu prädestiniert. Leider verstellt der vorherrschende Blick auf ikonographische Traditionen aber nach wie vor den Blick auf die Aspekte der Entstehung neuer Zyklen. Die Beobachtungen, die sich an der Schäftlarner Gratianhandschrift machen lassen, kann man auch auf andere Texte übertragen.

Die ornamentalen Initialen

Zunächst eine einleitende Bemerkung. Die Kunstgeschichte tendiert dazu, den ornamentalen Buchschmuck zugunsten des figürlichen in teilweise fast sträflicher Weise zu vernachlässigen, so dass nach gängiger Auffassung in einer Handschrift wie dieser die Existenz „nur" ornamentaler Initialen fast einer Rechtfertigung bedarf. Diese Einstellung ist unhistorisch und von unserer heutigen Sichtweise geprägt, wie man immer wieder feststellen kann, wenn an hierarchisch deutlich übergeordneten Stellen ornamentale Initialen auftauchen und sich historisierte Initialen, zum Teil von ausgesprochen experimentellem Charakter, an untergeordneten Stellen finden.[5]

[4] Vgl. meine Münchner Magisterarbeit und der Aufsatz von 2007, s. oben Anm. 3. Grundlage der ikonographischen Untersuchung war das Corpuswerk von MELNIKAS 1975 (wie Anm. 3), das jedoch einige Unzulänglichkeiten aufweist. Vgl. dazu die Rez. v. NORDENFALK, Carl in: Zeitschrift für Kunstgeschichte 43 (1980), S. 318-337.

[5] JAKOBI-MIRWALD 1997 (wie Anm. 3), S. 93-94. Siehe dazu auch KENDRICK, Laura: Animating the Letter. The Figurative Embodiment of Writing from Late Antiquity to the Renaissance, Columbus 1999, auch wenn man ihrer Deutung der ornamentalen Initialen nicht an allen Stellen wird folgen müssen.

Wir haben uns also darauf verständigt, dass der Zeichner nicht an manchen Stellen „faul" war, und können jetzt dazu übergehen, die insgesamt nur neun ornamentalen Initialen, plus 34 kleinere I-Initialen der *introductio*, vorzustellen.[6] Sie stehen zu Beginn der C. 5, 7, 19, 24, 25, 28, 32, 34 und *de consecratione*. Davon sind die beiden ersten vergrößerte Initialmajuskeln mit Rankenbesatz und zweifarbigen Hintergrundfolien, die übrigen Spaltleisteninitialen mit Spiralranken von mittlerer Dicke, die mit kleinen mehrteiligen Knollen-, Pfeil-, Herz- und Kleeblättern mit Augen, gelappten Profilblättern, Dreiblättern mit umgerollten Enden und symmetrischen Blüten besetzt sind. Hier wie in den historisierten Initialen präsentieren sich die Zeichnungen in einem sehr einheitlichen Farbklang aus Leuchtendrot (*minium*) und Braun für die Zeichnungen auf dichten zweifarbigen Gründen in hellem Ultramarinblau und türkisem Grünspan-Grün – vermutlich auch auf Basis genau dieser Pigmente – zusammen mit dem stets präsenten Pergamentgrund. Für einzelne Details kommen Lavuren in Gelb und Rosa hinzu, ausnahmsweise auch rote Hintergründe.

Überraschen muss bei diesem einheitlichen Bild die *Q*-Initiale zu *Causa* 28.[7] Sie ist ohne Ranken und wird im Inneren von einem breitmaschigen Gewebe aus horizontalen und vertikalen Leisten ausgefüllt. Warum sich dieses Muster fast unverändert auch an dieser Stelle in einer anderen frühen Gratianhandschrift findet, habe ich schon in einem Aufsatz vergeblich zu ergründen versucht.[8] Für diesen Codex, Clm 23551, nahm man früher auch eine Schäftlarner Herkunft an, er wird jetzt nach Ebersberg lokalisiert[9] und hat außer dieser Initiale auch einen eng mit dem Clm 17161 verwandten Text. Die (bis auf die erste) später eingefügten, sehr ungewöhnlichen Initialen haben keinen Textbezug. Sie zeigen außergewöhnlich qualitätvolle Droleriefiguren und Tiere wie z. B. sehr naturalistische Affen; die Buchstabenkörper sind aus schlanken Randleisten im Pergamentton aufgebaut und mit konzentrischen Spiralen und Flechtbändern in der gleichen Bandstärke gefüllt. Die Farbigkeit basiert auf Miniumrot sowie gedecktem Violett, Indigoblau und Olivgrün.[10]

---

[6] KLEMM 1988 (wie Anm. 3), Abb. 292, 299.

[7] Fol. 137v, JAKOBI-MIRWALD, Christine: Die Initiale zur Causa 28 in den Münchener Gratianhandschriften Clm 17161 und Clm 23551, in: EISENLOHR, Erika; WORM, Peter (Hg.): Arbeiten aus dem Marburger hilfswissenschaftlichen Institut (elementa diplomatica 8), Marburg 2000, S. 217-228, Abb. 1.

[8] Siehe vorige Anm., dort Abb. 2, sowie in: JAKOBI-MIRWALD, Christine: Buchmalerei. Ihre Terminologie in der Kunstgeschichte, 2. Aufl. Berlin 1997, S. 101 oben.

[9] KLEMM, Elisabeth: Die illuminierten Handschriften des 13. Jahrhunderts deutscher Herkunft in der Bayerischen Staatsbibliothek (Katalog der Illuminierten Handschriften der Bayerischen Staatsbiblikothek in München 4), Wiesbaden 1998, Kat. Nr. 20.

[10] KLEMM 1998 (wie Anm. 9), Abb. 79-80, 83-89, sowie JAKOBI-MIRWALD 1998 (wie Anm. 3), S. 99, dritte Zeichnung von oben und S. 101 oben. Für die ungewöhnliche Ausstattung nimmt KLEMM „Verarbeitung italienischer Einflüsse, wenn nicht Beteiligung italienischer Kräfte" an (ebda., S. 48).

Die Frage, wie sich diese Handschrift zu der Schäftlarner verhält, muss unklar bleiben.[11] Sie mag als Beispiel dafür stehen, wie in wohl nur wenig späterer Zeit ganz in der Nähe die vergleichbare Aufgabe der Illustration völlig anders gelöst wurde: nicht illustrierend, aber mit qualitativ sehr hochwertigen ornamentalen Initialen.

Die Figurensprache der historisierten Initialen

Nun jedoch zu den historisierten Initialen des Schäftlarner Gratian und ihrem Figurenstil.

Der Zeichner schöpft für die Verbindung des Buchstabenkörpers mit den Szenen ein sehr breites Repertoire aus. Der Buchstabenkörper wird sowohl „bewohnt" als auch als Rahmen für einen Bildausschnitt begriffen. Figuren greifen in einen Buchstabenschaft, Schuhspitzen oder Gewänder rutschen durch den Spalt im Buchstaben hindurch, Szenen oder – in abgekürzten Szenen – Köpfe sind auf verschiedene Buchstabenfelder verteilt. Teilweise übernehmen Figuren sogar die Funktion von Ersatzornament.

Für die Gestaltung der Figuren bediente sich der Zeichner einiger einfacher Schemata. Köpfe werden üblicherweise in Dreiviertelansicht wiedergegeben und durch Haar- und Barttrachten sowie gelegentlich auch Kopfbedeckungen charakterisiert. Es gibt bartlose Laien und solche mit kürzeren oder längeren Bärten. Die in der Handschrift auftretenden Frauen tragen – von einer Ausnahme abgesehen – immer einen Schleier. Kleriker haben eine auffallend weit vorne sitzende Tonsur – wohl zur Verdeutlichung, denn sonst würde man sie vermutlich nicht erkennen. Bischöfe tragen einen kurzen Vollbart mit neben den Mundwinkeln ansetzendem Schnurrbart.

Daneben gibt es aber auch insgesamt 14 Profilköpfe[12], die ein weitaus größeres Ausdrucksspektrum zeigen und tendenziell eher negativ konnotierte Figuren, allenfalls auch Personen aus dem Volk, wiedergeben. Die Gewänder sind häufig mit doppelten Gewandfalten modelliert; unterschieden werden Bischofsornat, Mönchs- und Klerikergewänder, kurze Röcke mit Strumpfhosen bei den Laien und lange Kleider mit Schleppärmeln und parallelen Bögen zur Angabe der Brust bei Frauen. Außer den Profilköpfen finden wir alle beschriebenen Charakteristika auch in der Schwesterhandschrift Clm 17137, dem Schäftlarner Legendar, das sich allerdings von unserer Handschrift darin unterscheidet, dass die Hintergrün-

---

[11] Freilich gehört auch Kloster Ebersberg zur Diözese Freising, und die unten angenommene Beziehung mit dem Freisinger Kaplan Rahewin kann in gleicher Weise für diese Handschrift vermutet werden. Die enge Textverwandtschaft könnte dann mit einer gemeinsamen Textvorlage erklärt werden (vgl. Anm. 24).

[12] C. 3, x, 4, 6, 15, 17, 23, 27, 29, 30 und 31: fol. 61r, 65v, 67r, 92r, 102r, 111v, 133r, 138r, 139r, 140v, KLEMM 1988 (wie Anm. 3), Abb. 300, 301, 302, und hier Abb. 1.

de im Pergamentton frei bleiben, und dafür eher die Gewänder farblich hervorgehoben sind.[13]

Deutlich erkennbar sind die Schemata für die Gesichter, die der Zeichner benutzte: die offene oder geschlossene haltende Hand, die offene Hand von der Seite, die Füße.

Der Hauptträger des Ausdrucks sind die expressiv gestikulierenden Hände. Segens- oder Redegestus sind üblich, hier fällt aber vor allem die häufige Geste der überkreuzten Arme auf, die meist eine Konfliktsituation bis hin zu kriminellen Handlungen anzeigt. Bereits erwähnt wurde der Gefolgschaftsgestus mit dem Griff ans Handgelenk. Der Zeichner arbeitet aber auch mit dem ganzen Körper. Im Folgenden sollen einige weitere Beispiele seine Arbeitsweise belegen.

In der Initiale zur Einleitung des Musterfalls von *Causa* 15 (fol. 92r)[14] erkennt man eine singuläre Komposition, die – offenbar ad hoc entstanden – die Hauptperson verdoppelt. Dadurch werden sowohl die zeitliche Abfolge als auch der Zusammenhang von Tat und Bestrafung abgebildet.

> *Quidam clericus crimine lapsus esse perhibetur, ante quam sacerdotalem benedictionem consequeretur. postquam uero sacerdotium adeptus est, in furorem uersus, quendam interfecit. Recuperata uero sanitate, apud episcopum accusetur ab ea, cum qua lapsus esse dicitur. Episcopus autem die dominico causam examinat. Sacerdos inficiatur crimen sibi illatum. Quorundam clericorum sibi patrocinia querit, illi uero non sine precio sibi patrocinantur. Tandem episcopus questionibus confessionem extorquet, demum solus et absque sinodali audientia illum sententia ferit.*
>
> Ein Kleriker wird eines fleischlichen Vergehens vor seiner Priesterweihe beschuldigt. Nachdem er aber den Priesterstand erreicht hat, tötet er jemanden in einem Anfall von Wahnsinn. Beim Bischof wird er, nunmehr wieder bei Sinnen, von derjenigen angeklagt, mit der er gesündigt haben soll. Der Bischof untersucht den Fall an einem Sonntag. Der Priester streitet das Verbrechen ab und sucht die Hilfe einiger Kleriker, die ihm aber nicht ohne Zahlung beistehen. Der Bischof erzwingt schließlich unter der Folter ein Bekenntnis und verurteilt ihn allein und ohne Anhörung der Synode.

Die Rede ist von einem Priester, der vor seiner Weihe Unzucht begangen hat und danach noch einen Mord beging, welcher dann von der Frau angezeigt wird. In der Folge ist noch die Rede von Bestechung und durch Folter erzwungenem Geständnis, doch in der Initiale wird nur der erste Teil, in einer Art chronologischer

[13] Zu der Hs. siehe KLEMM 1988 (wie Anm. 3), Kat. 135, Abb. 303-309.
[14] KLEMM 1984 (wie Anm. 2), Abb. 1.

Abfolge und mit bemerkenswerten kompositorischen Kunstgriffen, berichtet. Links stehen die Frau und rechts der richtende Bischof, und in der Mitte wird der Sünder gleichsam doppelt wiedergegeben. Nach links gebückt, erschlägt er mit einer Keule einen liegenden nackten Mann – das oben erwähnte Ersatzornament der Cauda. Direkt daran angeschlossen steht derselbe Sünder nach rechts gewandt vor dem Bischof. Ein solch virtuoses Zusammenziehen von Tat und Anklage ist in den Handschriften des 12. Jahrhunderts ohne Parallele. Üblicherweise wird lediglich der Mord – teils in Gegenwart der Zeugin – und einmal auch die Verhandlung abgebildet.

Im nächsten Beispiel, der *Causa* 26 (fol. 129v, Abb. 2), stand der Zeichner vor der Aufgabe, dubiose magische Praktiken bildlich darzustellen.

> *Quidam sacerdos sortilegus esse et diuinus conuincitur apud episcopum. correptus ab episcopo noluit cessare, excommunicatur. tandem agens in extremis reconciliatur a quodam sacerdote episcopo inconsulto, indicitur sibi penitentia sub quantitate temporis canonibus prefixa.*
>
> Ein Kleriker wird vor seinem Bischof der Wahrsagerei für schuldig befunden. Obwohl er vom Bischof getadelt wurde, wollte er nicht ablassen und wurde deshalb exkommuniziert. Als er schließlich im Sterben liegt, wird von einem Priester die Exkommunikation ohne Rücksprache mit dem Bischof aufgehoben, und ihm wird eine Buße für einen von den kanonischen Satzungen vorgeschriebenen Zeitraum aufgetragen.

Die *Causa* handelt von Wahrsagerei und Häresie, und der Musterfall berichtet von einem der Wahrsagerei ergebenen Priester, der exkommuniziert wird. Auf seinem Totenbett wandelt ein anderer Priester die Exkommunikation in eine Buße um. Der Schäftlarner Gratian geht hier einmal ausnahmsweise von der Aufzählung in Leserichtung ab und zeigt rechts einen kauernden Priester, der offenbar einen Streifen Pergament mit den Würfelsymbolen in der Hand hält. Ein weiterer Kleriker scheint ihn vor dem links stehenden Bischof anzuklagen.

Allgemein nehmen die Illustrationen dieser *Causa* auf die Wahrsagerei des Priesters oder seine Anklage vor dem Bischof Bezug. Interessant sind vor allem die verschiedenen Divinationspraktiken, die in den Bildern auftreten: Handlesen, Wasserschüssel, Kartenlegen, Hantieren mit einer Schlange, Betrachten von Pflanzen.

Leider ergibt sich nirgends ein Indiz, das die Deutung der Szene im Clm 17161 ermöglichen würde. Dass es sich um ein Schriftband mit Zahlsymbolen handelt, scheint eindeutig, ebenso die ekstatisch verklärte Haltung der Gestalt. Möglicherweise ist ein Wahrsagen mit Hilfe geomantischer Figuren intendiert. Die Wahrsagepraxis der Geomantie wurde, wie schon der Name sagt, zunächst auf der Erde

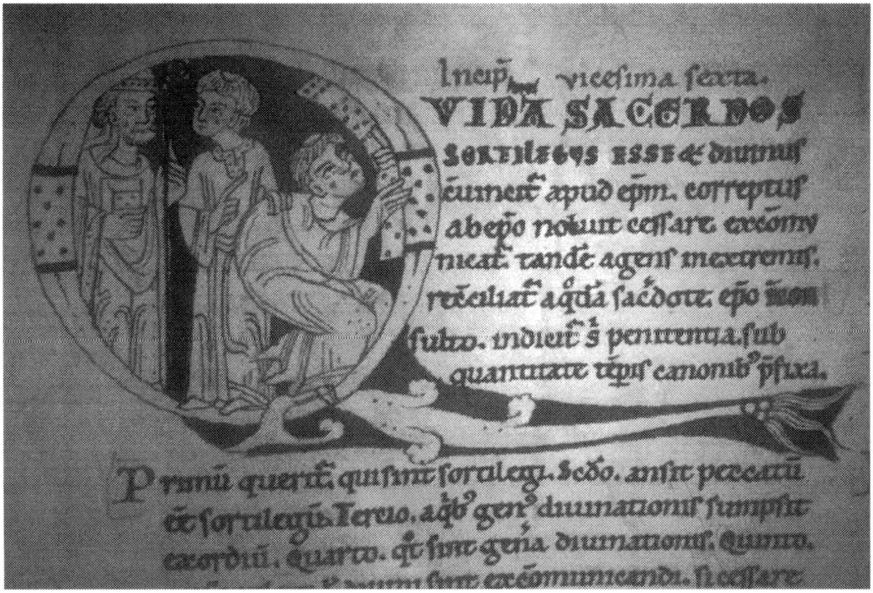

Abb. 2 Decretum Gratiani; München, BSB, Clm 17161, fol. 129v

ausgeführt, indem Punkte in den Sand gezeichnet oder Steinchen geworfen und dann gedeutet wurden; ab dem Mittelalter wurden die geomantischen Zeichen auch auf normalem Beschreibstoff angebracht.[15]

Dagegen handelt es sich bei *Causa* 27 (fol. 133r)[16] um einen zwischenmenschlichen Konflikt aus dem Bereich des Eherechts, den der Zeichner vor allem mit Mitteln der Gestik verbildlicht.

> *Quidam uotum castitatis habens desponsauit sibi uxorem. Illa priori conditioni renuncians transtulit se ad alium, et nupsit illi. Ille, cui prius desponsata fuerat, repetit eam.*

---

[15] Vgl. MASSON, Hervé: Dictionnaire initiatique, Paris 1970, S. 205-210. Eine Untersuchung der späteren Illustrationen dieser Causa bietet STOLTE, Almut: Von Sterndeutern und Wahrsagern: Miniaturen zum Decretum Gratiani, causa XXVI, in: BERGDOLT, Klaus; BONSANTI, Giorgio (Hg.): Opere e giorni. Studi su mille anni di arte europea, dedicati a Max Seidel, Venedig 2001, S. 91-98.

[16] KLEMM 1988 (wie Anm. 3), Abb. 300; KLEMM 1994 (wie Anm. 2), Abb. 3; JAKOBI-MIRWALD 2004 (wie Anm. 3), Abb. 24.

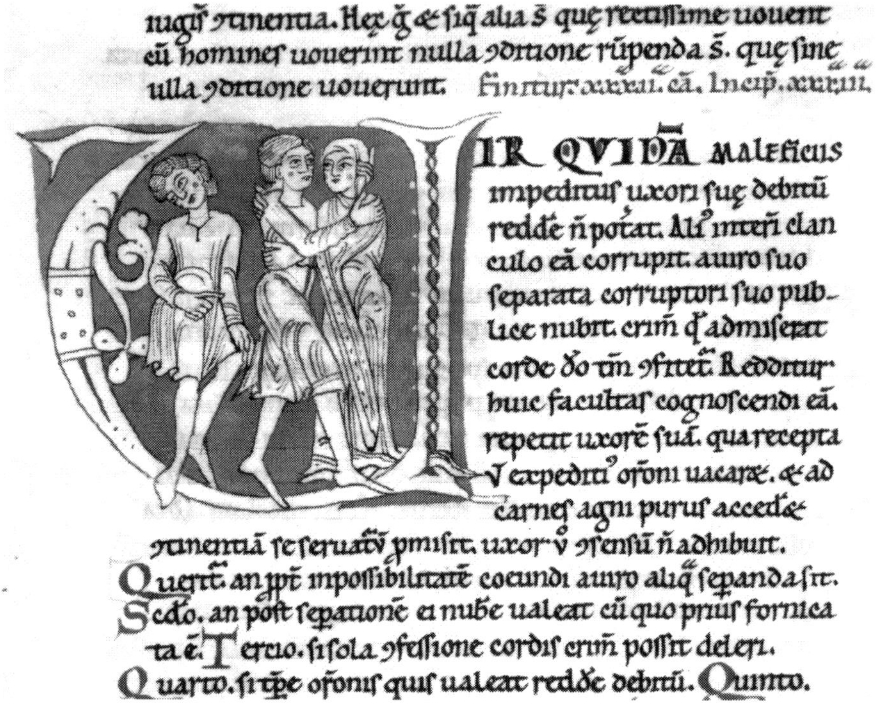

Abb. 3 Decretum Gratiani; München, BSB, Clm 17161, fol. 145r

Ein Mann, der ein Keuschheitsgelübde abgelegt hatte, heiratete eine Frau. Diese wandte sich von der ersten Verbindung ab, einem anderen zu und heiratete ihn. Der Mann, mit dem sie zuerst vermählt war, verlangt sie zurück.

Wir sehen die *dramatis personae*, von links nach rechts in der Reihenfolge ihrer Erwähnung: wieder die gekreuzten Arme, beim Mann als Sinnbild des Konflikts zwischen Keuschheitseid – Palme in der einen Hand – und Eheversprechen bzw. Ehering in der anderen Hand. Bei der Frau zeigen die gekreuzten Arme ihren Konflikt in einer Weise an, die jeder modernen Soap Opera zur Ehre gereichen würde. Wie im eingangs genannten Beispiel, der *Causa* 6, steht der rechte Mann sehr elegant da, ist allerdings etwas dezenter gewandet. Die erwähnten Figuren werden von links nach rechts nebeneinander aufgereiht und durch Figurencharakteristiken und Gestiken aufeinander bezogen.
Ähnlich wie die vorher genannte Initiale ist auch die zu *Causa* 31 (fol. 140v) komponiert.[17]

[17] JAKOBI-MIRWALD 1998 (wie Anm. 3), Abb. 50.

> *Vxorem cuiusdam alius constuprauit. Eo mortuo, adulter adulteram sibi in uxorem accepit. Filiam ex ea susceptam cuidam in coniugem se daturam iurauit, illa assensum non prebuit. deinde pater alii eam tradidit, a primo reposcitur.*
>
> Ein Mann verführt die Frau eines anderen. Nach dessen Tod heiratete der Ehebrecher die Ehebrecherin. Die Tochter, die sie ihm gebar, versprach er jemandem zur Gattin, aber sie verweigerte die Zustimmung. Daraufhin gab der Vater sie einem anderen, aber der erste verlangt sie zurück.

Die Illustration bringt wieder eine Auflistung der *dramatis personae* in chronologischer, zeitraffender Abfolge. Links sitzt der rechtmäßige Ehemann, offensichtlich in den letzten Zügen. Seine Frau hat sich einem Verführer ergeben und heiratet ihn nach dem Tode des ersten Mannes. Beider Tochter wird einem Manne versprochen, den sie aber ablehnt, und mit einem anderen vermählt – dieser scheint der Dargestellte zu sein. Nur der verschmähte Freier fehlt in der Abbildung, und diese Vollständigkeit der Figuren gibt es frühestens wieder in den gotischen Handschriften.

Auch *Causa* 33 (fol. 145r, Abb. 3) gehört zum Eherechtsteil des *Decretum Gratiani*. Diese Initiale zeigt das Vorgehen des Illustrators im Falle von – wie hier – eher komplizierten, schwer nachvollziehbaren Musterfällen: er beschränkte sich auf deren Anfang.

> *Vir quidam maleficiis impeditus uxori suę debitum reddere non poterat. Alius interim clanculo eam corrupit. a uiro suo separata corruptori suo publice nubit. crimen, quod admiserat, corde Deo tantum confitetur. Redditur huic facultas cognoscendi eam: repetit uxorem suam. qua recepta, ut expeditius orationi uacaret, et ad carnes agni purus accederet, continentiam se seruaturum promisit. uxor uero consensum non adhibuit.*
>
> Ein Mann war von einem Hexenspruch befallen und konnte gegenüber seiner Frau seine ehelichen Pflichten nicht erfüllen. Unterdessen verführte sie heimlich ein anderer, und sie heiratet ihn in aller Öffentlichkeit, nachdem sie sich von ihrem Mann getrennt hat. Das Vergehen, das sie begangen hatte, beichtete sie nur in ihrem Herzen vor Gott. Ihr Mann erlangt seine Potenz wieder und verlangt seine Frau zurück. Als er sie erhalten hatte, leistete er ein Enthaltsamkeitsgelübde, um für wirkungsvollere Gebete frei zu sein und rein zur Kommunion gehen zu können. Seine Frau verweigerte ihre Zustimmung.

Der Mann, der links mit schmerzlich geneigtem Kopf dasteht, ist impotent, seine Frau hat ihn verlassen und einen anderen Mann geheiratet. Mit dem schlichten kompositorischen Mittel der bloßen Aneinanderreihung, unterstützt durch die überraschend eindeutige Gestik gerade des betroffenen Mannes, illustriert auch diese Initiale die wesentlichen Elemente des beschriebenen Konflikts.

Welche kompositorischen Möglichkeiten der Buchstabe *Q* einem einfallsreichen Zeichner bieten konnte, zeigt besonders die Initiale zu *Causa* 35 (fol. 162v, Abb. 4)[18].

> *Quidam uir mortua uxore sua aliam sibi matrimonio copulauit, que uxori defunctę quarto gradu consanguinitatis, uiro autem VIa linea cognationis adherebat. post triennium uero, liberis ex ea susceptis, accusatur apud ęcclesiam. Iste pretendit ignorantiam.*
>
> Ein Mann heiratete nach dem Tod seiner Frau eine andere, die mit der Verstorbenen im vierten und mit dem Mann im sechsten Grad der Blutsverwandtschaft stand. Nach drei Jahren, er hatte inzwischen Kinder von ihr, wird er vor der Kirche angeklagt. Er gibt vor, nichts gewusst zu haben.

Diese *Causa* hat die vielleicht originellste Initiale des an Erfindungen nicht eben armen Zeichners. Ein Mann und eine Frau fassen sich jeweils zärtlich ans Kinn und stehen im Dickicht einer großen Spiralranke. Die scheinbar unbeschwerte, bukolische Liebesszene wird durch eine in die Rundung des *Q* eingeschmiegte, verschnürte Leiche beeinträchtigt: es handelt sich dabei um die verstorbene erste Frau des Mannes, und seine neue Geliebte ist, wie man aus dem Text erfährt, sowohl mit ihr als auch mit ihm zu nahe verwandt, um eine legitime Ehe zuzulassen. Sie heiraten aber trotzdem und geben Unwissenheit vor. Die Frage nach einer kompositorischen Entsprechung mag man schon gar nicht stellen – innerhalb der Gratianillustrationen gibt es keine. Der durch ein rundes Bildfeld geschaffene Bildraum wird allerdings schon gelegentlich in ähnlicher Weise genutzt, sowohl in der Buchmalerei als auch außerhalb.[19]

---

[18] JAKOBI-MIRWALD 1998 (wie Anm. 3), Abb. 51.

[19] Über die Nutzung runder Bildfelder als rund begrenzten Existenzraum im Gegensatz zu einem Bildausschnitt vgl. JAKOBI-MIRWALD 1998 (wie Anm. 3), S. 116-118 (am Beispiel griechischer Schalen wie der Münchener Penthesilea-Schale, wo eine ganz ähnliche tote Figur am Bildrand liegt).

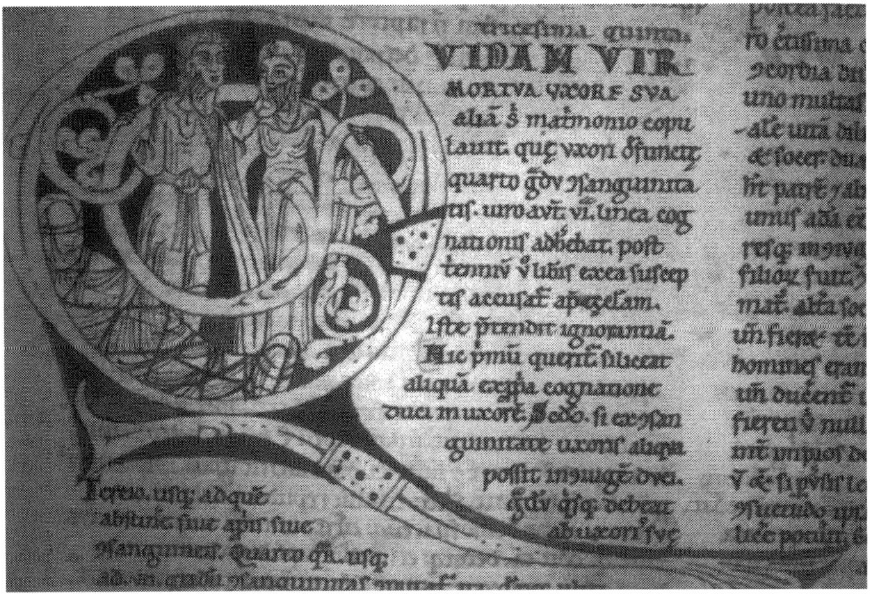

Abb. 4 Decretum Gratiani; München, BSB, Clm 17161, fol. 162v

Der Stammbaum[20]

In den Rechtshandschriften finden sich häufig zum Eherecht Stammbaumdarstellungen zur Verdeutlichung der erforderlichen verwandtschaftlichen Abstände zur Eheschließung. Für diese *arbores consanguinitatis* bzw. *affinitatis* (Blutsverwandtschaft bzw. Schwägerschaft) hat sich schon lange vor Gratian eine eigenständige Tradition herausgebildet.

Die Schäftlarner *arbor consanguinitatis* ist insofern ungewöhnlich, als sie nicht das für die Gratianhandschriften neu entwickelte Schema wiedergibt, sondern stattdessen einem Typus folgt, der sich üblicherweise in Ivo von Chartres- oder Burkhart von Worms-Handschriften findet, aber selten bei Gratian verwendet wurde. Der Text ist sehr fehlerhaft, aber gerade darin hilfsbereit, denn er verrät uns in seinen Fehlern seine Vorlage, die sich in einer wenig älteren Schäftlarner Handschrift der *Panormia* Ivos von Chartres findet.[21] Ein genauer Vergleich der Lesarten zeigt die Zunahme der Fehler von Ivo zu Gratian und erweist ersteren als

[20] Fol. 165r: KLEMM 1988 (wie Anm. 3), Taf. 291. Zu den Stammbäumen allgemein: SCHADT, Hermann: Die Darstellungen der Arbores Consanguinitatis und der Arbores Affinitatis. Bildschemata in juristischen Handschriften, Tübingen 1982 (zu Clm 17161: S. 90, 98, 129, 153, 166 Anm. 152, 172, 377, Abb. 31).

[21] Clm 17099, fol. 73v, vgl. KLEMM 1988 (wie Anm. 3), Kat. 137, Abb. 311.

Vorlage. Die wesentlich qualitätvollere bildliche Gestaltung unserer *arbor* mit den Stammeltern Adam und Eva unter einem Baum ist freilich wieder eine Neukreation des Zeichners. Dass der „Baum“ als solcher dargestellt wird, ist – vielleicht entgegen dem, was man erwarten möchte – nicht die übliche Darstellungsform, auch nicht für die älteren Schemata, und hier sicher spontan durch den damals bereits gebräuchlichen Begriff *arbor* ausgelöst. Für die Gestaltung der den Baum bildenden Medaillonranken möchte ich auf ein anderes, ungleich bekannteres Beispiel verweisen, das wenig später in Weingarten entstanden ist und ebenfalls alle Anzeichen einer ad-hoc-Kreation aufweist: den bekannten Weingartener Welfenstammbaum.[22]

Zusammenfassung

Als Fazit kann festgehalten werden: In einem sehr dichten Zyklus, der auffallend viele historisierte Initialen enthält, hält sich der Zeichner in seinen einzelnen Illustrationen überwiegend an den ersten Teil des geschilderten Musterfalls (nicht immer, siehe z. B. Causa 13 und 14), und zwar häufig so, dass er getreu der Leserichtung von links nach rechts die genannten Personen aufzählt. Er ist in der Schilderung des Personals wesentlich ausführlicher als alle anderen frühen Handschriften, d. h. seine Initialen sind sehr volkreich. Das ihm zur Verfügung stehende Bildrepertoire gestattet ihm zum Teil ausgesprochen originelle Kreationen, und in vielen Fällen bringt er mit vergleichsweise sparsamen Mitteln wie der Gestik der Hände und Arme oder auch der Körperhaltung innere Konfliktsituationen in einer Weise zum Ausdruck, für die es innerhalb der Gratianillustration keine Vergleichsbeispiele gibt. Wahrscheinlich lag dem Zeichner eine textlich recht gute Vorlagehandschrift vor, die aber keine figürliche Ausstattung hatte, wohl auch keine *arbor*, weshalb sich der Zeichner eine etwa gleichzeitige Ivo-Handschrift als Vorlage nahm und sie durch seine auffallend gelungene, aber sicher ebenfalls ad hoc kreierte Zeichnung eines Baumes mit den darunter stehenden Stammeltern bereicherte. Diese Zeichnung war offensichtlich wichtiger als der Inhalt, der nicht korrigiert wurde.

Auf eine mögliche memorative Funktion der Buchausstattung bin ich bereits an anderer Stelle eingegangen,[23] sie kann cum grano salis auch hier gelten, wenngleich damit nicht behauptet sein soll, der gesamte Text des *Decretum Gratiani*

[22] Fulda, Hessische Landesbibliothek, D 11, fol. 13v; vgl. KÖLLNER, Herbert: Die illuminierten Handschriften der Hessischen Landesbibliothek Fulda. Teil 1: Handschriften des 6.-13. Jahrhunderts, Bildband Stuttgart 1976, Textband auf Grund der Vorarbeiten von Herbert Köllner (Denkmäler der Buchkunst 1 u. 10), bearb. v. JAKOBI-MIRWALD, Christine, Stuttgart 1993, Kat. 48, bes. Graphik auf S. 99, und Abb. 456.

[23] JAKOBI-MIRWALD 1998 (wie Anm. 3), S. 139-148; DIES. 2004 (wie Anm. 3), S. 187-194. Grundlegend: CARRUTHERS, Mary: The Book of Memory. A Study of Memory in Medieval Culture, Cambridge 1990 (weitere Auflagen, div. Übersetzungen).

sei auswendig memoriert worden. Allerdings ist es auch für den heutigen Forscher mit seinem vergleichsweise untrainierten Gedächtnis von Nutzen, wenn er zur Orientierung wenigstens die Musterfälle ungefähr im Kopf hat, und die im wahrsten Wortsinn bemerkenswerten Bilder leisten und leisteten hier unzweifelhaft eine große Hilfe.

Der Schäftlarner Gratian ragt unter den frühen Gratianhandschriften durch sein geschlossenes Gesamtbild und seine qualitätvolle, bilderreiche Ausstattung hervor. Dass diese Handschrift zu dieser frühen Zeit in der Schreibstube eines bayerischen Prämonstratenserklosters (und nicht etwa im Umkreis der Pariser Universität) entstanden ist, mag durch das Interesse einer Einzelperson ausgelöst worden sein. Die Forschung nennt in diesem Zusammenhang immer wieder den Namen Rahewin, des Kaplans von Bischof Otto von Freising.[24] Er hat vielleicht den Anstoß gegeben, die moderne Kirchenrechtskompilation hier wie auch etwa zeitgleich in Ebersberg abzuschreiben, vermutlich von der gleichen Vorlagehandschrift. Ausgeführt hat dies bezeichnenderweise die führende Kraft im Schäftlarner Skriptorium, Adalbert, der bei dieser Vorstellung wohl als „Mittelsmann" zwischen dem Freisinger Gelehrten und dem Schäftlarner Skriptorium anzusehen ist. Da aber die Vorlagehandschrift mit an Sicherheit grenzender Wahrscheinlichkeit keine figürliche Ausstattung und sicher keinen Stammbaum enthalten hat, bleiben die Schäftlarner Zeichnungen ausschließlich der schöpferischen Leistung und der Fabulierlust des Zeichners zu verdanken, der möglicherweise sogar identisch mit dem Schreiber Adalbert ist.

Schöpfungen dieser Art können am Anfang einer verbreiteten Bildredaktion stehen – im Falle des Schäftlarner Gratians taten sie es nicht. Aber auch und gerade ein solcher „Blindgänger" in Sachen ikonographische Tradition verdient es, dass man ihn würdigt und genießt.

[24] KLEMM 1994 (wie Anm. 2) m. älterer Lit.

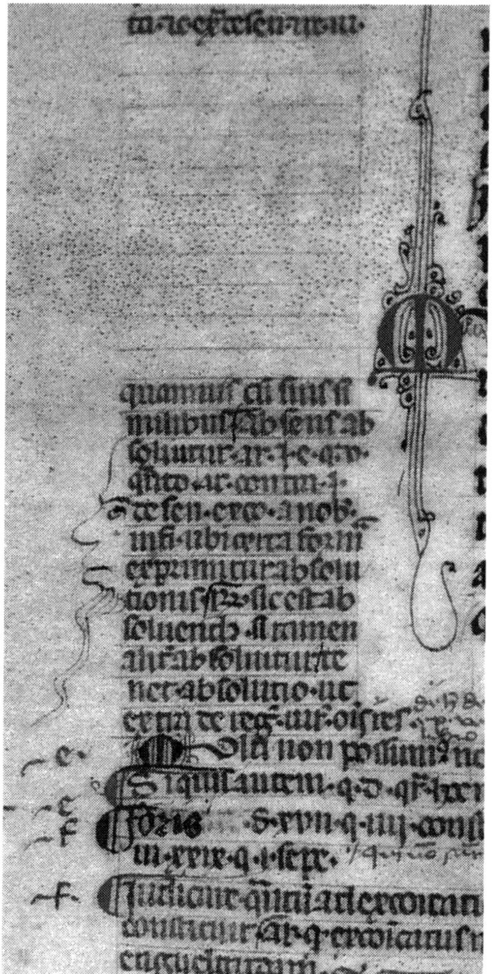

Abb.1 Decretum Gratiani; Baltimore, Walters Art Gallery W135, fol. 104v

Claudia Spitzer

Die Funktion von Bildern in Handschriften zum Kanonischen Recht. Das Decretum Gratiani der Walters Art Gallery (W135)

Das Decretum Gratiani

Im Laufe des 12. und dann vor allem im 13. Jahrhundert erlangte das Kirchenrecht eine immense Bedeutung, die es dem Umstand verdankte, dass seit dem 12. Jahrhundert dazu übergegangen wurde, soziale und kirchliche Verhältnisse zunehmend in der Sprache des Rechts zu erfassen. Die im Mittelalter von Anspruch und Realität her universelle Kirche determinierte durch Festlegung moralisch-rechtlicher Regeln das äußere und innere Leben der Menschen und gab dem Handeln und Denken eine rechtsverbindliche Form. Nicht nur in ihren politischen Zielsetzungen, sondern auch als rechtliche Anstalt hatte sich die Kirche vom Reich getrennt und strebte danach, ihre rechtlichen Gewohnheiten zu sammeln und zu systematisieren.

Das um 1140 durch den Mönch Gratian[1] publizierte *Concordia discordantium canonum* sollte offensichtliche Widersprüche in den kirchlichen Rechtstexten ausgleichen. Das Quellensammlung und Lehrbuch in sich vereinende *Decretum Gratiani* stellt ohne strenge Systematik die bis zum dritten lateranischen Konzil (1139) entstandenen kirchlichen Rechtssätze (Konzilscanones, päpstliche Dekretalen, Texte von Kirchenvätern [ca.25%]) zusammen und ist unter Anwendung scholastisch-didaktischer Interpretationsmethoden geordnet und bearbeitet. Eine der wichtigen Quellen sind die Sammlungen des Ivo von Chartres (um 1040-1115/16).[2] Ab Mitte des 12. Jahrhunderts begnügte man sich aber nicht mehr damit, das *Decretum Gratiani* nur abzuschreiben und mit Glossen zu kommentieren, sondern ging auch darum über mit Illuminationen zu versehen.[3] Noch im 12. Jahrhundert, vor 1150, schließt sich an das *Decretum Gratiani* eine wissenschaftliche Behandlung an, deren Glossen Johannes Teutonicus (um 1180-1252)[4] zu einer *glossa ordinaria* zusammenfasst. Es bildet den Grundstock des bis 1918

[1] Carraria um 1100- Bologna nach 1143, Magister der Theologie in Bologna, verfasst zwischen 1125 und 1140 das Decretum Gratiani; vgl. KÖBLER, Gerhard (Hg.): Lexikon der europäischen Rechtsgeschichte, München 1997, S. 207.

[2] Vgl. KÖBLER 1997 (wie Anm. 1), S. 91.

[3] DE HAMEL, Christopher: A History of Illuminated Manuscripts, London 1994, S. 108.

[4] MORTIER, Antonin: Histoire des Maîtres Généraux de l'Ordre des Frères Prêcheurs, I, Paris 1903, S. 287-413.

geltenden kirchlichen Rechts und ist damit grundlegend für die moralische Normengebung der kirchlichen Instanz bis in unsere heutige Zeit.
Bei der Handschrift W 135 handelt es sich um den Rechtstext Gratians, versehen mit den Glossen des Bartolommeo von Brescia (um 1245). Der erste Teil enthält 101 in Kapitel (c.) geteilte Distinktionen (D.) oder allgemeine Bestimmungen und beginnt mit einer allgemeinen Rechtslehre. Der zweite Teil befasst sich mit 36 Untersuchungen und in Kapitel gegliederte Fälle oder *Causae* (C.), welche beispielsweise das Eherecht (C.27ff.) oder die Buße (C.33) betreffen. Der dritte Teil stellt in fünf Distinktionen (und Kapiteln) das Recht der Weihe und anderer Sakramente dar.

Die Handschrift Baltimore W 135

Nachfolgend soll nun gezielt anhand der kanonischen Rechtshandschrift aus der Handschriftensammlung der Walters Art Gallery in Baltimore, USA, W 135, herausgearbeitet werden, welchen Bedürfnissen die Layout-Gestaltung unterlag, inwieweit der Text mit der bildlichen Ausstattung korrespondiert und ob von einer schematischen Produktion ausgegangen werden kann.

Die Frage der Provenienz von W 135 ist aufgrund der Mischung von italienischer Schrift und französischer künstlerischer Ausgestaltung schwierig. Ein französischer Einfluss, der sich in einem gewissen Maße in dem rudimentären Figurenstil erkennen lässt, wiederholt sich auch in den angefügten Drôlerien am Rand der Miniatur. Die pikturale Ausstattung enthält 36 Miniaturen und 19 Schmuckinitialen. Die Möglichkeit eines Originals in Toulouse oder in Montpellier bleibt zu untersuchen.

Die Nachfrage nach Rechtstexten stieg im 12. Jahrhundert von Jahr zu Jahr und die Anfertigung der speziellen Textbücher verlangte eine Vollzeitbeschäftigung von Professionellen, die zumindest eher von Zuhause aus in eigenen Zuliefer-Werkstätten arbeitete als in der Werkstatt ihres Arbeitgebers. Oft war es eine Familienangelegenheit, eine Handschrift mit Text, Glossen und Miniaturen anzufertigen. Darüber hinaus kamen Schreiber aus ganz Europa nach Bologna, um die *littera nova*, oder *littera bononiensis*, wie sie genannt wurde, zu erlernen.[5] Anhand der Schriftart lässt sich also schwerlich erkennen, ob die Handschrift in Paris oder in Bologna angefertigt wurde. Seit dem Ende des 13. Jahrhunderts finden sich nicht nur Texte, sondern auch Bilder und andere bildliche Strukturierungsformen in Rechtstexten. Diese neue Textstruktur wird an Schulen und Universitäten wie Bologna und Paris vorangetrieben und korrespondiert mit ei-

[5] ROUSE, Richard H.; ROUSE, Mary A.: Wandering Scribes and Traveling Artists: Raulinus of Fremington and His Bolognese Bible, in: BROWN, Jacqueline; STONEMAN, Wiliam P. (Hg.): A Distinct Voice: Medieval Studies in Honor of Leonard E. Boyle, O.P., Notre Dame 1997, S. 32-67.

ner Neugestaltung des Textes durch Layout und Bildschmuck: Die Orientierung und Zuordnung von Text und Kommentar wird mit Hilfe komplexer graphischer Verweissysteme unterstützt. Unterschiedliche Textsorten, Zeichen und Bilder, die das Studium und die Rezeption des Rechts visuell leiten und beeinflussen sowie veränderte Rechtsauffassungen optisch markieren. Bis zum heutigen Tag konnten weder die Kunst- noch die Rechtsgeschichte erklären, warum diese Neugestaltung von Rechtstexten stattgefunden hat und woher die neuen, bildhaften Texterschließungsmittel kamen.

Motive der korrespondierenden Neugestaltung

Die Darstellung des Rechtsfalles wird dem Betrachter komprimiert in der Miniatur dargestellt. Wie ein mnemotechnisches Hilfsmittel stellen die Bilder ein markantes Gliederungselement im Text dar, wobei auf einen Blick erkannt werden kann, welche Rechtsprobleme die illustrierten Textabschnitte behandeln. Das Bild im Text schafft somit unter anderen eine visuelle Lernmöglichkeit, die hilft, das Rechtswissen im Gedächtnis behalten zu können.

Im 13. Jahrhundert musste das Text-Layout auch mit den neuen scholastischen Anforderungen, wie beispielsweise einer rationaleren Herangehensweise an rechtliche Fragen, übereinstimmen. Dabei weist jede Art von Verschriftlichung ein individuelles optisches Profil auf, das von Gelehrten und Schreibern entworfen wurde, um dem jeweiligen Gebrauch des Lesers gerecht zu werden. Das Seiten-Layout identifiziert nicht nur den Typus des Textes, sondern informiert den Leser auch, wie er lesen muss, entweder direkt von oben nach unten oder mit einer Analyse in Verbindung mit Kommentierungen. Somit verlangten die Einteilungen und Unterteilungen des Rechtstextes nach einer sichtbaren *ordinatio*.

Die Neugestaltung des Text-Layouts und das korrespondierende pikturale Programm dienten auch dazu, den Text zu strukturieren und zu systematisieren: Der Haupttext war in zwei Spalten geschrieben, nach oben und leicht aus dem Zentrum positioniert, wodurch ein größerer freier Platz nach unten und an den äußeren Rändern entstand, um für die umgebende Glossen Platz zu haben. Außerhalb der Glossen ist freier Platz gelassen, um weitere Kommentare oder Anmerkungen von Gelehrten sowie Anmerkungen für den Schreiber, den Ausschmücker und den Illuminator zu haben. Rechts neben dem Glossentext sind in alphabetischer Reihenfolge Kleinbuchstaben angebracht, die sich auf die Sätze des Haupttextes beziehen und vor allem dem Schreiber einen Hinweis auf den Beginn eines neuen Satzes anzeigen. Schreiber konnten darüber hinaus dieses Arrangement nutzen, um den speziellen ästhetischen Bedürfnissen der Auftraggeber und Anweisenden nachzukommen.

Spezielle Zeichen haben die Funktion, auf Schlüsselpassagen oder wiederkehrende Gedanken im Text hinzuweisen. Einige Verweiszeichen wurden dafür verwandt, um auf die Lokalisierung anderer Textstellen aufmerksam zu machen. So zeigt zum Beispiel die Markierung eines Punktes auf der linken Seite des Textes an, dass der Leser auf dieser Seite nach einer zugehörigen Textstelle suchen muss, wohingegen zwei Punkte den Leser darauf aufmerksam machen, in beide Richtungen zu suchen. Diese Form der Texthervorhebung lässt sich an verschiedensten Stellen im Haupttext oder am Rand der Glossen wiederfinden. Eine besonders abwechslungsreiche Variante der Texthervorhebung sind Gesichter, die auf einer Klammerbasis beruhen. Sie sind einzeln über dem Schriftspiegel, am Rand von Haupttext oder Glossen, verteilt.

Pars secunda, C. I, fol. 81v und C. XXI, fol. 210v

Wie im Text- und Glossenlayout lässt sich auch im pikturalen Programm eine Strukturierung wieder finden. Die Anordnung der Miniaturen im Text erfolgt jeweils vor Beginn eines neuen Kapitels, vor einer neuen *Causa*. Die Miniatur verwirklicht die Möglichkeit eines nonverbalen Zugangs zum Recht, einer visuellen Lernmöglichkeit, die hilft, das Rechtswissen im Gedächtnis behalten zu können. Anhand der nachfolgenden Beispiele, Miniatur der C. I, fol. 81v und C. XXI, fol. 210v, soll dies verdeutlicht werden.

Das Maß der Miniaturen beträgt jeweils ca. 7 x 6,7 cm. Das fast quadratische Bildfeld ist jeweils von einem äußeren goldenen (ca. 1,5 mm) Rahmenstreifen umgeben, der in den Ecken quadratisch hervorgehoben ist. Ein geschlossenes roséfarbenes bzw. blaues Stufenband schließt sich dem schmalen Rahmenstreifen nach innen hin an. Die Figuren stehen auf dem unteren Bildrand; hinter einzelnen Figuren ist ein Goldgrund angebracht. Die Autoritätsfigur in der Mitte wird von Sekundärcharakteren, in weltlicher oder klerikaler Tracht, flankiert.

Auf fol. 81v ist dem Rechtsfall in der Handschrift W 135 die erste vorhandene Miniatur mit dem Untertitel *Quidam habens* vorangestellt. Der sich auf die Miniatur beziehende Text lautet:

> *Quidam habens filium obtulit eum ditissimo cenobio: exactus ab abbate et a fratribus decem libras soluit, ut filius susciperetur, ipso tamen beneficio etatis hoc ignorante. Creuit puer, et per incrementa temporum et offitiorum ad uirilem etatem et sacerdotii gradum peruenit. Exinde suffragantibus meritis in episcopum eligitur, interueniente obsequio et paternis precibus; data quoque pecunia cuidam ex consiliariis archiepiscopi, consecratur iste in antistitem, nescius paterni obsequii et oblatae pecuniae. Procedente uero tempore nonnullos per pecuniam ordinauit, quibusdam uero gratis benedictionem sacerdotalem dedit; tandem apud metropolitanum suum accusatus et conuictus sententiam in se dampnationis accepit. (Qu. I.) Hic primum queritur, an sit peccatum emere spiritualia? (Qu. II.) Secundo, an pro ingressu ecclesiae sit*

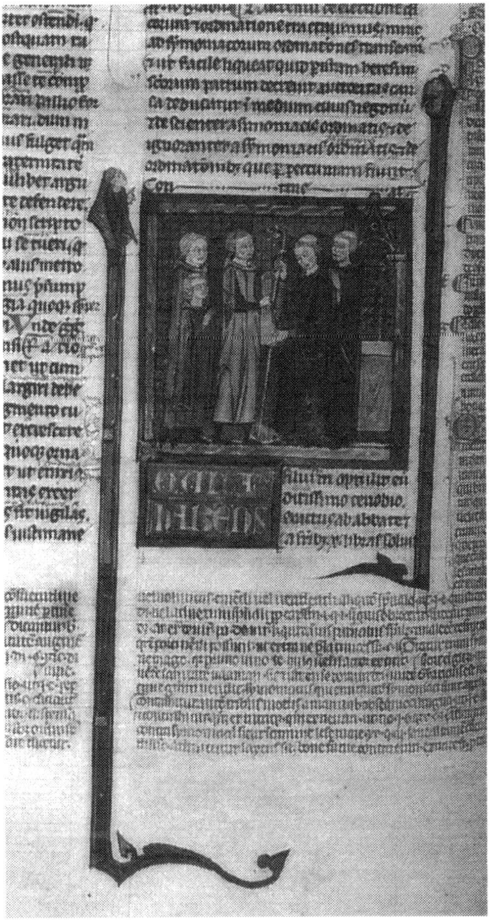

Abb. 2 Decretum Gratiani; Baltimore, Walters Art Gallery W135, fol. 81v

exigenda pecunia, uel si exacta fuerit, an sit persoluenda? (Qu. III.) Tertio, an ingressum ecclesiae uel prebendas emere sit symoniacum? (Qu. IV.) Quarto, an iste sit reus criminis, quod eo ignorante pater admisit? (Qu. V.) Quinto, an liceat ei esse in ecclesia, uel fungi ea ordinatione, quam paterna pecunia est assecutus? (Qu. VI.) Sexto, an illi, qui ab eo iam symoniaco ignoranter ordinati sunt, sint abiciendi, an non? (Qu. VII.) Septimo, si renuncians suae heresi sit recipiendus in episcopali dignitate, uel non?

Ein Mann übergibt seinen Sohn einem wohlhabenden Kloster. Er zahlt die vom Klostervorstand veranschlagten 10 Pfund in der Absicht, dass sein Sohn

> aufgenommen werde, ohne dass der minderjährige Sohn davon Kenntnis hatte. Der Junge wuchs heran und erhielt die Priesterwürde. Schließlich wurde er aufgrund weiterer Bestechung seines Vaters zum Bischof gewählt, ohne dass er von der Intervention und den Geschenken des Vaters weiß. Mit der Zeit weihte er einige Männer zum Priester, nachdem er Geld genommen hatte, andere wiederum auch ohne Zahlung. Schließlich, von seinem Erzbischof angeklagt und für schuldig befunden, wird er zum Tode verurteilt.[6]

Der zugrunde liegende Fall schildert somit den Ämterkauf und fragt, welche späteren Folgen dieser haben kann. Dies gilt sowohl für den, der das Amt kauft, als auch für den, der das Amt verkauft. Auf eine detaillierte kunsthistorische Bildbetrachtung und Bildinterpretation kann nachfolgend verzichtet werden, vielmehr soll aufgezeigt werden, wie detailgenau und sinngerichtet auch die Rahmendekoration des Textes „funktioniert": Die linke Ranke beginnt am linken oberen Bildrand und endet ausladend unterhalb der rechten Klammerglosse. Sie wird von einer Halbfigur bekrönt, die mit erhobener Hand und ausgestrecktem Zeigefinger auf das Bild weist. Auf dem Kopf trägt diese einen flachen Juristenhut. Statt einer Büste ist hier nur ein nach oben blickendes männliches Gesicht eingefügt. Im Gegensatz zur linken Drôlerie hat die rechte einen langen Bart. Durch den Blick scheint die linke auf die rechte Drôlerie Bezug nehmen zu wollen.

Die rechte Ranke beginnt fünf Zeilen oberhalb der Miniatur auf Höhe der Stelle innerhalb der Glosse, an der die Kommentierung zur *Causa* beginnt, und endet unterhalb des Textblockes, neben dem noch der Haupttext eingefügt ist. Damit markiert die rechte Ranke die Hauptsaussage der *Causa* und bildet damit gewissermaßen ihren äußeren Rahmen.

In C. XXI auf fol. 210v behandelt Gratian die Frage, inwieweit ein Priester mehrere Kirchenämter gleichzeitig innehaben darf, und welche Folgen dies für ihn haben kann. Er beruft sich dazu auf Augustinus, das Alte Testament und weitere Schriften. Kann er seine erste Kirche selber auf einen anderen übertragen? Darf er noch auf diese Kirche Einfluss nehmen? Wenn er vom Bischof bestraft wird, weil er zwei Kirchenämter zugleich hat, kann er sich dagegen vor einem Kirchengericht wehren? Ist es angemessen, wenn er dabei seinen Reichtum zur Schau stellt, indem er schöne Kleider trägt? Grundsätzlich soll also ein Kleriker nicht in Rechtsbeziehungen mit Nichtklerikern treten, es sei denn, er will eine Leistung für die Kirche in Empfang nehmen.

> *Archipresbiter cuiusdam ecclesiae preposituram alterius accepit, nec priorem uult relinquere; secularium quoque negociorum procurator efficitur; claris et fulgidis uestibus se exornans ab episcopo suo corrigitur; relicto suo*

[6] Alle Übersetzungen die Verfasserin.

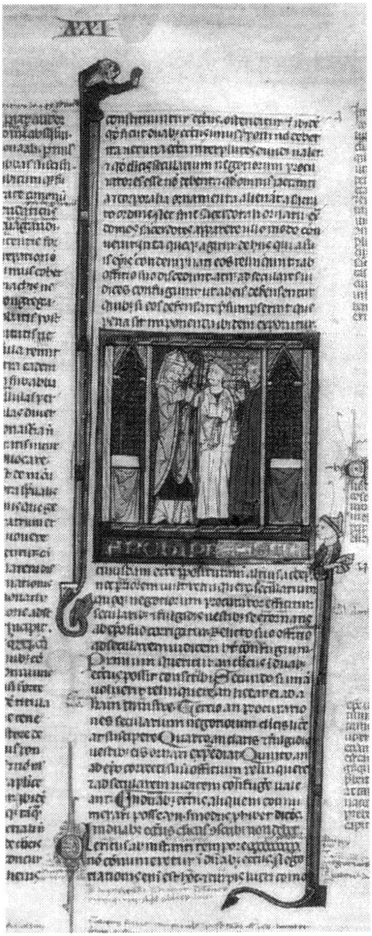

Abb.3 Decretum Gratiani; Baltimore, Walters Art Gallery W135, fol. 220r

offitio ad secularem iudicem habet confugium. (Qu. I.) Queritur, an clericus in duabus ecclesiis possit conscribi? (Qu. II.) Secundo, si unam uoluerit relinquere, an liceat ei ad aliam transire? (Qu. III.) Tertio, an procurationes secularium negociorum clericis liceat suscipere? (Qu. IV.) Quarto, an claris et fulgidis uestibus eis ornari expediat? (Qu. V.) Quinto, an ab episcopo correpti suum offitium relinquere, et ad secularem iudicem confugere ualeant?

> Ein Erzbischof, der eine andere Kirchenprobstei übernimmt, will seine erste Kirche nicht einem anderen überlassen; er verwaltet beide geistlich und auch geschäftlich; in einem hellen und strahlenden Gewand geschmückt, wird er von seinem Bischof zurecht gewiesen; seines Amtes enthoben, hat er sich Hilfe suchend an einen geistlichen Richter gewandt. (Qu. I.) Es stellt sich die Frage, ob ein Geistlicher in zwei Kirchen zugleich ‚eingeschrieben' sein kann? (Qu. II.) Zweitens, wenn er eine der Kirchen einem anderen überlassen will, ist es ihm gestattet, diese auf einen anderen zu übertragen? (Qu. III.) Drittens, ist es ihm erlaubt, die Verwalter geistlich oder geschäftlich zu unterstützen? (Qu. IV.) Viertens, darf er sich in helle und strahlende Gewänder kleiden? (Qu. V.) Fünftens, darf er sich, nachdem er von seinem Bischof bestraft worden ist, indem er dem Bischof sein Amt überlassen muss, Hilfe suchend an einen kirchlichen Richter wenden?

Im oben genannten Text umgeben zwei gegenläufige Ranken die Miniatur. Die linke befindet sich zwischen den beiden Textspalten im Intercolumnium, wobei das obere Ende über den Schriftspiegel hinaus ragt und eine nach rechts gedrehte Halbfigur zeigt. Das untere Ende schlängelt sich als Tierhals mit rotem Kopf zur Miniatur zurück. Der Tierkopf mit angelegten Ohren blickt von unten her auf das Bildgeschehen. Am rechten unteren Miniatureneck befindet sich ein Mischwesen mit Vogelflügeln und Hufen sowie einem menschlichen Kopf. Das Wesen trägt einen spitz zulaufenden Hut und blickt auf das Bild. Diese Ranke beginnt also rechts neben dem Haupttext und endet mit einem Dornenblattschweif unterhalb der rechten Textspalte.

Die Funktion der Ranke als Hervorhebung des Rechtsfalles und somit als Klammer lässt sich also auch bei C. XXI, fol. 210v nachweisen. Im geschilderten Fall XXI umzieht die linke Ranke den Haupttext. Hier wird die Fallbeschreibung nach oben hin umfasst. Die rechte Ranke umgibt die Fragen, die sich an den Fall anschließen. Die Drôlerien am Beginn und am Ende der Ranke markieren Anfang und Ende des hervorzuhebenden Textes.

Fazit

Bei den Drôlerie-Darstellungen kann nicht immer ein Bezug zum Textinhalt festgestellt werden, jedoch liegt bei den angeführten Beispielen eine Bezugnahme nahe. Die Figur mit dem Zeigefinger in C. I weist darauf hin, dass es sich aus Sicht des Illuminators um die Darstellung einer erheblichen Verbotsnorm handelt. Der erhobene Zeigefinger unterstreicht den Strafcharakter des Verbots des Ämterkaufes, wobei die Strafandrohung selbst in *Quaestio* II *Causa* I auf ein Verbot hinweist und damit die Aussage des Bildgeschehens unterstreicht. Die Ranken mit ihren Drôlerien haben offensichtlich den Sinn, einen Zusammenhang zu bestimmten Textpassagen herzustellen.

Aus dem Dargelegten kann geschlussfolgert werden, dass nicht nur die Miniatur einer visuellen Umsetzung des im Rechtstext geschilderten Rechtsfalls dient, sondern auch Drôlerien sowie die so scheinbar willkürlich angebrachten Ranken eine deutliche Hervorhebung der textlichen Hauptaussage darstellen. Eine Rechtshandschrift, wie im Beispiel Baltimore W 135, diente also dem Zweck, angewendet zu werden, und entwickelte daher ihre spezifische Gestaltung. Somit wird klar, dass die Rechtshandschriften des *Decretum Gratiani* seit Ende des 13. Jahrhunderts mit ihrer dialektischen Darstellungsweise, also der Verbindung von Text und pikturalen Elementen, den (Rechts-) Studenten und danach auch dem Advokaten die Komplexität des Kirchenrechts aufzeigten und demonstrieren sollten, wie Lösungen für hypothetische Situationen gefunden werden konnten. Die Rechtshandschriften waren somit nicht nur als Schul-Handschrift für den Gebrauch im Klassenzimmer als Lehrbuch mit Anschauungscharakter, sondern dienten auch als Rechtshandschrift im eigentlichen Sinne.

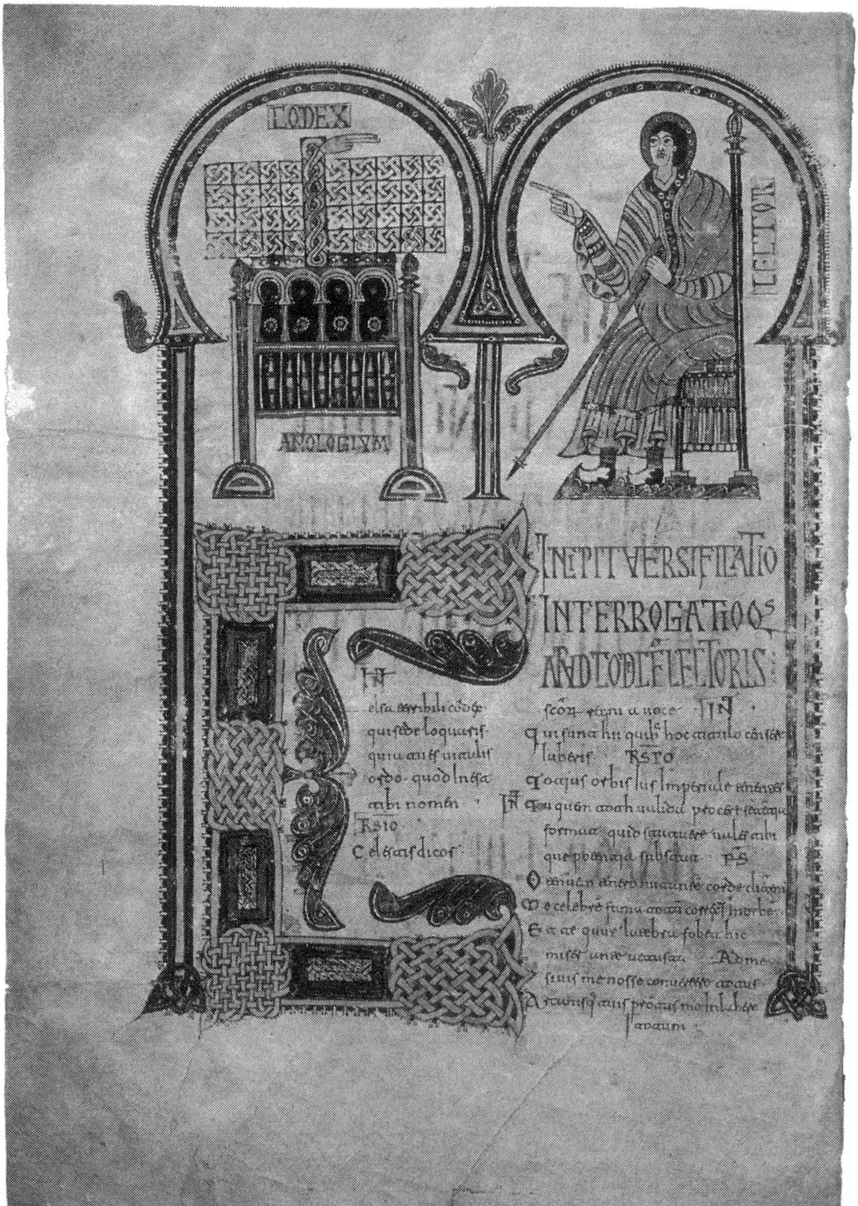

Abb. 1 Codex Albeldense; Biblioteca de El Escorial, Ms. d.I.2, fol. 20v

Kristin Böse

Recht sprechen.
Diskurse von Autorschaft in den Illuminationen einer spanischen Rechtshandschrift des 10. Jahrhunderts

Im *Codex Albeldense*, einer Rechtshandschrift des 10. Jahrhunderts, steht dem darin enthaltenen Kirchenrecht auf fol. 20v die Darstellung eines Gesprächs zwischen einer als *Lector* bezeichneten Figur und einem als *Codex* betitelten Buch voran.[1] (Abb. 1) Unter einer Doppelarkade mit Hufeisenbögen weist der thronende *Lector* mit argumentativ ausgestrecktem Zeigefinger auf das Buch, welches seinem Gesprächspartner gleichfalls durch eine Geste zugewandt ist, die an die segnende Hand Gottes erinnert. Weniger aufwendig gerahmt und gestalterisch leicht abgewandelt wiederholt sich innerhalb der Handschrift diese Darstellung mehrmals.[2] Wobei das Buch stets durch die segnende Hand verlebendigt und damit als Sprachrohr Gottes in Erscheinung tritt, wenn auch in der Schwebe bleibt, wen oder was der verlebendigte *Codex* repräsentiert.

Im Vergleich zu anderen Beispielen dieses Autorenbildtyps[3], welcher einen Dialog zwischen Gelehrten beschreibt,[4] ist in dieser Handschrift aus dem früh-

---

[1] Biblioteca Real Monasterio de San Lorenzo de el Escorial, Ms. d.I.2: ANTOLÍN, Guilermo: Catálogo de los códices latinos de la Real Biblioteca de El Escorial, Madrid 1910, S. 368-404; Cook, W.: Bibliography and Miniatures of the Codex Vigilanus MS D.I.2 of the Escorial, New York 1934; SILVA Y VERÁSTEGUI, Soledad de: Iconografia del siglo X en el reino de Pamplona-Najera, Pamplona 1984; Códice Albeldense 976. Original conservado en la Biblioteca Real Monaterio de San Lorenzo de el Escorial (d.I.2) (Colección scriptorium 15), hg. v. GARCÍA TURZA, Javier, Madrid 2002.

[2] Auf fol. 35r, 37v, 43v, 47v.

[3] Stellvertretend für eine Vielzahl von Untersuchungen zum Autorenbild von kunsthistorischer Seite etwa BLOCH, Peter: Autorenbild, in: Lexikon der christlichen Ikonographie, Bd. 1, Sp. 232-234; KLEIN, Dorothee: Autorenbild, in: Reallexikon zur deutschen Kunstgeschichte, Bd. 1, Sp. 1309-1314; DENNY, Don: Authorportrait, in: The Dictionary of Art, Bd. 1, S. 835-837; aus philologischer Perspektive etwa WENZEL, Horst: Autorenbilder. Zur Ausdifferenzierung von Autorenfunktionen in mittelalterlichen Miniaturen, in: ANDERSEN, Elizabeth u.a. (Hg.): Autor und Autorschaft im Mittelalter. Kolloquium Meißen 1995, Tübingen 1998, S. 1-28; MEIER, Christel: *Ecce auctor*. Beiträge zur Ikonographie literarischer Urheberschaft im Mittelalter, in: Frühmittelalterliche Studien 34 (2000), S. 338-392.

[4] So herausgearbeitet von MEIER, Christel: Das Autorbild als Kommunikationsmittel zwischen Text und Leser, in: Comunicare e significare. Spoleto, 15-20 aprile 2004 (Atti delle Settimane di studio del Centro Italiano di studi sull'Alto Medioevo 52), Spoleto 2005, S. 499-538, hier: 506-515; vgl. auch LUTZ, Eckart Conrad: Modelle der Kommunikation: Zu einigen Autorenbildern des 12. und 13. Jahrhunderts, in: BERTELSMEIER-KIERST, Christa (Hg.): Eine Epoche im Umbruch: volkssprachliche Literalität 1200-1300. Cambridger Symposien 2001, Tübingen 2003, S. 45-72.

mittelalterlichen Spanien nicht nur das Gespräch mit einem durch göttliche Geste verlebendigten Buch auffallend. Ebenso besonders ist die hier anklingende, für frühmittelalterliche Rechtshandschriften ungewöhnliche Weise der Selbstreferenzialität. Der abstrakte Rechtsbegriff wird nicht, wie es für diese Zeit typisch wäre, durch die Figur des Gesetzgebers repräsentiert, dem das Buch oder die Schriftrolle als Symbole des Gesetzes attributiv beigeordnet sind.[5] Ebenso wenig ist der Akt der Verschriftlichung ins Bild gesetzt; Recht[6] wird stattdessen als eine göttlich autorisierte Kategorie verhandelt, die an Mündlichkeit gebunden ist: Der *Codex* ergreift ja selbst das Wort und tritt in einen Dialog ein. An dieser Darstellung, die ohne Vorbild in der frühmittelalterlichen Buchmalerei ist, und ihrer Einbettung in das Gesamtprogramm des *Codex Albeldense* möchte ich zeitgenössische Vorstellungen von Recht und Rechtswissen im Kontext von Autorschaft und Autorisierung, Mündlichkeit und Schriftlichkeit besprechen.

Der *Codex Albeldense* und sein Textcorpus

Innerhalb des in der Bibliothek des Escorial aufbewahrten *Codex Albeldense* ist das eingangs beschriebene Autorenbild eingebunden in ein umfangreiches Programm von Miniaturen, die zum Teil ganze Seiten einnehmen. Vor ihm ist keine weitere, auf der Iberischen Halbinsel entstandene Rechtshandschrift überliefert, die mit ähnlich hohem Aufwand illuminiert wurde, während aus anderen Regionen Europas bereits früher illuminierte Rechtshandschriften belegt sind.[7] Daher gilt es nachfolgend den Codex im Hinblick auf die in ihm enthaltenden Texte vorzustellen und seinen Entstehungszusammenhang näher zu erläutern.

---

[5] In frühmittelalterlichen Handschriften weltlichen Rechts ist der Herrscher als Gesetzgeber häufig mit seinen Insignien abgebildet: MÜTHERICH, Florentine: Frühmittelalterliche Rechtshandschriften, in: Aachener Kunstblätter 60 (Festschrift für Hermann Fillitz zum 70. Geburtstag) (1994), S. 79-86, hier: Abb. 4, 5.

[6] Zum mittelalterlichen Rechtsbegriff vgl. KROESCHEL, Karl: Art. Recht. In: Lexikon des Mittelalters, Bd. VII, Sp. 510-513; KRAUSE, H.: Art. Recht, in: Handwörterbuch zur deutschen Rechtsgeschichte, Bd. IV, Sp. 224-232, hier: 228.

[7] Generell zu den illuminierten spanischen Rechtshandschriften: SILVA Y VERÁSTEGUI, Soledad de: L'illustration des manuscrits de la Collection Canonique Hispana, in: Cahiers de civilisation médiévale 32 (1989), S. 247-261; DIES.: Contribución al estado de la cuestión de los estudios iconograficos en los manuscritos juridicos illustrados de la edad media, in: Cuadernos de arte e iconografia 4,7 (1991), S. 158-163. Zur Überlieferung von Rechtstexten auf der Iberischen Halbinsel etwa DÍAZ Y DÍAZ, Manuel C.: La Lex Visigothorum y sus manuscritos. Un essayo de reinterpretatión, in: Anuario de Historia del Derecho Español XLVI (1976), S. 163-223. Zu den illuminierten frühmittelalterlichen Rechtssammlungen neben MÜTHERICH 1994 (wie Anm. 5), auch MORDEK, Hubert: Frühmittelalterliche Gesetzgeber und Iustitia in Miniaturen weltlicher Rechtshandschriften, in: La giustizia nell'alto medioevo (secoli V-VIII). Spoleto, 7-13 aprile 1994 (Atti delle Settimane di studio del Centro Italiano di Studi sull'Alto Medioevo 42), Spoleto 1995, Bd. 2, S. 997-1052.

Der 429 Blätter umfassende, 45,5 x 32,5 cm große Codex wurde im Jahre 976 im Kloster S. Martín in Albelda von den Mönchen Vigila und Sarracinus und ihrem Gehilfen Garsea geschrieben und illuminiert. Das Kloster erlebte gerade eine Blütezeit[8]: Wahrscheinlich im Jahre 924 von König Sancho Garces I. von Pamplona (905-925) und seiner Frau Toda gegründet, spielte es für das navarresische Königshaus eine wichtige Rolle als Basis der Wiederbesiedlung der Rioja.[9] Dieses Gebiet war gerade von den Muslimen zurückerobert worden und grenzte daher im Süden an muslimisches Gebiet.[10]

Die Gründung des Klosters San Martín de Albelda zur politischen, juridischen und religiösen Reorganisation eroberter Gebiete stellte keinen Einzelfall dar. Sowohl im Herrschaftsbereich des navarresischen als auch des kastillisch-leonesischen Königshauses sind im 10. Jahrhundert einige Klöster nachweisbar, die zu einem ähnlichen Zweck gegründet bzw. wiedergegründet wurden – ein Phänomen, welches Julian Charles Bishko 1948 als „frontier monasticism"[11] charakteri-

[8] Zur Geschichte des Klosters siehe ANDRES VALERO, Sebastián; JIMÉNEZ MARTÍNEZ, Carmen: El dominio de San Martín de Albelda (siglos X-XII), in: Segundo Coloquio sobre Historia de la Rioja, Logroño 1986, Bd. 1, S. 345-358; LÁZARO RUIZ, Mercedes: El monasterio de San Martín de Albelda: Estrategias en la ocupación del territorio y la valoración socioeconómica (925-1094), in: VII Semana de Estudios Medievales (Nájera, 29.7.-2.8.1996), Logoño 1997, S. 353-384; GARCÍA TURZA, Javier: El Monasterio de San Martín de Albelda. Introduccion Histórica, in: Codice Albeldense (wie Anm. 1), S. 9-13; CANTERA ORIVE, Julián: El primer siglo del Monasterio de Albelda, in: Berceo 5 (1950), S. 13-25, 313-326, 509-521; Berceo 6 (1951), S. 175-186, 531-541; Berceo 7 (1952), S. 293-308; Berceo 16 (1961), S. 81-96, 437-448; 17 (1962), S. 327-342; 18 (1963), S. 7-20, 379-386.

[9] URBEL, Justo Pérez de: La conquista de la Rioja y su colonización espiritual, in: Estudios dedicados a Menéndez Pidal, Madrid 1950, Bd. 1, S. 509-510. Zur kritischen Bewertung des „Reconquista"-Begriffes, der in der älteren Forschung verbunden war mit Vorstellungen von einem Glaubenskrieg vgl. HERBERS, Klaus: Geschichte Spaniens im Mittelalter. Vom Westgotenreich bis zum Ende des 15. Jahrhunderts, Stuttgart 2006, S. 112, der zwar einschränkt, dass die Religion eine Rolle gespielt hat, jedoch sich grundsätzlich mehrere Motive überlagert hätten, was unterschiedliche Bündnisse und Koalition, eben auch mit den Muslimen, belegen. Thomas Deswarte plädiert daher für „Restauration" – ein Begriff, der sogar in den Chroniken und Urkunden des Königreiches von Oviedo zu finden ist: DESWARTE, Thomas: De la destruction à la restauration. L'idéologie du royaume d'Oviedo-Léon (VIIIe-XIe siècles), Turnhout 2003.

[10] Der erste Versuch der Eroberung wurde von Sancho I. im Jahre 916 unternommen. Nach zweimaligem Zurückdrängen durch die Armeen des Kaliphen `Abdarrahmân III. konnte in einer Offensive Sanchos im Jahre 925 die Rioja Alta definitiv erobert werden. Najera wird neben Pamplona zum Sitz des sich nachfolgend als Könige bezeichnenden Geschlechts. LACARRA, José Maria: Historia politica del reino de Navarra desde sus orígines hasta su incorporación a Castilla, Bd. I, Pamplona 1972, S. 117.

[11] BISHKO, Charles Julian: Salvus of Albelda and Frontier Monasticism in Tenth Century Navarre, in: Speculum XXIII (1948), S. 562; wieder aufgegriffen von WERCKMEISTER, Otto Karl: Art of the Frontier: Mozarabic Monasticism, in: AK The Art of Medieval Spain a.d. 500-1200. Metropolitan Museum of Art, New York 1993, S. 121-132.

siert hat.[12] Oftmals ist die Existenz dieser Klöster allein durch die in ihnen produzierten Handschriften nachweisbar. Die Blüte der monastischen Buchkultur steht dabei in unmittelbarem Zusammenhang mit der Grenzlage der Klöster.[13] Folglich verloren Konvente wie etwa Albelda spätestens mit der Ausdehnung christlicher Herrschaftsbereiche und der damit einhergehenden Verlagerung der Grenzen nach Süden an Bedeutung. Eine Ausnahme bildete hier etwa das bis heute bestehende und ebenfalls in der Rioja gelegene Kloster San Millán de Cogolla.[14] Der aus diesem Kloster stammende *Codex Aemilianense* ist Ende des 10. Jahrhunderts nach dem Vorbild des *Codex Albeldense* entstanden.[15]

Kernbestandteil des *Codex Albeldense* sind kirchliche und zivile Rechtstexte. Den größten Umfang nimmt die erste Rezension der *Collectio Hispana* auf fol. 70 bis 238 ein.[16] Sie umfasst den *Liber Canonum*, d.h. die historisch geordneten Akten der Iberischen und gallischen Konzile von der Spätantike bis zum Jahre 681, sowie die *Dekretalen*. Diese stellen päpstliche Antwortbriefe auf kirchliche Rechts-

---

[12] So etwa Santo Domingo de Silos (919); San Pedro de Arlanza (922) und vermutlich zwischen 915-920 SS. Pedro e Paolo de Valeranica (auch: San Pedro de Berlangas): BOYLAN, Ann: Manuscript Illumination at Santo Domingo de Silos (Xth to XIIth Centuries), University of Pittsburgh 1990, Kap. 3; PALACIOS, Mariano: El Monasterio de Santo Domingo de Silos, Silos 2000; WILLIAMS, John: A Contribution to the History of the Castillian Monastery of Valeranica and the Scribe Florentius, in: Madrider Mitteilungen 11 (1970), S. 232-248; möglicherweise ab dem zweiten Jahrzehnt des 10. Jahrhunderts auch das Kloster Valcavado in der heutigen Provinz Palancia: HERRERO JIMÉNEZ, Mauricio: Aproximación Históri-cal al Monasterio de Valcavado, in: El Beato de la Universidad de Valladolid (Colección Scriptorium 16), Madrid 2002, S. 39-62; und vermutlich Ende des 9. Jh. bereits das Kloster Tábara: REGUERDA GRANDE, Fernando; GARCÍA-ARÁEZ FERRER, Hermenegildo: Scriptorium Tábara visigoda y mozárabe, Salamanca 2001, S. 19-59.

[13] Der Begriff der *frontera* in Bezug auf muslimisch dominiertes Gebiet findet sich erstmals 1059 in einem Testament des Königs Ramiro I. von Aragon: SÉNAC, Philippe: Ad castros de fronteras de mauros qui sunt pro facere: note sur le premier testament de Ramire I d'Aragon, in: AYALA MARTÍNEZ, Carlos de (Hg.): Identidad y representación de la frontera en la España medieval (siglos XI-XIV). Seminario celebrado en la Casa de Velázquez y la Universidad Autónoma de Madrid, 14-15 dicembre de 1998 (Collection de la Casa de Velázquez 75), Madrid 2001, S. 205-222. Zum Thema der Grenze als militärischer Demarkationslinie und Region des Austausches zwischen dem christlichen Norden und dem muslimischen Süden siehe auch SÉNAC, Philippe: La Frontière et les hommes (VIIIe-XIIIe siècles). Le peuplement musulman au nord de l'Ebre et les débuts de la reconquête aragonaise, Paris 2000.

[14] GARCÍA TURZA, Javier: El monasterio de San Millán de la Cogolla en la alta edad media: aproximación histórica, in: Berceo 133 (1997), S. 9-24.

[15] Biblioteca Real Monasterio de San Lorenzo de el Escorial, Ms. d.I.1: SILVA Y VERÁSTEGUI 1989 (wie Anm. 1). Es liegt daher nahe, die Konzeption dieser und anderer Handschriften vor dem Hintergrund der Grenzlage der Klöster und ihrer Kontakte mit den islamischen Kulturen zu diskutieren, was nicht Thema dieses Aufsatzes ist, sondern meiner an der Universität zu Köln entstehenden Habilitationsschrift.

[16] La Colección Canónica Hispana (Monumenta Hispaniae Sacra, Serie Canónica), hg. v. MARTÍNEZ DÍEZ, Gonzalo, Madrid 1966-1976, 6 Bde.

oder Disziplinfragen dar. Neben der *Collectio Hispana* ist der *Liber Iudicium*, das *ius civile* der Westgoten, auf fol. 358 bis 427 zweiter zentraler Bestandteil des Codex.[17] Sowohl die *Collectio Hispana* als auch der *Liber Iudicium* waren im christlich dominierten Norden der iberischen Halbinsel gleichermaßen verbreitet.[18] Sie sind seit der Mitte des 10. Jahrhunderts Instrumente königlicher und herzoglicher Macht, wiewohl auch Bischöfe und Klöster sowie Privatpersonen sich in strittigen Fällen auf die kodifizierten Sammlungen beriefen.[19] Neben den genannten Rechtssammlungen enthält der *Codex Albeldense* eine Reihe weiterer Texte unterschiedlicher Gattungen. So gehen etwa auf fol. 1 bis 19 dem *Liber Canonum* verschiedene auf Schreiber, Maler und das navarresische Königshaus bezogene Widmungsgedichte, sodann für die Liturgie relevante Texte sowie wissenschaftliche Abhandlungen voraus.[20] Dazu gehören etwa Auszüge aus den Etymologien des Isidor von Sevilla (um 560-636), die nicht nur im christlich dominierten Norden tradiert wurden, sondern auch in mehreren Kopien Eingang in die Büchersammlungen der Kaliphen von Córdoba fanden.

Zwischen den *Liber Canonum* und die *Dekretalen* ist das so genannte *Chronicon Albeldense* geschoben, das in annalistischer Form über die Regentschaft römischer, westgotischer und asturischer Herrscher berichtet und mit der Herrschaft der Könige von Navarra abschließt.[21] Auf die *Dekretalen* folgt eine Auf-

---

[17] Leges Visigothorum (Monumenta Germaniae Historica: Leges nationum Germanicarum 1) hg. v. ZEUMER, Karl, Hannover 2005 (unveränd. ND d. Ausg. Hannover/Leipzig 1902), S. XIX-XXV; GARCÍA LOPEZ, Yolanda: Estudios críticos y literarios de la „Lex Wisigothorum" (Memorias del Seminario de Historia Antigua 5), Alcalá 1996.

[18] RUCQUOI, Adeline: Maintien et création du droit dans l'Espagne chrétienne (950-1050), in: DESWARTE, Thomas; SÉNAC, Philippe (Hg.): Guerre, pouvoires et idéologies dans l'Espagne chrétienne aux alentours de l'an mil. Actes du Colloque international organisé par le Centre d'Etudes Supérieures de Civilisation Mediévale Poitiers-Angoulême (26, 27 et 28 septembre 2002), Tournhout 2005, S. 123-140, hier: 124. Darüber hinaus wurde auch eine Kopie der *Collectio Hispana* für ein christliches Skriptorium in Al-Andalus in arabischer Sprache angefertigt, vgl. ebd., S. 126; VAN KONINGSVELD, Pieter S.: Christian-Arabic Manuscripts from the Iberian Peninsula and the North Africa: A Historical Interpretation, in: Al-Qantara XV (1994), S. 423-451. Siehe auch COLLINS, Roger: 'Sicut lex Gothorum continet': Law and Charters in Ninth and Tenth-Century León and Catalonia, in: The English Historical Review 100 (1985), S. 489-512.

[19] RUCQUOI 2005 (wie Anm. 18), S. 128f.

[20] Fol. 1-19; bspw. Auszüge aus den Etymologien des Hl. Isidor zu Fragen der Zeit und Chronologie, ein Martyriologium und ein liturgischer Kalender sowie ein Arithmetik-Traktat.

[21] Fol. 238-240. FLÓREZ, Enrique: España Sagrada, Bd. XIII, Madrid 1756, S. 438-464, 2. Aufl. Madrid 1816, S. 438-464. Zu den weiteren Traktaten, fol. 241-248, gehören etwa solche, die die Vorstellungen der Christen von anderen Religionsgruppen widerspiegeln, wie ein Bericht über den Einfall der Muslime in Spanien sowie ein gegen den jüdischen Glauben gerichtetes Traktat des Hl. Isidor: ARÉVALO, Faustino: De fide catholica ex Verti et Novo Testamento contro Iudeos libri duo, in: Sancti isidori hispalensis episcopi opera omnia, vol. VI, (Rom 1797 Patrologia Latina, Vol. 83, Paris 1862, col. 449-538; Patrologia Latina, vol.

zählung bedeutender Persönlichkeiten; des Weiteren normative Schriften, welche die Transkription einiger Kapitel der Benediktregel sowie einen Ritus zur Durchführung von Konzilien umfassen.[22] Den Abschluss des *Codex Albeldense* bildet ein Penitentiale.[23] Der *Codex Albeldense* erweist sich also als eine Handschrift, mit der ein breites Spektrum an Texten, in der Mehrzahl wissenschaftliche Aufzeichnungen, überliefert wurde. Das von den navarresischen Königen geförderte Kloster S. Martín tritt damit als kulturelles Zentrum hervor, in dem spätantike und frühchristliche Traditionen gepflegt und für die Zukunft gesichert wurden.

An der Zusammenfügung von *Collectio Hispana* und *Liber Iudicium*, also kanonischem und zivilem Recht, lässt sich der Stellenwert der Rechtstexte für die Herrschaftslegitimierung der Navarreser ablesen. In den *Codex Albeldense* inserierte Texte wie das *Chronicon Albeldense* mit einer angehängten Liste der Könige von Navarra stellen das Königshaus an das Ende einer Traditionslinie, deren Anfänge über die asturischen Könige und das westgotische Reich bis in römische Zeit zurückreichen. Es ist denkbar, dass das damit zum Ausdruck kommende Engagement der navarresischen Könige für die Tradierung von Rechtstexten, sowohl des kirchlichen als auch des zivilen Rechts, mit dem hohen Stellenwert, den das Recht in Al-Andalus einnahm, in Verbindung stand.[24]

115, col. 859-860).

[22] Fol. 343-345. MUNIER, Charles: L'orde de celebrando concilio wisigothique, in: Revue des sciences religieuses 37 (1963), S. 250-271.

[23] Fol. 357-358. BEZLER, Francis: Les Penitentiels espagnols: contribution à l'étude de la civilisation de l'Espagne chrétienne du haute Moyen Age (Spanische Forschungen der Görres-Gesellschaft: Reihe 2; 30), Münster 1994; Penitentialia hispaniae (Corpus Christianorum, Serie latina CLVI), Turnholt 1998; engl. Teilübers.: MCNEILL, John T.; GAMER, Helena M.: Medieval Handbooks of Penance: a Translation of the Principal "libri poenitentiales" and Selections from Related Documents, New York 1990 (Repr. d. Ausg. 1938).

[24] Die Produktion von Rechtstexten am Kalifenhof des 10. Jahrhunderts belegt, dass das Recht, d.h. das islamische Recht, Bestandteil des herrscherlichen Selbstverständnisses der Emire und Kalifen war und das politische und alltägliche Leben prägte: MARTIN, Céline: La géographie pouvoir dans l'Espagne wisigothique, Lille 2003; MAGID TURKI, Abdel: Théologiens et juristes de l'Espagne musulmane. Aspects polémiques, Paris 1982. Ebenso war das Recht – sowohl das Kirchenrecht als auch das Volksrecht – Bestandteil der westgotischen Herrschaftsauffassung. Das Gewicht, das den Juristen am Hof der Kalifen beigemessen wurde, hier vor allem den Vertretern des Malikismus, einer juristisch-religiöse Gruppe der islamischen Orthodoxie, markiert etwa deren Förderung sowie umgekehrt ihren Einfluss auf den Kalifenstaat. Dies belegt etwa eine Geschichte der Rechtsgelehrten von Córdoba, die kurz nach 965 unter dem Kalifen Hakam II. verfasst wurde: CASTEJÓN CALDERÓN, Rafael: Los juristas hispano-musulmanes (desde la conquista, hasta la caida del califato de Córdoba; años 711-1031 de c.), Madrid 1948; Al-Hušanī: Historia de los jueces de Córdoba, hg. v. RIBERA, Julian, Sevilla 2005 (Nachdr. d. Ausg. Madrid 1914). Der Malikismus geht zurück auf Imam Malik ibn Anas, gest. 796, Gelehrter und Begründer der Rechtsschule seines Namens. Er kodifizierte und systematisierte das Gewohnheitsrecht von Medina: Encyclopédie de l'Islam. Nouvelle Édition, Bd. VI, Leiden/Paris 1991, S. 263-266.

Bild, Autorschaft und Autorisierung

Die vielteilige wie vielschichtige Illumination des *Codex Albeldense* begleitet nicht alle Textteile gleichermaßen, sondern beschränkt sich in erster Linie auf die *Collectio Hispana*, d.h. den *Liber Canonum* und die *Dekretalen*. Figürliche Darstellungen wie hier finden sich ferner auch am Anfang und am Ende des Manuskripts. Bei den meisten von ihnen handelt es sich um Autorenbilder, an denen sich verschiedene Aspekte von Autorschaft diskutieren lassen. Hinzu kommt eine Vielzahl symbolischer, diagrammatischer und ornamentaler Gestaltungsweisen, die vor allem den Beginn der Handschrift kennzeichnen und damit den Rechtstexten vorausgehen. Dazu zählen etwa Gittergedichte, die *Carmina Quadrata*[25], oder auch ornamentalisierte Buchstabenlabyrinthe – ein Formtypus der visuellen Poesie, dessen Wurzeln über die Antike hinaus bis in das alte Ägypten zurückreichen.[26] Sofern die bisherige Forschung überhaupt Notiz davon nahm, diskutierte sie die verschiedenen Typen visueller Gestaltung am Beginn des *Codex Albeldense* losgelöst von ihrer jeweiligen Position innerhalb der Handschrift.[27] Einschlägige Studien zur Autorschaft und Autorisierung richteten ihren Fokus wiederum allein auf die Autorenbilder. Damit blieben andere, nicht-figurative Darstellungsformen wie etwa das Ornament unberücksichtigt.[28]

[25] Zum Figurengedicht allgemein: FERRARI, Michele C.: Il 'Liber sanctae crucis' di Rabano Mauro. Testo – immagine – contesto, Bern 1999; ERNST, Ulrich: Intermedialität im europäischen Kulturzusammenhang. Beiträge zur Theorie und Geschichte der visuellen Lyrik, Berlin 2002. Zu den spanischen Gittergedichten im Codex Albeldense: ERNST, Ulrich: Carmen figuratum. Geschichte des Figurengedichtes von den antiken Ursprüngen bis zum Ausgang des Mittelalters (Pictura et Poesis 1), Köln/Weimar/Wien 1991, Kap. XI.

[26] Spanische Kreuzwortlabyrinthe sind erstmals zusammengetragen worden von DOMÍNGUEZ BORDONA, Jesús: Ex-Libris mozárabes, in: Archivo Español de Arte y Archeologia 11 (1935), S. 153-163; vgl auch ERNST 1991 (wie Anm. 25), S. 406-420.

[27] Vergleichbar dem *Codex Albeldense* wurden auch die prachtvoll ausgestatteten und in einer stattlichen Anzahl von 26 Zeugen überlieferten Handschriften des Apokalypsekommentars des Beatus de Liébana bisher ausschließlich hinsichtlich ihrer, den Kommentar begleitenden Bildzyklen untersucht. Für die bildlichen Darstellungen am Eingang und Ausgang der Codices hat man sich dagegen weniger interessiert. Stellvertretend für eine Vielzahl an Veröffentlichungen zu den Beatus-Handschriften: KLEIN, Peter: Der älteste Beatus Codex vitr. 14-1 der Biblioteca Nacional de Madrid: Studien zur Beatus Illustration und zur spanischen Buchmalerei des 10. Jahrhunderts, Hildesheim 1976; WILLIAMS, John: The Illustrated Beatus: a Corpus of Illustrations of the Commentary on the Apocalypse, 5 Bde., London 1994-2003.

[28] Im Übrigen spielen Ornamente als Bestandteil des Seitenlayouts als Strukturmoment bildlicher Gestaltung auch in der Forschung, die sich der Rechtsikonographie und der stilistischen Genese der Bildausstattung von Rechtshandschriften widmet, keine Rolle. Einen Überblick über Forschungen zu Recht und Bild, vor allem aus historischem und rechtshistorischem Interesse, gibt BAUER, Andreas: Das Recht im Bild. Bildquellen des Mittelalters als Informationsträger für die Rechtsgeschichte, in: KRUPPA, Nathalie; WILKE Jürgen (Hg.): Kloster und Bildung im Mittelalters (Veröffentlichungen des Max-Planck-Instituts für Geschichte

Die Frage nach Autorschaft und Autorisierung im *Codex Albeldense* setzt einen Autorbegriff voraus, der nicht allein auf die Urheber der darin enthaltenen Texte, allen voran des *Liber Canonum* und *Liber Iudicium* verweist, sondern der von weiteren „Instanzen der literarischen [und hier wäre zu ergänzen: der künstlerischen] Produktion flankiert“ wird.[29] In diesem Zusammenhang ist das Bild primär als Rezeptionsmedium aufzufassen. Jedoch muss differenziert werden, ob es jenseits seiner ordnenden Funktion,[30] eben auch den Prozess der Handschriftenproduktion oder der Genese und Kommentierung der hierin enthaltenen Texte reflektiert. Dadurch eröffnen sich Möglichkeiten, auf das Rechtsverständnis innerhalb der Mönchsgemeinschaft von San Martín de Albelda, die als der primäre Rezipient des *Codex Albeldense* anzunehmen ist, rückzuschließen.
Generell gilt es, die Platzierung der visuellen Gestaltung innerhalb des kodikologischen Zusammenhangs zu berücksichtigen. So wurde bisher in der Forschung zum Autorenbild und den Möglichkeiten seiner rezeptionsästhetischen Deutung

218; Studien zur Germania Sacra 28), Göttingen 2006, S. 263-300, hier: 263-267, wo der Schwerpunkt in erster Linie auf den hoch- und spätmittelalterlichen Rechtshandschriften liegt. Die von ihm diskutierte Frage nach der Funktion der Illuminierung von Rechtshandschriften als Merkbilder oder Indexierung, siehe S. 298f., berücksichtigt die graphische und ornamentale Gestaltung der Seiten nicht. Vgl. dazu den Aufsatz von Claudia SPITZER in diesem Band. Stellvertretend für einen stilistischen und ikonographischen Zugriff auf Handschriften kanonischen Rechts, bes. des *Decretum Gratiani*, von Seiten der Kunstgeschichte, vgl. L'ENGLE, Susan; GIBBS, Robert (Hg.): AK Illuminating the Law. Legal Manuscripts in Cambridge Collections. Cambridge, Fitzwilliam Museum, 3.11.-16.12.2001, Turnhout 2001; GIBBS, Robert: The Development of the Illustration of Legal Manuscripts by Bolognese Illuminators between 1241 and 1298, in: COLLI, Vincenzo (Hg.): Juristische Buchproduktion im Mittelalter (Studien zur Europäischen Rechtsgeschichte 155), Frankfurt am Main 2002, S. 173-218; L'ENGLE, Susan: Trends in Bolognese Legal Illustration: The Early Trecento, in: ebd., S. 219-244.

29 MEIER 2004 (wie Anm. 4), S. 346. Für die Autorenbilder in mittelalterlichen Handschriften konstatiert LEGNER, Anton: Illustres manus, in: AK Ornamenta Ecclesiae. Kunst und Künstler der Romanik. Köln, Kunsthalle, Schnütgen-Museum, 7. März – 9. Juni 1985, Köln 1985, Bd. 1, S. 187-230, hier: 199, aus kunsthistorischer Perspektive: „[…] in den Illustrationen gehen antike Autoren, heilige Schriftsteller, Schreiber und Buchmaler eine eigentümliche Präsenzverbindung ein.“ Für das 13./14. Jahrhundert ananlysiert die Germanistin Ursula Peters Aspekte von Autorschaft: „die auf auctoritas von göttlicher Inspiration oder Gelehrsamkeit, von Theologie und Wissenschaft, auf das gesamte Umfeld von Schriftlichkeit und Performanz, von Dedikation und Adressatenbezug“ zielen, und deren Geltung für die noch nicht systematisch untersuchten Autorenbilder in frühmittelalterlichen Handschriften bedenkenswert sind: PETERS, Ursula: Ordnungsfunktionen – Textillustrationen – Autorkonstruktion. Zu den Bildern der romanischen und deutschen Liederhandschriften, in: Zeitschrift für deutsches Altertum und deutsche Literatur 130 (2001), S. 392-430, hier: 392.

30 PETERS 2001 (wie Anm. 29); KLEINSCHMIDT, Erich: Autor und Autorschaft im Diskurs, in: BEIN, Thomas u.a. (Hg.): Autor – Autorisation – Authentizität (Beihefte zur *editio*), Tübingen 2004, S. 5-16, hier: 13. MEIER 2004 (wie Anm. 4), S. 346, schließt das für ihre Analyse aus.

die Reflexion des mittelalterlichen Buches als materialisiertes, räumliches Gebilde, in dem jede gestaltete Seite im Fortgang des Durchblätterns zu den vorausgehenden und nachfolgenden in Relation steht, weniger berücksichtigt.[31] Hier stellt sich die Frage, ob Autorschaft und Autorisierung im Handschriftenverlauf auf bildlicher Ebene unterschiedlich verhandelt wird und inwiefern Einzelaspekte über die Seiten hinweg miteinander in Beziehung stehen. Es wird sich zeigen, dass dabei bewusst auf die Erfahrungen des Rezipienten mit dem gebauten Raum zurückgegriffen wurde. Wenn daher nachfolgend für die Beschreibung des Codex Albeldense die Begriffe ‚Zugang' oder ‚Schwelle' fallen, so ist damit etwa eine Situation angedeutet, in der dem zu konstruierenden historischen Rezipienten Hinweise zum Verständnis des nachfolgenden Textabschnittes gegeben wurden. Eine entscheidende Frage wird ferner auch sein, welchen Anteil die Autorenbilder sowie andere Formen der visuellen Gestaltung des Codex Albeldense als „Kommunikationsmittel"[32] an der Vermittlung des Rechtes haben. Nachfolgend werde ich die sich in den Autorenbildern widerspiegelnden verschiedenen Aspekte von Autorschaft und Autorisierung diskutieren, um daran anschließend am Beispiel nicht-ikonischer Gestaltungsweisen den Status der Rechtssammlung unter dem Vermittlungsaspekt zu besprechen.

Die *Collectio Hispana* – Entstehung des Rechts

Quantitativ bemessen konzentriert sich die bildliche Ausstattung hauptsächlich auf die *Collectio Hispana.* Stets wird der Beginn der Akten eines Konzils durch eine, an einem einheitlichen Bildformular orientierte Illumination eingeleitet, die einen Dialog zwischen Konzilsteilnehmern wiedergibt.[33] Eine solche Darstellung findet sich zu Beginn der Konzilsbeschlüsse von Nicea auf fol. 71v. (Abb. 2) In die rechte Spalte des stets zweispaltigen Layouts ist ein Streifenbild integriert, in

---

[31] Vgl. hier Bruno Reudenbach, der dieses Verständnis basierend auf Otto Pächts Definition des Buches als „Existenzraum" weiterentwickelt: REUDENBACH, Bruno: Die Londoner Psalterkarte und ihre Rückseite. Ökumenekarten als Psalterillustration, in: Frühmittelalterliche Studien 32 (1998), S. 164-181, hier: 166 und Anm. 6; PÄCHT, Otto: Buchmalerei des Mittelalters, München 1984, S. 32. Dem Thema von Codex & Raum widmete sich zuletzt eine Tagung des Mediävistischen Arbeitskreises der Herzog August Bibliothek Wolfenbüttel vom 16.11.-17.11.2006, organisiert von Lieselotte E. Saurma, Stephan Müller und Peter Strohschneider.

[32] MEIER 2004 (wie Anm. 4).

[33] Zur Ikonographie der insgesamt 57 Konzilsdarstellungen im *Codex Albeldense* und *Aemilianense*: SILVA Y VERÁSTEGUI, Soledad de: Imagenes de los concilios africanos en los códices altomedievales hispanicos: los concilios de Cartago y el concilio Milevitano, in: Revue des Études Augustiniennes 32 (1986), S. 108-123; REYNOLDS, R.E.: Rites and Signes of Conciliar Decisions in the Early Middle Ages, in: Segni e riti nella chiesa altomedievale occidentale (Atti delle Settimane di studio del Centro Italiano di Studi sull alto medioevo 33), Spoleto 1987, S. 207-249; SILVA Y VERÁSTEGUI 1984 (wie Anm. 1).

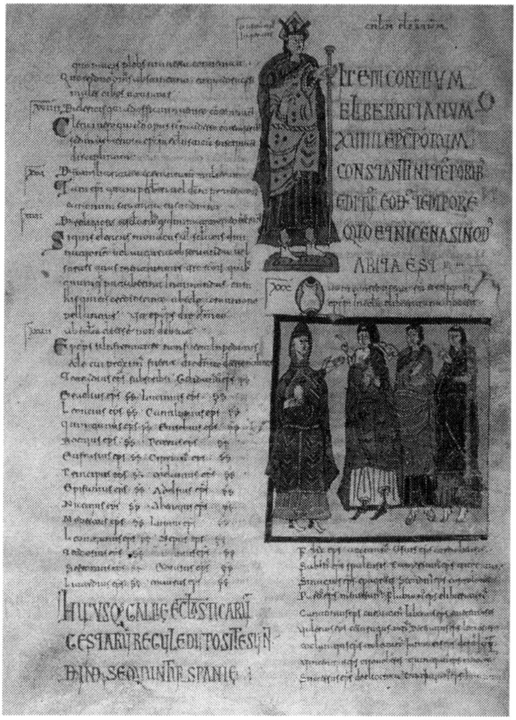

Abb. 2 Codex Albeldense; Biblioteca de El Escorial, Ms. d.I.2, fol. 71v

dem sich ein an seiner spitzen Haube erkennbarer Erzbischof und drei Bischöfe, die aufgrund ihrer Tonsur auch als Äbte zu identifizieren sind, gegenüberstehen. Sie befinden sich miteinander im Gespräch, was durch ihre Gesten unterstrichen wird. Von dieser Miniatur ist die Darstellung Kaiser Konstantins, auf dessen Initiative das Konzil von Nicea im Jahre 333 einberufen wurde, separiert. Seine Figur ist vor den Titulus, der die Akten des Konzils ankündigt, gerückt, auf den er mit seiner rechten Hand weist. So wie der Kaiser in einer marginalen Beischrift benannt wird, werden auch in anderen Zeichnungen des *Liber Canonum* dargestellte Konzilsteilnehmer namentlich bezeichnet, wohl um die Konzile als historisch nachprüfbare Ereignisse auszuweisen. Die Darstellungen von Gesprächen zwischen Bischöfen, die den jeweiligen Beschlüssen eines Konzils voran stehen, thematisieren das an die Mündlichkeit gebundene Entstehen der Gesetze. Oftmals tragen die Bischöfe dabei Schriftrollen, die sie als Gelehrte auszeichnen.[34]

[34] MEIER 2004 (wie Anm. 4), S. 505. Der Rotulus ist als Attribut der Philosophen seit der antiken Kunst geläufig und wird in frühchristlicher Zeit für die Darstellung Christi und der Apostel übernommen.

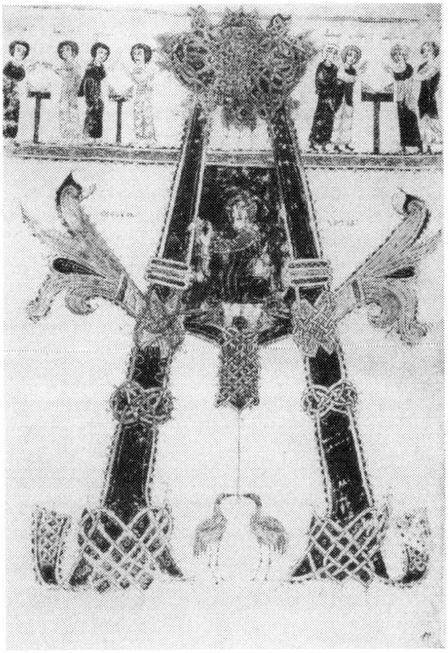

Abb. 3 Beatus-Apokalypse; Girona, Archivo Capitular (ACG) Ms. 7, olim. 41, fol. 19r

Dialogbilder, wie sie der *Liber Canonum* im *Codex Albeldense* enthält, sind nicht auf die Illuminierung von Rechtssammlungen beschränkt. Sie finden sich auch in anderen spanischen Handschriftengattungen, die ähnlich dem *Codex Albeldense* auf eine bildliche Legitimation ihres Textcorpus setzen – so etwa in den für die spanische Buchmalerei typischen Handschriften, welche den Apokalypsekommentar des Beatus de Liébana († nicht vor 798) enthalten. Charakteristisch dafür ist der 975 im Kloster Tábara fertig gestellte Girona-Beatus.[35] (Abb. 3) Auf fol. 19r diskutieren namentlich bezeichnete Gelehrte, Kirchenväter und frühchristliche spanische Bischöfe über zwischen ihnen aufgeschlagenen Büchern.[36] Hier wie im *Codex Albeldense* diente möglicherweise die bildliche Umsetzung von textgebundenen Dialogen zwischen Gelehrten dazu, die Glaubwürdigkeit der sich an die bildlichen Darstellungen anschließenden Texte in den jeweiligen Codices herzustellen.

[35] Girona, Archivo Capitular (ACG) Ms. 7, olim. 41. Beato de Liébana, Códice de Girona, hg. v. ROURA I GÜIBAS, Gabriel, Barcelona 2004; WILLIAMS, John: The Illustrated Beatus. A Corpus of the Illustrations of the Commentary on the Apocalypse in Five Volumes, Bd. 2: The Ninth and Tenth Century, London 1994, S. 51-64.

[36] Neben den Kirchenvätern sind die Bischöfe Isidor, Leander von Sevilla sowie Fulgentius von Écija wiedergegeben. Die Ikonographie der Gespräche über ein auf einem Podest liegendes Buch hinweg findet sich auch in den Konzilsdarstellungen des *Codex Aemilianense*, auf fol. 81v oder 110v, vgl. Anm. 15.

Auch die im *Codex Albeldense* dem *Liber Canonum* folgenden *Dekretalen* sind mit Zeichnungen versehen, wobei keine Dialogbilder verwendet wurden. Stattdessen wird jedem päpstlichen Brief die bildliche Wiedergabe seines Ausstellers vorangestellt, welcher wiederum stets mit einem zusammengerollten Rotulus ausgezeichnet ist. Zur Autorisierung des Textes wird daher auch in den Zeichnungen, die die *Dekretalen* begleiten, auf die Bildformel der Gelehrsamkeit zurückgegriffen. Sowohl bezogen auf die *Dekretalen* als auch den *Liber Canonum* wurden die einmal verwendeten Bildtypen für alle päpstlichen Briefe bzw. Konzilsakten fortgeführt. Der Charakter der Wiederholung lässt sich dabei in einem programmatischen Sinne deuten, gibt diese doch die Kontinuität der Rechtstradition vor – ein Aspekt von Autorschaft, welcher, wie nachfolgend zu zeigen sein wird, auch die Autorenbilder am Eingang und am Ausgang des *Codex Albeldense* kennzeichnet.[37]

Anfang und Ende der Handschrift – die Überlieferungstradition der Rechtstexte

Die Handschrift wird am Anfang und am Ende durch Autorenbilder gerahmt, die der schriftlichen Überlieferung der Rechtstexte bis in die Gegenwart des Betrachters und Lesers gewidmet sind. Nicht nur in Spanien treten die Anfänge illuminierter Handschriften durch eine besondere visuelle Gestaltung hervor. Auffallend ist jedoch, dass sich hier viele Codices erhalten haben, in welchen auch die letzten Seiten durch eine entsprechende Ausstattung, etwa durch Omega-Zierbuchstaben, hervortreten.[38] Eine solche bewusste bildliche Inszenierung des Ein- und Ausstiegs lässt Rückschlüsse auf das zeitgenössische Verständnis der darin enthaltenen Texte oder aber auch auf den Herstellungsprozess des Manuskriptes zu.[39] Gegenstand der Eingangsminiatur ist die Kodifizierung des *Codex Albeldense*.

[37] Zur Funktion der Wiederholung von Bildformularen innerhalb von Sammelhandschriften vgl. SPÄTH, Markus: Kopieren und Erinnern. Zur Rezeption von Urkundenlayouts und Siegelbildern in klösterlichen Kopialbüchern des Hochmittelalters, in: BUSSMANN, Britta; HAUSMANN, Albrecht; KREFT, Annelie; LOGEMANN, Cornelia (Hg.): Übertragungen. Formen und Konzepte von Reproduktion in Mittelalter und Früher Neuzeit (Trends in Medieval Philology 5), New York, Berlin 2005, S. 101-128, hier: 118.

[38] Vgl. etwa die Bibel von 920, León, Cathedral, Ms. 6, fol. 514r: Omega; Moralia in Hiob von 945, Madrid, Biblioteca Nacional, Ms. 80, fol. 501r: Omega; Bibel von 960, León, S. Isidoro, Cod. 2, fol. 277r: Kreuz; Beatus von 975, Girona, Archivo Capitular, Ms. 7, fol. 284r: Omega.

[39] Dazu am Beispiel der Bible moralisée-Handschriften, die in der ersten Hälfte des 13. Jahrhunderts vermutlich für den französischen Königshof entstanden: TAMMEN, Silke: Schluß und Genese eines Buches im Zeichen der Apokalypse: Medien der Offenbarung und Lehre auf dem letzten Blatt der Bible moralisée (Codex 1179 der Österreichischen Nationalbibliothek in Wien), in: AERTSEN, Jan A. (Hg.) Ende und Vollendung: eschatologische Perspektiven im Mittelalter (Miscellanea mediaevalia, 29), Berlin 2001, S. 321-347.

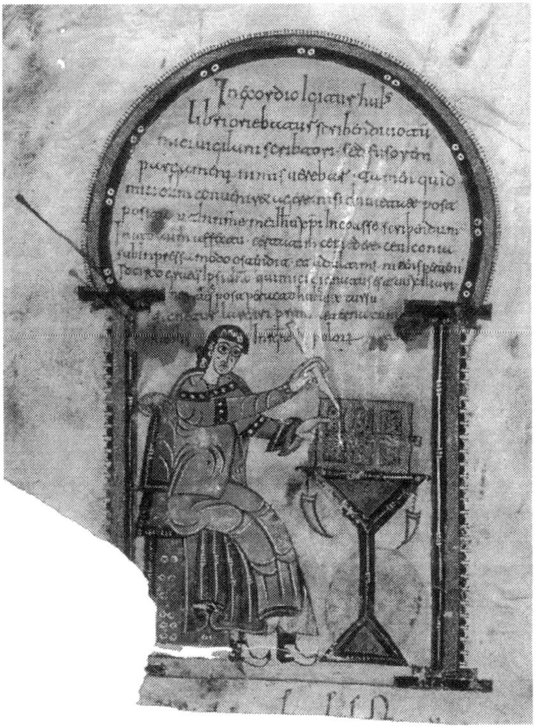

Abb. 4 Codex Albeldense; Biblioteca de El Escorial, Ms. d.I.2, fol. XXIIv

(Abb. 4) Unter einem Bogen in Hufeisenform sitzt Vigila, Schreiber und Illuminator der Handschrift, an einem mit Tintenfässern ausgestatteten Schreibpult.[40] Das architektonische Zitat des Hufeisenbogens am Anfang der Handschrift erzeugt in analoger Lesart zum gebauten Raum die Situation einer Schwelle.[41] Ferner erinnert der unterhalb des Hufeisenbogens schriftlich niedergelegte Text an die mit Inschriften bezeichneten Zugänge und Fensteröffnungen in nordspanischen Kirchenräumen, welche auf den besonderen Schutz des Hauses verweisen, den Eintretenden zur Stiftermemoria auffordern oder ihn deshalb mit Informationen, die

---

[40] Das sehr stark beschnittene erste Blatt des Codex trägt eine moderne Paginierung. Ich nehme jedoch wie Soledad de Silva y Verástegui an, dass es auch ursprünglich den Auftakt der Handschrift bildete. SILVA Y VERÁSTEGUI 1984 (wie Anm. 1), S. 476. Zur Zeichnung vgl. auch DIES.: El papel de la Rioja en los origenes hispanicos del retrato del artista, in: Segundo coloquio sobre historia de la Rioja. Logroño, 2-4 de octubre 1985, Zaragoza 1986, S. 27-42, hier: 30-32.

[41] Zur Genese der Hufeisenbögen auf der Iberischen Halbinsel: EWERT, Christian: Spanisch-islamische Systene sich kreuzender Bögen, Berlin 1968.

die Entstehung des Kirchenhauses betreffen, versorgen.[42] Das Architekturzitat im *Codex Albeldense* spielt daher mit der Erfahrung des Rezipienten, an architektonischen Schwellen in einen Diskurs über das zu betretende Bauwerk eingebunden zu werden.

In dem zeilenweise alternierend, in roter und brauner Tinte gestalteten Textblock unterhalb des Hufeisenbogens beschreibt Vigila, wie es ihm beim Herstellen des Codex ergangen sei: Nach der Vorbereitung des Pergaments etwa hätte ihn die Angst gepackt, ob er in der Lage sein würde, das begonnene Werk zu Ende zu führen.[43] Schließlich habe er mit Gottes Hilfe schreiben können, so wie es das untere Bild, *iconia subinpressa*, zeige. Im Bild besteht die Buchproduktion allerdings weder in der Vorbereitung des Pergaments noch im Schreibvorgang, wie es der darüber stehende Text nahe legt, und was man auch angesichts Vigilas Bezeichnung als Schreiber hier und an anderer Stelle im *Codex Albeldense* hätte erwarten können.[44] Vigila malt stattdessen an einem aus vier Schlaufen bestehenden Flechtbandknoten. Im Vergleich zu anderen frühmittelalterlichen Handschriften aus Nordspanien ist diese Darstellung einzigartig.[45] Daher kann sie gerade am Anfang des Codex nicht zufällig gewählt sein: Im Unterschied zu dem unterhalb des Hufeisenbogens platzierten Text, der die Kodifizierung als abgeschlossen ausweist, vergegenwärtigt das Autorenbild die Herstellung der Handschrift und zwar im Prozess ihrer Illuminierung.[46] Rückblickend lassen sich daher jene Zeichnun-

[42] GARCÍA DE CASTRO VALDÉS, César: Arqueologia Christiana de la Alta Edad Media en Asturia, Oviedo 1995; MARTÍNEZ TEJERA, Artemio Manuel: Dedicaciones, consagraciones y monumenta consecraciones (ss. VI-XII): testimonios epigraficos altomedievales en los antiguos reinos de Asturias y Leon, in: Brigecio. Revista de Estudios de Benavente y sus tierras 6 (1996), S. 77-102.

[43] *In exordio igitur huius libro oriebatur scribendi uotum mici Vigilani scribtori, sed fusorem pargamentum nimis uerebar. Tamen, quid mici olim conueniret agere nisi dvvietate postposita ut in nomine mei Ihesu Christi incoasse scribendum?* [...].

[44] So auf fol. 428v, wo sich die Schreiber Vigila und Sarracinus in einem Gedicht nennen: [...]*Nostrum nomina libro uite scribta counemur ipsis in atria celi / Vernantia pura atque florigera uiborum fulgentes cumulato fructv / Sarracinus Salbi ipseque Vigila magistri obtimi adiubati prece / Quorum digessimus clara nunc nomina s<c>riptores gemini que tenet liber hiq.* [...].

[45] Allein in einer aus dem in der Nähe von Zámora gelegenen Kloster Tábara hergestellten Beatus-Handschrift findet sich auf einem der letzten Blätter die Darstellung eines Skriptoriums. Hier sind Mönche zu erkennen, die an Manuskripten arbeiten. Aufgrund des schlechten Erhaltungszustands der Miniatur ist nicht zu ermitteln, ob sie schreiben oder malen. Madrid, Archivo Historico Nacional, Ms. 1097 B, fol. 167v. Bei MENTRÉ, Mireille: L'enlumineur et son travail selon les manuscrits hispaniques du Haut Moyen Age, in: BARRAL I ALTET, Xavier (Hg.): Artistes, artisans et production artistique au Moyen Age. Colloque international Centre National de la Recherche Sciêntifique de Université de Rennes II – Haut-Bretagne, 2-6 mai 1983, Paris 1986, Bd. 1, S. 295-309, Abb. 4, findet sich eine Nachzeichnung der nur noch schlecht erhaltenen Miniatur.

[46] So auch MEIER 2004 (wie Anm. 4), S. 506, bezogen auf Autorenbilder des 11. und 12. Jahr-

gen, die das mündliche Aushandeln der Konzilsbeschlüsse thematisieren, so wie die auf die Handschriftenherstellung verweisende Eingangsminiatur des *Codex Albeldense* produktionsästhetisch aufeinander beziehen: Sie markieren verschiedene Stadien der über die Konzilsbeschlüsse hinausführenden Textgenese, die zugleich mit unterschiedlichen Medien – Mündlichkeit und Schriftlichkeit, aber auch Bildlichkeit – verbunden sind. Damit sind jedoch noch nicht alle Instanzen der Textproduktion gezeigt. Indem auf dem ersten Blatt und damit zu Beginn der Lektüre des Codex auf ikonischer Ebene auf die Herstellung der Handschrift verwiesen wird, kommt der Rezipient als weitere Instanz ins Spiel. Für ihn besteht die Teilhabe dergestalt, dass er sich die Inhalte sowohl im Lesen als auch im Betrachten aktiv aneignet und damit selbst zu einem Medium der Weitertradierung wird. Darauf möchte ich an späterer Stelle zurückkommen, mich aber zunächst dem abschließenden Autorenbild des *Codex Albeldense* zuwenden.

Auf einem der letzten Blätter, auf fol. 428r, sind mehrere Instanzen der Textproduktion – die Gesetzesgeber und diejenigen, die die Herstellung des *Codex Albeldense* verantworteten – zusammengeführt.[47] (Abb. 5) In einer ganzseitigen Miniatur werden in drei Registern all jene versammelt, die Anteil an der Entstehung und an der Pflege von Recht im Sinne seiner Überlieferung haben – sowohl bezogen auf den *Liber Canonum* als auch den *Liber Iudicium*. Dies heben Beischriften in der Marginalspalte hervor. So treten im unteren Register die namentlich genannten Schreiber Vigila, Sarracinus und der Gehilfe Garsea zusammen, denen die Herstellung des Codex übertragen wurde: *SARRACINUS SOCIUS / VIGILA SCRIBA / GARSEA DISCIPULUS*.[48] In diesem Sinne werden sie in der Marginalspalte als diejenigen angesprochen, die den Codex herausgegeben haben.[49] Über den Mönchen sind die ebenfalls durch Beischriften identifizierbaren Mitglieder des Königshauses von Navarra dargestellt: *URRACA REGINA / SANCIO REX / RANIMIRUS REX*. Sie werden als diejenigen bezeichnet, in deren Regierungszeit

hunderts: „Ein Kommunikationsvorgang wird in Gang gesetzt, der den Eingang in das Werk eröffnet."

[47] Zu dieser Zeichnung vgl. auch SILVA Y VERÁSTEGUI, Soledad de: Los primeros retratos reales en la miniatura hispánica medieval. Los monarcas de Pamplona y Viguera, in: Príncipe de Viana 160-16 (1980), S. 257-261; DIES.: La más antigua iconografia medieval de los reyes visigodos, in: Los visigodos. Historia y civilización, Murcia 1986, S. 537-558.

[48] Zu Vigila und seinen Gehilfen: FERNÁNDEZ FLÓREZ, José Antonio; HERRERO DE LA FUENTE, Marta: Un caligrafo-miniaturista del ano Mil: Vigila de Albelda, in: Codex Aquilarensis 16 (2000), S. 153-180.

[49] *Vigila scriba cum sodale sarracino presbitero pariterque cum garsea discipulo suo edidit hunc librum mementote memorie eorum semper in benedictione.* In einem im Jahre 964 kodifizierten Glossar aus San Millán de Cogolla wird *edidit* mit *peperit*, hervorbringen, und mit *scribsit*, schreiben, gleichgesetzt: El códice emilianense 46 de la Real Academia de la Historia, primer diccionario enciclopédico de la Península ibérica, hg. v. GARCÍA TURZA, Claudio; GARCÍA TURZA, Javier, Madrid/Logroño 1997, S. 321 [fol. 50v].

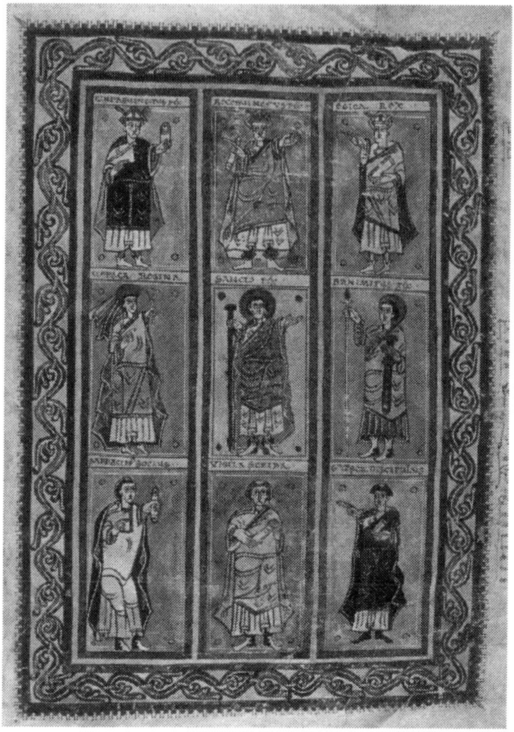

Abb. 5 Codex Albeldense; Biblioteca de El Escorial, Ms. d.I.2, fol. 428r

die Entstehung des vorliegenden Codex fiel.[50] Über allen sind im oberen Register die drei westgotischen Herrscher *CINDASUINCTUS REX / RECESUINCTUS REX / EGICA REX* gesetzt, die wiederum in der Marginalspalte als die Urheber der im *Liber Iudicium* gebündelten Gesetze ausgewiesen sind.[51]
Während in der zeitgenössischen nordspanischen Kunst diese Bildlösung einzigartig ist,[52] so finden sich in anderen Regionen Europas Rechtsaufzeichnungen mit ähnlichen Darstellungen. Im *Breviarium Alarici*, einer während des 9. Jahrhunderts im Loiregebiet entstandenen Handschrift, welche neben dem römischen Recht weitere Volksrechte wie die *Lex Alamannorum* enthält, stehen sich auf fol. 1v die Kaiser, die die Gesetze erlassen haben, und auf fol. 2r die Juristen,

[50] *In tempore horum regum atque regine perfectum est opus libri hujus discurrente era TXIIII.*
[51] *Hii sunt reges qui abtaverunt Iudicium.* Eine Urkunde aus dem Jahre 976 aus den Pyrenäen nennt Receswinth einen *legum magister*: RUCQUOI 2005 (wie Anm. 18), S.133, Anm. 61.
[52] Davon ausgenommen ist eine Miniatur im *Codex Aemilianense* auf fol. 453r, der die hier diskutierte Darstellung als Vorbild diente, vgl. Anm. 15.

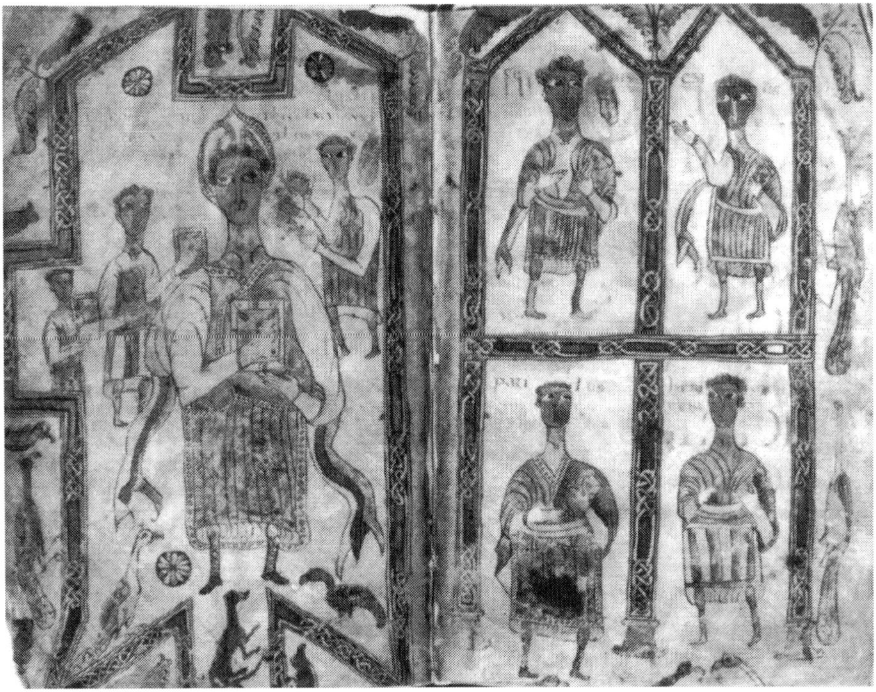

Abb. 6 Breviarium Alarici; Paris, Bibliothèque Nationale, lat. 4404, fol. 1v/2r

in deren Werken diese überliefert sind, gegenüber (Abb. 6).[53] Sowohl Kaiser als auch Juristen halten Bücher in ihren Händen, die Florentine Mütherich als das kodifizierte Recht deutet.[54] Vergleichbar werden auf fol. 428v des *Codex Albeldense* die westgotischen Herrscher als Gesetzgeber vorgestellt. An die Stelle der Rechtsgelehrten im *Breviarium Alarici* rücken dagegen im *Codex Albeldense* die Mönche Vigila, Sarracinus und Garsea. Analog zu den Büchern, die im *Breviarium* Gesetzgeber und Juristen attributiv zugeordnet sind, tragen hier sowohl die westgotischen Herrscher als auch die Kopisten eine Schriftrolle. Diese führt Vigila, Saracinus und Garsea nicht in ihrer Funktion als Schreiber oder Illustratoren vor, sondern als Gelehrte. Damit wird erkennbar, dass die Mönche ihre Aufgabe als Bewahrer einer bis in die Westgotenzeit zurückreichenden Rechtstradition weniger darin verstanden, Rechtstexte unverändert weiterzuvermitteln. Stattdessen bedeutete Weitertradierung, durch Textkompilation und Bebilderung etwas neu zu erschaffen. Daraus resultiert der formale Bezug zu den ebenfalls mit Schriftrollen

[53] Paris, Bibliothèque Nationale, lat. 4404, fol. 1v-2r. MÜTHERICH 1994 (wie Anm. 5), S. 83, Abb. 5.

[54] MÜTHERICH 1994 (wie Anm. 5), S. 84.

ausgestatteten päpstlichen Autoren in den *Dekretalen* oder Bischöfen im *Liber Canonum*. Dass sich monastische Schreiber im christlich dominierten Norden Spaniens als Gelehrte verstanden, belegt auch folgendes: Ungewöhnlich erscheint die Bezeichnung Vigilas als *scriba*, ist doch die Bezeichnung *scriptor* für den Schreiber in mittelalterlichen Handschriften aus anderen europäischen Regionen ungleich geläufiger.[55] In dem bereits erwähnten, 964 entstandenen Glossar aus dem Kloster San Millán de Cogolla wird *scriba* etwa als *legis periti*, also als ein Rechtskundiger ausgewiesen.[56]

Während der eröffnende Charakter der Eingansminiatur des *Codex Albeldense* durch die architektonische Bildformel des Hufeisenbogens zum Ausdruck kommt, wird der verschließende Eindruck der letzten ganzseitigen Miniatur auf fol. 428v durch kleine an Nieten erinnernde Kreise erweckt, die jeweils die Bildnisse der Könige und Mönche wie auf dem Pergament befestigt erscheinen lassen. Im Gegensatz zum Autorenbild des Vigila, in dem der Herstellungsprozess der Handschrift zum Thema wird, markiert jene, die verschließende Materialität eines Buchdeckels evozierende Miniatur auf fol. 428v die Vollendung des Kodifizierungsprojektes und speichert für die Zukunft die Erinnerung an Urheber, Traditionspfleger und Überlieferer des Rechts.[57]

Excerpta Canonum – Göttliche Autorisierung des Rechts und die Vermittlung von Rechtswissen

Ganz besonders die Zeichnungen auf den ersten Blättern des *Codex Albeldense* thematisieren die göttliche Autorisierung des Rechts sowie die Aneignung und Vermittlung des Rechtswissens. Die eingangs des Beitrags beschriebene Darstellung eines Kolloquiums zwischen einem *Codex* und einem *Lector* auf fol. 20v, die den *Excerpta Canonum* vorausgeht, weist typologische Ähnlichkeiten mit den bereits in der Spätantike entwickelten Dialogbildern auf, die eine doppelte Autorschaft, und zwar das Gespräch zwischen einem Autor und einer diesen inspirierenden Personifikation wiedergeben (Abb. 1).[58] Während sich in den Dialog-

---

[55] WATTENBACH, Wilhelm: Das Schriftwesen im Mittelalter, 4. Aufl. Graz 1958, S. 419f. u. 511, kennt allein einen Beleg für die Bezeichnung *scriba* aus einer italienischen Handschrift des 12. Jahrhunderts.

[56] El códice emilianense 46 (wie Anm. 50), S. 514 [fol. 139v].

[57] Um die Wirkungsästhetik solcher intermedialen Anspielungen begrifflich besser fassen zu können, übernimmt KUPFER, Marcia: At the Edge of Narrative. The Nature of Ornament in the Romanesque Wall, in: Le rôle de l'ornament dans la peinture murale au Moyen Age, Poitiers 1997, S. 177-185, den von GRABAR, Oleg: The Mediation of Ornament. The Intermediary of Writing (Bollingen Series XXXV, 38), Princeton 1992, diskutierten rhetorischen Terminus der „evocation".

[58] MEIER 2000 (wie Anm. 3), S. 360-363: Für die lateinischen Enzyklopädien analysiert Meier eine Weiterentwicklung dieses Typs, bei der es einerseits um geistige Einflüsse, andererseits

bildern des 12. und 13. Jahrhunderts zwei Autoren über ein Buch verständigen, so nimmt das auf einem als *Analogium* betitelten Sitz abgelegte Buch im *Codex Albeldense* die Position des unterweisenden Autors ein.[59] Zugleich tritt der *Codex* als Vermittler göttlichen Wortes in Erscheinung und bringt damit Gott als dritten und eigentlichen Autor ins Spiel, was an der aus dem Buch tretenden Hand erkennbar ist. In verschlüsselter Form wird er ferner durch die direkt unterhalb des *Codex* platzierte, etwa die Höhe der Seitenhälfte einnehmende C-Initiale präsent gemacht. So wie das sprechende Buch ist auch die Initiale mit gelbem Flechtwerk verziert und gewinnt dadurch bildhaften Charakter. In der jüngsten kunsthistorischen Forschung hat man auf die durch Initialornamentik vermittelte, über den literalen Sinn hinausgehenden Bedeutungsebenen des göttlich inspirierten Buchstabens verwiesen, was für die besprochene Illustration im *Codex Albeldense* heißen könnte, dass hier nicht nur das dargestellte Buch, sondern auch der Buchstabe als Medium des göttlichen Wortes gedeutet werden kann.[60]

Diese und andere ikonographisch vergleichbare Darstellungen begleiten schriftlich festgehaltene und die ersten Kapitel der *Excerpta Canonum* vorausgehende Dialoge zwischen *Codex* und *Lector*. In ihnen erklärt das Buch seine Funktion und führt den *Lector* in die nachfolgend systematisch aufgelisteten kirchenrechtlichen Sachverhalte ein. Von besonderem Interesse ist der erste Dialog, dem die hier besprochene Darstellung auf fol. 20v vorausgeht: In diesem gibt sich der *Codex* dem zunächst unwissenden *Lector* als Träger der Lebensordnung und des allumfassenden Rechts zu erkennen.[61] Am Ende des ersten Dialoges formuliert der *Lektor* noch mehr wissen zu wollen, damit sich in ihm Urteilskraft bilde.[62] Im Unterschied zum Text vermittelt die Darstellung auf fol. 20v den in den Dialogen

---

um die „*translatio artis* und *scientiae* als Weitergabe aus dem Alten in das Neue, doch auch die Antithese von Altem und Neuem, […]" geht.

59 Die Darstellung eignet daher ein hohes Kommunikationspotential, welches MEIER 2004 (wie Anm. 4), S. 534, erst den hochmittelalterlichen Autorenbildern zuschreiben möchte.

60 KENDRICK, Laura: Animating the Letter. The Figurative Enbodiement of Writing from the Antiquity to Renaissance, Colombo 1999; KRASNODĘBSKA-D'AUGHTON, Małgorzata: Decoration of the *In principio* Initials in Early Insular Manuscripts: Christ as a Visible Image of the Invisible God, in: Word & Image 18,2 (2002), S. 105-122.

61 *Celsa terribilis codex qui sede locaris. / Quia tu es vitalis ordo, quid inest tibi nomen? // Coelesti dicor sanctroum regni a voce. // Qui sunt hi quibus hoc titulo censere iuberis? // Totius orbis ius imperiale tenentes.* Colección Canónica Hispana (wie Anm. 16), S. 43.

62 [...] *Postquam te nosse valui et cognoscere quivi / Ac sublime tuum posse mihi nosse dedisti. Appeto plane satis tua mecum volvere iussa. / Et si scire Deus dederit scrutare profunda, / Sicque per orbem verborum te semina sparsaum / Sinibus aggregare meis, ut acumine mentis / Te aggressus stringam distentum corpore multo. / Dispersaque trahens nec iam commenta sub uno / Quo dum iudicium quaeret sententia discors, / Quicquid velle libet totum concordia praestet: / Sicque novum corpus primaevis artubus implens / In genus brevia formem compendia tardis. / Magna libet, perge celer, otia nulla retardent.* Colección Canónica Hispana (wie Anm. 16), S. 45.

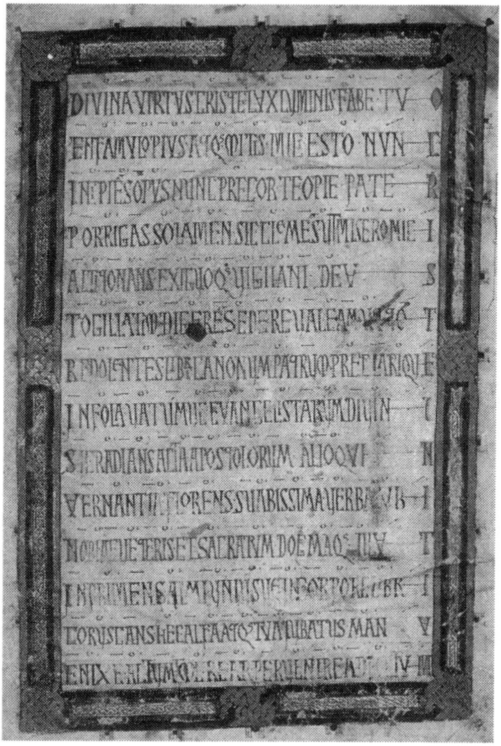

Abb. 7 Codex Albeldense; Biblioteca de El Escorial, Ms. d.I.2., fol. 1r

verhandelten Aspekt der göttlichen Autorisierung des Rechts sowie der Erkenntnisgewinnung durch das Dispositiv Liturgie. In den *Etymologien* Isidors von Sevilla ist das *Analogium*, womit in der Miniatur der Sitz des *Codex* beschriftet ist, als Ort der Predigt bzw. als ein dem *Ambo* verwandtes liturgisches Möbelstück ausgewiesen, von wo aus der Leser oder *Lector* und der Psalmist von allen gesehen und gehört werden konnte.[63] Der *Lector* hingegen zeichnet sich nach Isidor für die Lesungen aus dem Alten und Neuen Testament sowie für die der Opfermesse vorausgehenden Epistel verantwortlich.[64] Die Evokation des liturgischen Handlungsraumes wertet die Konzilsbeschlüsse als göttliche Verlautbarungen auf, die sich an den Rezipienten richtet.[65] Weil die Darstellung zugleich in der Bildtradition der Gelehrtendiskussionen steht, wird das Recht ferner als wichtiger

[63] Buch XV, IV, 13. The Etymologies of Isidore of Seville, engl. Übers. v. BARNEY, Stephen A. u.a., Cambridge 2006, S. 310.

[64] LECLERQ, Henri: Art. Messe mozarabe, in: DACL, Bd. XI/1, Sp. 674-690, hier: 676, 677.

[65] Die szenische Interaktion und die Einbeziehung des Rezipienten macht auch Meier als Charakteristikum hochmittelalterlicher Autorenbilder aus: MEIER 2004 (wie Anm. 4), S. 515.

Bestandteil des zeitgenössischen Wissenskanons ausgezeichnet. Hier zeigt sich noch mal die Bedeutung der bildlichen Ausstattung des *Codex Albeldense*, die ermöglicht, das Recht als eine mündlich verhandelte Kategorie zu verstehen. Dies betrifft nicht nur jene Darstellungen, die das mündliche Aushandeln der Konzilsbeschlüsse zum Thema haben, sondern auch solche, die der zeitgenössischen Weitertradierung des Rechtes gewidmet sind. Die Darstellung des Lector-Codex-Gesprächs weist darauf hin, dass die Aneignung und Weitergabe der Rechtsmaterie, vergleichbar den disputierenden Konzilsteilnehmern, an das Gespräch gebunden ist. Damit ist schließlich in die Autorschaftskonzeption des *Codex Albeldense* auch der Rezipient eingeschlossen, der sich in der Tradition von Schreibern und Künstlern mit Gelehrsamkeit der Sicherung des Rechts für Gegenwart und Zukunft widmen soll.

Erkenntnis und Erkenntnisgrenzen

Diskurse göttlicher Autorisierung des Rechts sowie der Erkenntnis und Erkenntnisgrenzen bestimmen auch verschiedene visuelle Gestaltungsformen eingangs des *Codex Albeldense*. Diese Gestaltungsformen spiegeln zugleich ein hohes Bewusstsein für die räumliche Organisation im Sinne einer auf die Rechtstexte zuführenden Choreographie wider. Nachfolgend interessiert, welche Rezeptionsangebote sich aus der Abfolge der Seiten ausgehend vom Bildnis des Vigila am Eingang der Handschrift bis zum *Liber Canonum* ergeben. Dabei gilt es, die kodikologische und inhaltliche Verortung der hier dominierenden, nicht-figurativen Darstellungsformen zu berücksichtigen und den leitmotivischen Charakter der Ornamentik zu klären.

Der Eingang der Handschrift wird durch das Bildnis des Schreibers und Künstlers markiert, von dem schon ausführlich die Rede war. Bemerkenswert ist, dass seine Arbeit am Codex in der Fertigung eines Ornaments, nämlich einer Viererschlaufe, besteht (Abb. 4). Das erscheint insofern programmatisch, als dass für die visuelle Gestaltung bis zum Beginn des Rechtstextes häufig auf Flechtwerk und noch einige weitere Male auf die Viererschlaufe als Sonderform des Flechtwerks zurückgegriffen wurde.[66] Auf jenen, diesem Bildnis folgenden Seiten beschränkt sich die Flechtwerkgestaltung auf die Rahmung der Schriftfelder, wobei die einzelnen Bordüren niemals identisch sind. Die Einfassung des Buchstabenrätsels auf fol. 1r ist beispielsweise durch Verknotungen an den Ecken und in der Mitte der Rahmenleiste gekennzeichnet. Dazwischen finden sich ornamentale Verflechtungen in immer wieder neuen Ordnungen, die wie Elfenbeinplättchen erscheinen und in die Leiste eingelassen sind (Abb. 7).

66 Am Ausgang der Handschrift spielen Flechtwerkornamente keine Rolle. Dort wird das Schriftfeld des Gedichtes *O dei verbum* auf fol. 429r durch stilisierte Blattranken gerahmt.

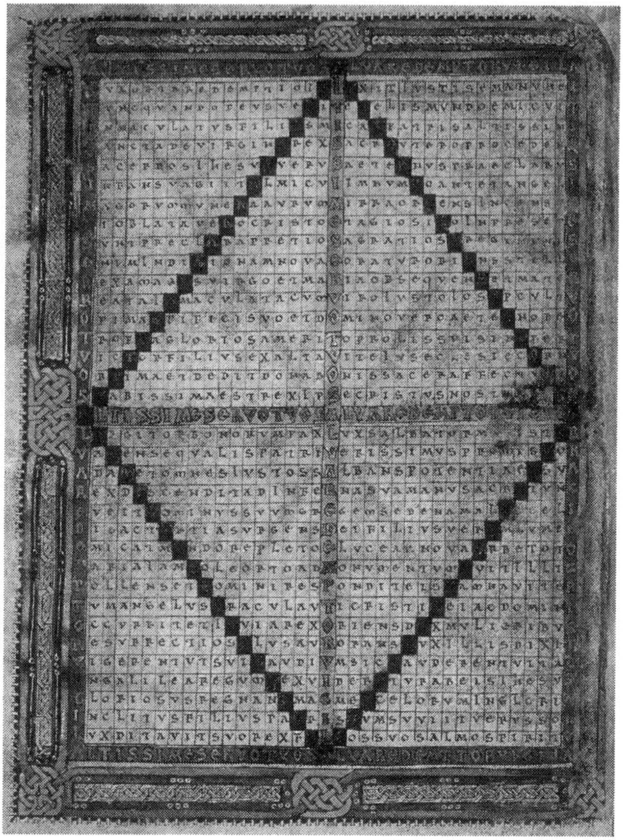

Abb. 8 Codex Albeldense; Biblioteca de El Escorial, Ms. d.I.2. fol. 3v

Sowohl das Buchstabenrätsel auf fol. 1r als auch die nachfolgenden Gittergedichte, die wohl aus der Feder von Vigila und Sarracinus stammen, stellen göttliche Anrufungen zugunsten der Schreiber, des Klosters sowie des navarresischen Königshauses dar.[67] Hier musste der zeitgenössische Betrachter, wollte er sich die verschiedenen Bedeutungsebenen eines Gedichtes erschließen, horizontal und vertikal angeordnete Texte aufeinander beziehen. Beispielsweise nimmt das auf fol. 1r wiedergegebene Gedicht des Vigila in der Form eines Buchstabenrätsels, das mit den Worten *Divina virtus criste* beginnt, die Bitte Vigilas um göttliche Hilfe bei der Fertigstellung der Handschrift wieder auf. Jeweils die Anfangs- und

[67] DÍAZ Y DÍAZ, Manuel Cecilio: Vigilán y Sarracino. Sobre composiciones figurativas en la Rioja del siglo X, in: BERSCHIN, Walter; DÜCHTING, Reinhard (Hg.): Lateinische Dichtungen des X. und XI. Jahrhunderts. Festgabe für Walther Bults, Heidelberg 1981, S. 60-92.

Endbuchstaben der Zeilen sind durch rote Majuskeln auf orangefarbenem Grund hervorgehoben, so dass von oben nach unten auf der linken Seite *Dei Patris unice* sowie auf der rechten *O Criste initium* zu lesen sind. *O Criste inicium* variiert Offenbarung 1,8, wobei eingangs des Codex explizit auf Christus als Anfang Bezug genommen wird. Ein zeitgenössischer Rezipient wurde demnach angeregt, sich durch vertikales Lesen einen zusätzlichen Sinn zu erschließen, diesen zum Gedicht sowie zum gesamten Buchprojekt in ein Verhältnis zu setzen und zugleich der Leistung Vigilas zu gedenken.

Die nun folgenden Gedichte auf fol. 1v bis 3v weisen die Form von Gittergedichten auf. Die Buchstaben des Gedichts sind wie etwa auf fol. 3v in ein Gitterschema neben- und untereinander angeordnet (Abb. 8). Die horizontal verlaufenden Verse enthalten, anders als beim Buchstabenrätsel zuvor, gleich viele Buchstaben. Einige Gitterkästchen fallen durch ihre besondere Färbung sowie durch die farbliche Akzentuierung der Buchstaben, die sie enthalten, ins Auge. Diese Buchstaben ergeben einen horizontal, vertikal oder diagonal lesbaren Intext, einen *versus intexti*, der auf fol. 3v eine Anrufung Gottes zugunsten Vigilas und seines Gehilfen Saracino darstellt: *Altissime, servo tuo salva.*[68] Der Intext tritt ferner durch die Färbung der Buchstaben und Kästchen – hier eine Raute, in die ein Kreuzzeichen eingeschrieben ist – im Gitter hervor. Um also das Gittergedicht in seiner ganzen Bedeutung zu erfassen, muss neben dem Intext auch die ikonische Darstellungsebene berücksichtigt werden. Im Vergleich zum Buchstabenrätsel auf fol. 1r wird auf der Ebene der Lesbarkeit und der Erkenntnisgewinnung in den Gittergedichten ein höherer Anspruch gestellt. Gittergedichte dieser Art forderten den Rezipienten im Prozess des Lesens, Sehens und in der kognitiven Verknüpfung verschiedener Medien und Sinnebenen heraus.

Im Vergleich zu diesen Seiten, wo Ornament dem Rahmen zugeordnet ist, wird es am Ende der ersten 20 Blätter[69] des *Codex Albeldense*, und zwar auf fol. 18 bis 19v, kurz bevor der *Liber Canonum* beginnt, zum Bestandteil des Bildthemas. Insgesamt ist die Dominanz des Flechtwerks durch Vergrößerung der Formen und quantitative Zunahme gesteigert, wie die Illumination auf fol. 18v belegt: Hier

---

68 *Altissime, seruo tuo salua, redemptor, Vigila. Altissime, seruo tuo Sarracino, Criste salua. Annue Sarracino, et tua, alme deus, dona gratia. Auctor uitae, seruo praesta tuo indulgentia.*

69 Die visuelle Gestaltung zwischen fol. 4r und 18v wird bestimmt durch einen liturgischen Kalender (fol. 4v-5r), ein Winddiagramm (fol. 7v), ein Schema des Osterzyklus' (fol. 8r), weitere Diagramme (fol. 8v-11r), eine Windrose (fol. 14v) und einen für Rechtshandschriften typischen *Arbor de Consanguinitatis* (fol. 15r) sowie die Darstellung einer Maiestas Domini (fol. 16v) gegenüber der Wiedergabe eines Sündenfalls (fol. 17r). Das Thema des Unrecht in die Welt bringenden und damit Vorschriften und Gesetze erfordernden Sündenfalls wird in Texten und in der bildlichen Gestaltung von Rechtshandschriften oft bemüht: LANDAU, Peter: Der biblische Sündenfall und die Legitimität des Rechts, in: WILLOWEIT, Dietmar (Hg.): Die Begründung des Rechts als historisches Problem (Schriften des Historischen Kollegs 45), München 2000, S. 203-214, hier z.B. zu Isidor von Sevilla: S. 208f.

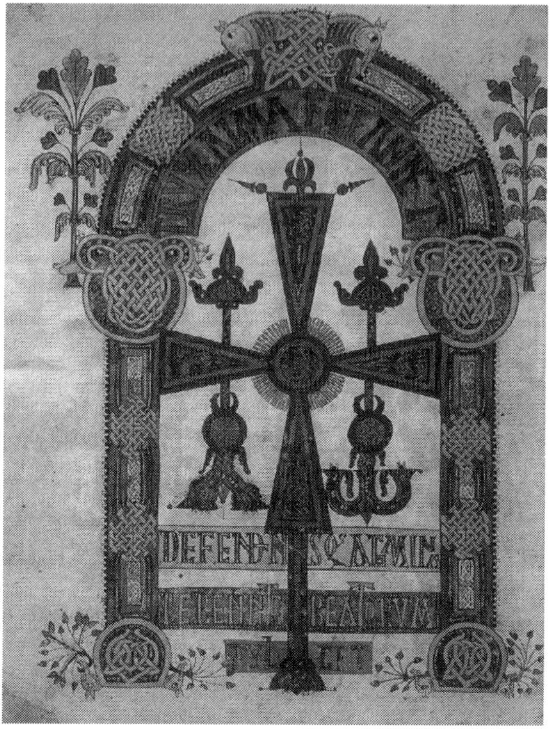

Abb. 9 Codex Albeldense; Biblioteca de El Escorial, Ms. d.I.2, fol. 18v

greifen erstmals die Ornamente der Rahmung auf die Darstellung, ein Kreuz, über, welches ebenfalls mit Flechtbandwerk gefüllt ist (Abb. 9). Das Kreuz ist vor eine Arkade gelegt, wodurch sich der Eindruck einer räumlichen Schichtung ergibt. Vergleichbar der Eingangsminiatur des *Codex Albeldense* wird dadurch eine weitere Schwelle vor der Canonessammlung erzeugt. Die griechische Form geht auf das von Alfons II. im Jahre 808 der Kathedrale seines Königssitzes Oviedo gestiftete Kreuzreliquiar zurück, die Cruz de los Ángeles. Dieses begründete eine bis ins 12. Jahrhundert reichende Bildtradition. Kreuzdarstellungen markierten seit dem 9. Jahrhundert im christlichen Nordspanien Schwellensituationen sowohl an Kirchen als auch an Befestigungsanlagen oder Wasserstellen. Nicht nur der liturgische Raum wird dadurch als sakral gesichert, sondern auch ein bestimmtes Viertel, eine Stadt oder eine ganze Region. Innerhalb des *Codex Albeldense* markiert es den Zugang zum nachfolgenden Rechtstext und stellt es unter göttlichen Schutz.[70]

---

[70] Zur Deutung des asturischen Kreuzzeichens zuletzt HENRIET, Patrick: *MILLE FORMIS DAEMON*. Usages et fonctions de la croix dans L'*Hispania* des IXe – XIe siècle, in: DES-

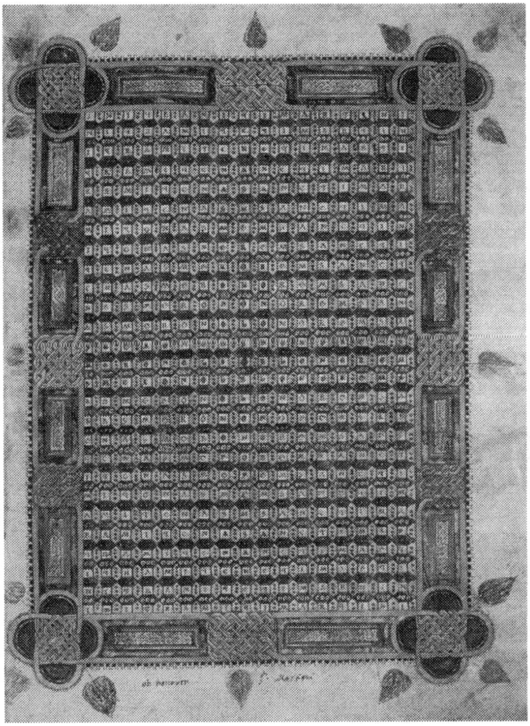

Abb. 10 Codex Albeldense; Biblioteca de El Escorial, Ms. d.I.2, fol. 19r

Auf dem nachfolgenden Blatt, fol. 19, werden in Buchstabenlabyrinthen Ornamente und Schriftzeichen in ein neues Verhältnis gebracht. Letztere treten hinter das jeweils spezifische Muster der Labyrinthseiten zurück. Der in das Labyrinth eingefügte Text stellt auf fol. 19r eine Widmung an den Klosterpatron, den Hl. Martin, dar: *Ob honorem sancti Martini* (Abb. 10). Auf der Rückseite, fol. 19v, ist in das Labyrinth ein Exlibris eingetragen, welches den Abt als Besitzer des Buches ausweist: *Mavrellis abbatis librum* (Abb. 11). Während die Dedikation des Codex verbunden mit der Memoria von Schreibern und Auftraggebern in der westlichen Bildtradition häufiger durch Darstellungen der Buchübergabe, mitunter ergänzt um Widmungsgedichte, ins Bild gesetzt werden,[71] ist mir aus der

WARTE; SÉNAC 2005 (wie Anm. 18), S. 163-181.

[71] Als Beispiel dafür seien hier zwei Illuminationen aus dem um 969 von einem Reichenauer Schreiber für den Kölner Dom gefertigten *Gero-Codex*, heute in der Landesbibliothek Darmstadt (Hs. 1948), angeführt. Die Übergabe des Evangelistars erfolgt am Anfang des Codex zunächst auf fol. 6v zwischen dem Kölner Erzbischof Gero und dem Hl. Petrus (als Patron des Kölner Domes) sowie auf fol. 7v zwischen dem Schreiber Anno und Gero: http://www.

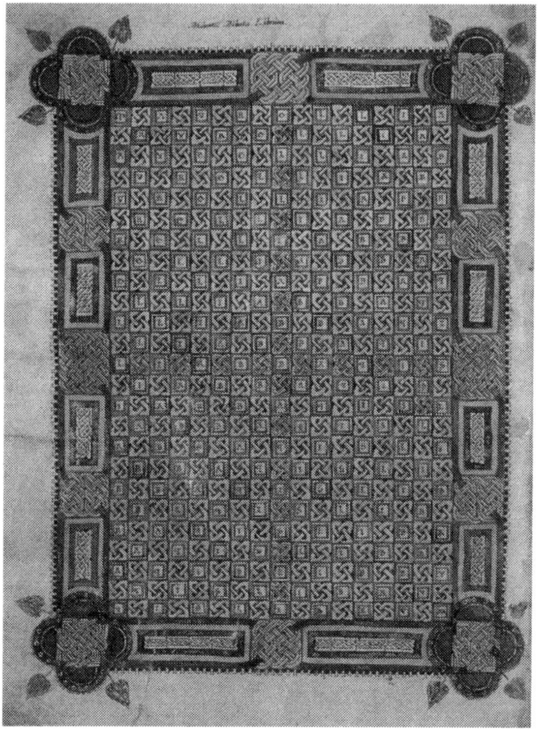

Abb. 11 Codex Albeldense; Biblioteca de El Escorial, Ms. d.I.2, fol. 19v

spanischen Buchmalerei nur eine einzige Dedikationsdarstellung bekannt.[72] Stattdessen griff man in den meisten Fällen auf das Buchstabenlabyrinth und damit auf abstraktere Formen, etwa Ornamente, sodann auf Zeichen, wie Buchstaben, und schließlich auf Farbe zurück, um sowohl die Bedingungen der Handschriftenproduktion als auch das Personengedenken zu visualisieren. Es ist denkbar, dass solche Bildlösungen mit der Lage der Klöster an der Grenze zu Al-Andalus und damit den Erfahrungen der Mönche mit den islamischen Bildkulturen zusammenhängen.

manuscripta-mediaevalia.de/hs/hs_da_hs1948/hs_da_hs1948.htm [18.2.09].

[72] So in einem Antiphonar aus der Mitte des 10. Jahrhunderts: León, Cathedral, Ms. 8, fol. 1v. Die Dedizierung eines Buches auf fol. 232r in einem weiteren Manuskript, welches ebenfalls die Konzilsakten enthält, bezieht sich wahrscheinlich nicht auf den Codex selber, sondern auf die Beschlüsse des Konzils von Toledo, welche durch die Zeichnung abgeschlossen wird: Madrid, Bibioteca Nacional, Ms. 1872. Die Handschrift ist vermutlich in der ersten Hälfte des 10. Jahrhunderts entstanden.

Während im Labyrinthmuster auf fol. 19r verschiedenfarbige Sechsecke und Buchstaben alternieren, ist es auf der darauf folgenden Seite, fol. 19v, aus Buchstaben sowie solchen Flechtbandknoten gebildet, wie sie Vigila am Eingang des *Codex Albeldense* malt. Auf beiden Seiten wird innerhalb des Bildmusters auf je unterschiedliche Weise ein Kreuz erkennbar. Auf fol. 19r bietet das genau mittig platzierte und rubrizierte *O* den Schlüssel zum Verständnis des Textes. Vom Zentrum aus erschließt sich jeweils in vertikalen oder horizontalen Leserichtungen der Intext. Fügt man diese vier Richtungen nach und nach gedanklich zusammen, so ergibt sich eine Kreuzform. Das Kreuz ist demnach optisch nicht erfassbar, etwa durch Einfärbung der Buchstabenkästchen in den Gittergedichten, sondern es tritt erst im Prozess der Lektüre vor das innere Auge des Rezipienten. Auf der Rückseite, fol. 19v, werden hingegen einzelne Verzierungsmotive des aus Viererschlaufen und Buchstabenkästchen gebildeten Musters so farblich hervorgehoben, dass im Zentrum des Labyrinths tatsächlich ein Kreuz sichtbar wird. Erst bei intensiver Betrachtung fallen in einigen der Viererschlaufen rote Binnenlinien ins Auge. Dabei wird das Kreuz genau an jener Stelle bildhaft, wo unmittelbar zuvor, auf fol. 19r, im Prozess des Lesens eine Kreuzform imaginiert wurde. Allerdings stellt dieses Kreuz keine Lektürehilfe dar, um den Intext zu erfassen.

Anders als bei den Gittergedichten des *Codex Albeldense* erschließen sich die Buchstabenlabyrinthe nicht aus der Verknüpfung verschiedener Texte. Sie enthalten jeweils nur einen kurzen Text, in diesem Fall eine Widmung bzw. ein Exlibris. Die Buchstabenlabyrinthe besitzen demnach nicht annähernd jene komplexen der Text-Bild-Beziehungen, wie sie die Gittergedichte auszeichnen. Und doch stellen sie sich gleichfalls als ein Rätsel dar, welches zu lösen, den Rezipienten an die Grenzen seiner Wahrnehmungsmöglichkeiten führt. Die farbigen Ornamente liefern, mit Ausnahme des rubrizierten Buchstabens in der Mitte des Buchstabenlabyrinthes auf fol. 19r, kaum einen Hinweis, sich durch das Labyrinth zu bewegen. Mehr noch lenkt die Dominanz farbiger Ornamente von der Suche nach einem Einstieg in und einer Bewegung durch das Labyrinth ab. Ferner bietet das Labyrinth verschiedene Lektürewege an, sich den Intext zu erschließen, die allerdings niemals alle gleichzeitig erfasst werden können.

Blickt man von hier aus zum Beginn der Handschrift zurück, so offenbart sich eine Entwicklung, die von der Dominanz der Schrift in den Buchstabenrätseln und Gittergedichten, die mit Gelehrsamkeit zu lösen sind, bis zur Dominanz der Ornamentik in den Buchstabenlabyrinthen reicht, in denen die Grenzen der Erkenntnisfähigkeit zum Thema werden. Diese Entwicklung lässt sich besonders gut an dem Ornament der Viererschlaufe nachvollziehen: Während sie eingangs der Handschrift, auf dem Arbeitspult des Vigila, für den zu fertigenden Codex steht, tritt sie sodann in die Rahmung der Gittergedichte zurück. Am Ende, auf fol. 19v, dominiert die Viererschlaufe die Gestaltung des Labyrinths und ist ferner an der Bildwerdung eines Kreuzes im Muster beteiligt. Es rückt ein Verhältnis zwischen Mensch und Gott in den Vordergrund, welches in einem meditativen Zugang gründet und als dessen Vermittler sich das Ornament erweist. Hier eröffnet sich eine sinnvolle Verknüpfungsmöglichkeit zur Darstellung des Lector-Codex-Gesprächs auf dem nachfolgenden Blatt, fol. 20v, wo das Buch auszeichnende Flechtbandknoten als Medium des göttlichen Wortes verstanden werden können.

Fazit

Die bildliche Ausstattung des *Codex Albeldense* unterstreicht, dass das Recht göttlichen Ursprungs ist. Dies wird nicht allein durch die figurative Gestaltung offensichtlich, sondern gerade auch durch die nicht-figurative, die hier vornehmlich am Beispiel des Ornaments untersucht wurde. So erweist sich bereits auf den ersten Seiten die Viererschlaufe als Leitmotiv der bildlichen Gestaltung. Als hierarchisierendes und strukturgebendes Gestaltungsmittel[73] dient das Ornament der Vermittlung transzendenter Inhalte und lässt sich durchaus auch als Metapher für das Recht deuten, durch das die Beziehungen zwischen Mensch und Gott reguliert werden, wie es etwa Thema der Buchstabenlabyrinthe ist.[74]

Im Gegensatz zur nichtfigurativen Gestaltung machen die Autorenbilder die verschiedenen historischen Stadien der Textproduktion sichtbar: die Entstehung der Rechtstexte, ihre Überlieferung im kreativen textlichen und bildlichen Kodifizierungsprozess sowie die Vermittlung des Rechts. Die Autorenbilder weisen das navarresische Königshaus als Förderer der Rechtstradition und das Kloster San Martín in Albelda als ein kulturelles Zentrum in der Rioja aus, wo man sich in der Tradition antiker Gelehrsamkeit der kreativen Weitergabe und Vermittlung der Rechtstexte widmet. Die Kontinuität der Rechtstradition bis in die Gegenwart des Betrachters versinnbildlichend zieht sich dabei der Gelehrsamkeitsdiskurs wie ein roter Faden durch die bildliche Ausstattung des Codex.

Wenn auch die Forschung zur frühmittelalterlichen Rechtspraxis in Nordspanien die Autorität des verschriftlichten Rechts hervorhebt,[75] die bildliche Ausstattung des *Codex Albeldense* verweist dennoch auf den hohen Stellenwert der Oralität. Nicht die Verschriftlichung des Rechts, sondern gerade die mündlich im Dialog ausgehandelten Konzilsbeschlüsse verleihen den im *Codex Albeldense*

---

[73] Zum Verständnis des Ornaments als Modus: BONNE, Jean-Claude: De l'ornamental dans l'art médiéval (VIIe-XIIe siècle). Le modèle insulaire, in: BASCHET, Jerome; SCHMITT, Jean-Claude (Hg.): L'image, Paris 1996, S. 207-250.

[74] Zur Nähe von historischem Rechtsbegriff und antikem sowie mittelalterlichem Verständis von Ornament als rhetorischer Figur vgl. HALDAR, Piyel: The Function of the Ornament in Quintilian, Alberti, and Court Architecture, in: DOUZINAS, Costas; NEAD, Lynda (Hg.): Law and the Image. The Authority of Art and the Aesthetics, Chicago/London 1999, S. 117-135.

[75] In dem im Jahre 964 kodifizierten Glossar aus San Millán de Cogolla wird *lex* nicht nur mit *ius*, sondern auch mit *scriptura* gleichgesetzt: El códice emilianense 46 (wie Anm. 50), S. 407, 408 [fol. 93r, 94r]. Dazu auch RUCQUOI 2005 (wie Anm. 18), S. 124.

aufgezeichneten Rechtsnormen Gültigkeit und Glaubwürdigkeit. Bemerkenswert ist dabei die Rolle, welche das Ornament in der Darstellung von Mündlichkeit einnimmt. In der Tradition antiker Rhetorik bekleidet die Ornamentik den ins Bild gesetzten Sprechakt, wie es etwa in den Darstellungen zum Lector-Codex-Gespräch durch das mit Flechtwerk geschmückte, verlebendigte Buch zum Ausdruck kommt.

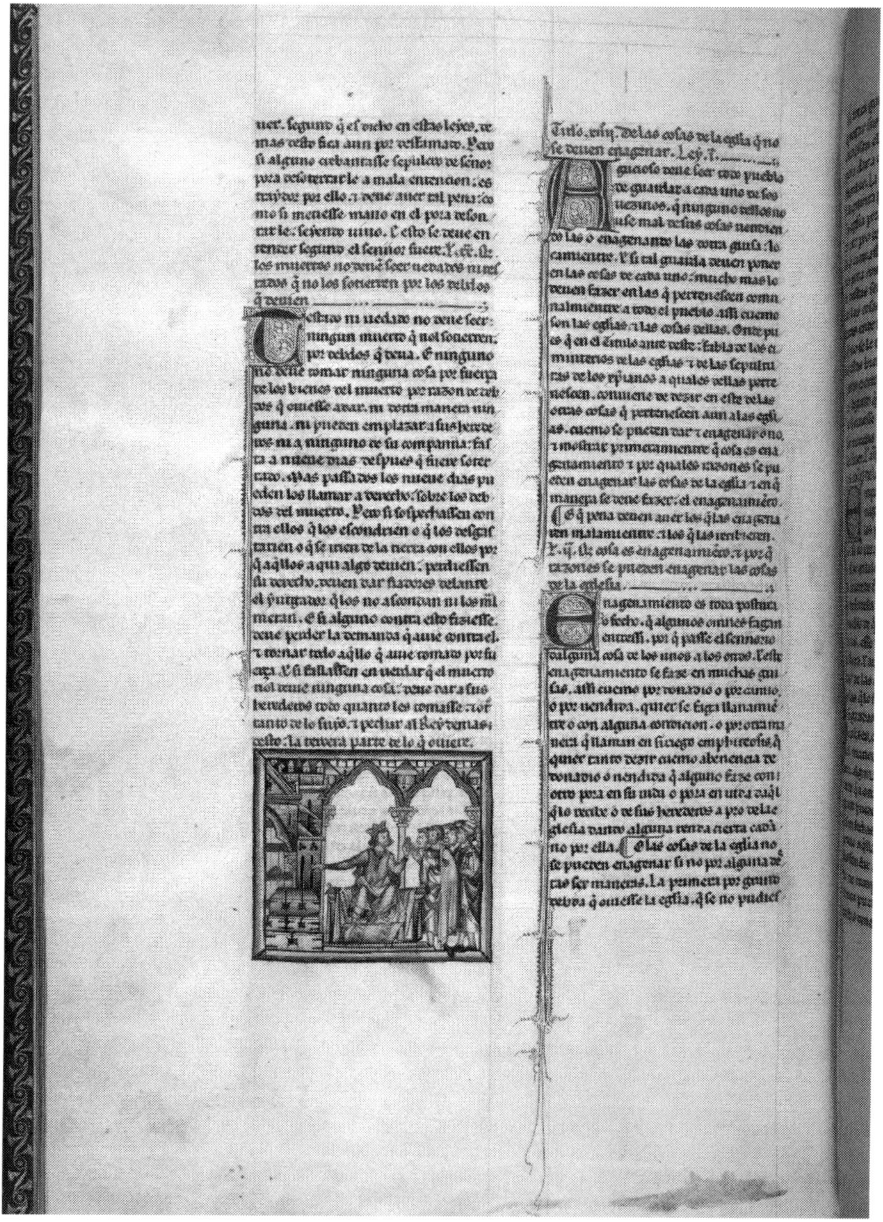

Abb. 1 Primera Partida: 12. Titulus 1. Ley *De los monasterios e de sus eglesias*; London, British Library, Add. Ms. 20787, fol. 80r

Susanne Wittekind

Der König als Gesetzgeber und Rechtsgarant in den Miniaturen des Libro de las Leyes (London, British Library, Add. Ms.20787)

1. Einleitung

In Spanien kommt es unter den Königen Jakob I. dem Eroberer (el Conqueridor) von Aragon (*1208, 1218-1276) und Alfons X. dem Weisen (el Sabio) von Kastilien-León (*1221, 1252-1284), Schwiegersohn Jakobs I. von Aragon, zu einer intensiven und systematischen Rechtskodifizierung und Rezeption des römischen Zivilrechts.[1] Beide Könige regieren große und kulturell disparate Gebiete, denn neben den christlichen Kernlanden im Norden herrschen sie über neu eroberte bzw. hinzugewonnene Gebiete, die – wie die Region um Valencia, Mallorca oder Andalusien – jahrhundertelang arabische Herrschaftsgebiete mit einem großen Anteil jüdischer Bevölkerung waren. Die Königreiche Aragon und Kastilien-León sind somit durch eine Vielfalt der Sprachen und Kulturen wie der Rechtsgewohnheiten geprägt.[2] Die königliche Gesetzgebungsinitiative Alfons X. wie Jakobs I.

[1] Zur Biographie und Herrschaft Alfons X. siehe SÁEZ, Emilio; ENGELS, Odilo; VÁVARO, Alberto: Art. Alfons X. der Weise, in: Lexikon des Mittelalters Bd. 1, Sp. 396-398; HERBERS, Klaus: Geschichte Spaniens im Mittelalter. Vom Westgotenreich bis zum Ende des 15. Jahrhunderts, Stuttgart 2006, S. 186-191, 216f.: Alfons X. war Sohn von Beatrix, Tochter Philipps von Schwaben, und Ferdinands III. von Kastilien, seit 1244 verheiratet mit Yolante, Tochter Jakobs I. von Aragon. Aufgrund seiner staufischen Herkunft erhob er nach dem Tod Friedrichs II. 1250 Anspruch auf die Kaiserwürde (*fecho del imperio*); seine Regentschaft ist weniger wegen politischer Erfolge als vielmehr wegen der auf seine Initiative oder unter seiner Protektion erfolgten kulturellen Leistungen, zu denen literarische volkssprachliche Werke wie die *Cantigas de Santa Maria* (Escorial Cod. T.I.1., Sevilla 1279) und die Chronistik (*Primera Cronica General*), aber auch ein *Lapidario* (Madrid, Escorial, Ms. H.1.15, 1276-1284), das Schachbuch (*Libro del juegos*, Escorial, Cod. T.I.6, Sevilla 1293) und Astrologische Werke (Madrid, Biblioteca Universitaria, Ms. 156; *Astromagia*, Rom, BAV, Cod. Reg. lat. 1283a, nach 1280) gehören. Zur alfonsinischen Gesetzgebung siehe LOBINGIER, Charles Sumner: Las siete partidas and its Predecessors, in: California Law Review Vol. 1 Nr. 6 (1913) S. 487-498; DERS.: Las siete partidas in Full English Dress, in: The hispanic American Historical Review, Vol. 9, Nr. 4, 1929, S. 529-544; CRADDOCK, Jerry R.: The Legislative Works of Alfonso el sabio, in: BURNS, Robert I. (Hg.): Emperor of Culture. Alfonso X the Learned of Castile and His Thirteenth Century Renaissance, Philadelphia 1990, S. 182-198; COING, Helmut: Handbuch der Quellen und Literatur der neueren europäischen Privatrechtsgeschichte, Bd. 1, München 1973, S. 670-674 zu Alfons X.; zu Jakob I. S. 682. Zu Jakob (Jaime) I. von Aragon vgl. ENGELS, Odilo: Art. Jakob I. der Eroberer, in: Lexikon des Mittelalters Bd. 5, Sp. 281f; ENGELS, Odilo: Reconquista und Landesherrschaft, Paderborn 1989; HERBERS 2006 (s.o.), S. 191-197.

[2] HERBERS 2006 (wie Anm. 1), S. 195, 232.

wird daher auch als Versuch der Etablierung und Festigung der königlichen Verwaltung und damit der Herrschaftssicherung und Herrschaftsdurchsetzung gegenüber der multikulturellen Bevölkerung, Adel und Städten interpretiert.[3] Von beiden Rechtskodifizierungen, dem *Vidal mayor* König Jakobs I. von Aragon[4] sowie vom *Libro de las leyes* (*Primera Partida*) Alfons X. ist jeweils eine Prachthandschrift erhalten. Beide Rechtssammlungen sind in der Volkssprache, d.h. navarro-aragonesisch bzw. altkastilisch verfasst. Die Prachthandschriften symbolisieren, so die

---

[3] O´CALLAGHAN, Josef F.: Image and Reality: The King Creates His Kingdom, in: BURNS 1990 (wie Anm. 1), S. 14-32; MACDONALD, Robert A.: Law and Politics: Alfonso´s Program of Political Reform and his Problemas politicos, in: BURNS 1990 (wie Anm. 1), S. 150-202; Textedition siehe auch: http://bib.us.es/guiaspormaterias/ayuda_invest/derecho/las-SietePartidasEd1807T1.htm [15.3.2009].

[4] Der *Vidal mayor* ist eine Aufzeichnung des zuvor nur mündlich tradierten aragonesischen Rechts, das der Bischof von Huesca, Vidal de Canellas, im Auftrag Jakobs I. von Aragon 1247 verfasst hat. Der Katalane Vidal studierte in Bologna, war 1236-1252 Bischof von Huesca und Kanzler König Jakobs I. und wurde wohl schon 1247 mit der Kodifizierung der aragonesischen Gesetze beauftragt (*Compilación de Huesca*, ediert von TILANDER, Gunnar: Los Fueros de Aragón según el manuscrit 458 de la Biblioteca Nacional de Madrid, Lund 1937). Der Text der volkssprachlichen, laut Kolophon vom Notarius publicus Miguel Lopiz de Çandiu von Pamplona (1297-1305 nachweisbar) geschriebenen Prachtausgabe wurde ediert von TILANDER, Gunnar: Vidal Mayor. Traducción aragonesa de la obra In excelsis Dei thesauris de Vidal de Canellas, 3 Bde., Lund 1956, sowie von DE LOS DESAMPARADOS CABANES PECOUR, Maria; BLASCO MARTÍNEZ, Asunción; PUEYO COLOMINA, Pilar (Hg.): Vidal Mayor. Edición, introducción y notas al manuscrito, Zaragoza 1997. Kunsthistorische Untersuchungen zum *Vidal Mayor* bieten KAUFFMANN, Carl Michael: Vidal Mayor: Ein spanisches Gesetzbuch aus dem 13. Jahrhundert in Aachener Privatbesitz, in: Aachener Kunstblätter 29 (1964), S. 108-138, sowie VON EUW, Anton: in: DERS.; PLOTZEK, Joachim M.: Die Handschriften der Sammlung Ludwig, Bd. 4, Köln 1985, S. 25-29, 63-77. Die Handschrift umfasst 227 Folios von 350 x 242 mm; der in neun Bücher gegliederte Text, dem nach den Prologen ein Kapitelverzeichnis vorangeht, ist in der Regel zweispaltig, ausnahmsweise dreispaltig, bei einem Schriftspiegel von 225 x 150/165 mm. Der Codex enthält insgesamt 156 Miniaturen; anfangs finden sich neben Initialen (fol. 1, 9, 21, 41v) 11 Randminiaturen; die größeren Miniaturen zeichnen den Prolog und den Beginn der neun Bücher aus. Aufgrund dieser uneinheitlichen Anlage ist zu schließen, dass die Illumination nicht aus einer ‚Vorlage' übernommen, sondern eigens für diese Handschrift entwickelt wurde. Die Prachthandschrift ist zwar sorgfältig durchkorrigiert worden, weist jedoch kaum Benutzungsspuren auf. Es handelt sich offenbar um ein Belegexemplar von eher symbolisch-repräsentativer als praktischer Bedeutung. Vielleicht wurde sie, so wie andere kostbare Manuskripte und Exemplare der Friedensverträge Jakobs I., im Kloster Sigena (Huesca) aufbewahrt. KAUFFMANN sieht in Komposition und Stil eine große Nähe zur Pariser Buchmalerei der 2. Hälfte des 13. Jahrhunderts, die, wie die 1268 datierte Bibel von Vich (Museo Episcopal, Cod. 4) zeigt, schnell in Katalonien rezipiert wurde. VON EUW weist auf die kompositionelle Abhängigkeit des Herrscherbildes fol. 72v von Pariser Illustrationen des *Decretums* aus dem Atelier des Mâitre Honoré, KAUFFMANN, S. 126f., auf kompositionelle und motivische Parallelen zu französischen *Decretum*- und *Digesten*-Handschriften. Die Faksimile-Ausgabe des *Vidal Mayor* von 1989 war mir leider nicht zugänglich.

These, durch ihre reiche Ausstattung den hohen Anspruch der neuen Rechtskodifizierungen sowie den Rang ihrer königlichen Auftraggeber als den Garanten von Ordnung und Recht, dies gerade auch jenseits einer praktischen Nutzung. Die nachfolgende Untersuchung konzentriert sich auf den *Libro de las Leyes* (London, British Library Add. Ms. 20787), da dieses im Gegensatz zum *Vidal Mayor* noch nicht kunsthistorisch untersucht wurde.[5] Der *Libro de las Leyes* ist das erste Buch (*primera partida*) des sieben Bücher umfassenden Alfonsinischen Gesetzeswerks, das unter dem Namen *Siete Partidas* bekannt ist; es ist zugleich der einzige Teil dieses Werks, der in einer illuminierten Prachtausgabe vorliegt. Zu prüfen ist, inwiefern seine Ausstattung an derjenigen anderer Rechtshandschriftentypen orientiert ist. Die vergleichende Analyse konzentriert sich dabei auf zeitgenössische kanonistische Rechtshandschriften (*Decretum Gratiani, Dekretalen* Gregors IX.). Denn inhaltlich ist der *Libro de las Leyes* der Begründung des Rechts und vor allem kirchenrechtlichen Fragen gewidmet. Er behandelt damit großteils ähnliche Themen wie das *Decretum Gratiani* und die *Dekretalen*. Zu prüfen ist, inwiefern parallel zur inhaltlichen Auseinandersetzung mit diesen Rechtssammlungen auch die künstlerische Gesamtanlage oder das ikonographische Repertoire an ihnen orientiert ist. Denn schon früh gelangten die in professionellen Schreibwerkstätten produzierten juristischen Schul- und Studientexte auch nach Spanien.[6] Der *Libro de las Leyes* setzt gegenüber den zeitgenössischen Pariser und Bologneser Rechtshandschriften einen besonders starken Akzent auf die Präsenz und Rolle des Königs als Rechtsgaranten. Angefertigt wurde diese Prachthandschrift erst nach dem Tod Alfons X., d.h. in einer Zeit, die geprägt war durch eine Krise der königlichen Herrschaft, durch Kämpfe zwischen Alfons enterbten zweiten Sohn und Nachfolger Sancho IV. (1284-1295) und seinem von Alfons X. designierten Konkurrenten Alfons de la Cerda (+1334) sowie Auseinandersetzungen zwischen den Adelsgruppen der Lara und Haro. Nach Sanchos Tod herrschte Bürgerkrieg im Land. Erst um 1300 konnte sich dessen Sohn Ferdinand IV. (*1285, 1295-1312)

---

[5] Auf den Bildschmuck der Handschrift aufmerksam machte erstmals HERRIOT, J. Homer: A Thirteenth Century Manuscript of the Primera Partida, in: Speculum 13, 3. Heft (1938), S. 278-294, hier Abbildungen von fol. 1v, 104v. Im Gegensatz zur intensiven rechtshistorischen und sprachwissenschaftlichen Auseinandersetzung mit der *Primera Partida*, durch die auch die Textedition von ARIAS BONET, Juan Antonio (Hg.): Alfonso X el sabio Primera Partida según el Manuscrito Add. 20787 del British Museum, Valladolid 1975, motiviert ist, liegen von kunsthistorischer Seite lediglich ein realienkundlicher Vergleich mit Motiven aus den *Cantigas de Santa Maria* Alfons X. von Guadalupe RAMOS vor (La ornamentación del códice y el problema de su datación, XVII-XXXIII), sowie die paläographische Untersuchung von Jose Manuel RUIZ ASENCIO: Estudio paleográfico del manuscrito, XXXV-XLV. Hier sind die Miniaturen - sorgsam aus dem Textzusammenhang ausgeschnitten - schwarz-weiß reproduziert, jedoch ohne Angabe der zugehörigen Textabschnitte.

[6] YARZA LUACES, Joaquín: Manuscritos iluminados boloñeses en españa, in: COLOMER, José Luis; SERRA DESFILIS, Amadeo (Hg.): España y Bolonia. Siete siglos de relaciones artísticas y culturales, Madrid 2006, S. 31-48.

als Herrscher durchsetzen und seine Herrschaft durch ein Kräftegleichgewicht zwischen Adel, Städten und Königtum stabilisieren. Da Ferdinand IV. – obgleich mit geringem praktisch-politischem Erfolg – an die Rechts- und Gerichtsreform seines Großvaters Alfons X. anknüpfte, ist die Prachtausgabe des *Libro de las Leyes* als visuelles Dokument seines Bestrebens zu deuten, sich in die Tradition Alfons X. als königlicher Gesetzgeber einzustellen und seine Königsherrschaft mit der Aufgabe zur Wahrung von Recht und Ordnung im Königreich zu legitimieren.[7]

2. Rechtshistorische Einordnung des *Libro de las Leyes*

In Spanien hatte die an das römische Recht angelehnte, westgotische Rechtskodifikation des *Forum Judicum* lange Gültigkeit.[8] Hinzu kommen lokale Gesetzgebungen (*fueros*), wenig gegliederte Rechtssammlungen, die vor allem Bestimmungen zum Verhältnis von König und Adel enthalten.[9] Von diesen unterscheiden sich die königlichen Kodifizierungen Alfons´ X. und Jakobs I. in mehrerer Hinsicht: Sie setzen, ähnlich wie die *Dekretalen* Gregors IX.,[10] dezidiert älteres geltendes Recht außer Kraft und beanspruchen ewige Gültigkeit; sie greifen auf die unter Kaiser Justinian (527-565) angelegte und im Jahr 534 publizierte, systematische Rechtssammlung des *Corpus iuris civilis* zurück.[11] Diese wurde in Pisa im 11. Jahrhundert wiederentdeckt und war für die Ausbildung juristischer Terminologie

---

7 Zum historischen Hintergrund vgl. HERBERS 2006 (wie Anm. 1), S. 191, 251f. Vergleichbar ist die Prachtausfertigung der von seinem Vater Karl IV. (1316-1378) 1356 in der Goldenen Bulle fixierten Reichsverfassung unter König Wenzel (1361-1419) im Jahr 1400 nach dessen Absetzung als Kaiser. Zur Handschrift siehe SEIBT, Ferdinand: Nachwort, zu: Die goldene Bulle. Nach König Wenzels Prachthandschrift, Dortmund 1978; Die Goldene Bulle. König Wenzels Handschrift. Codex Vindobonensis 338, Kommentar von Armin WOLF (Glanzlichter der Buchkunst 11), Graz 2002.

8 Vgl. den Beitrag von Kristin BÖSE in diesem Band.

9 Unter diesen kommt dem *Fuero Viejo*, verfasst Ende des 11. Jahrhunderts und auf der Hofversammlung von Najera 1176 nochmals erweitert, besondere Bedeutung zu; es ist gegliedert in fünf Bücher, die vornehmlich Bestimmungen zum Verhältnis von Adel und König enthalten; vgl. LOBINGIER 1929 (wie Anm. 1), S. 530f. Vgl. TILANDER 1937 (wie Anm. 4). Weitere *Fueros* sind ediert von GOROSCH, Max: El Fuero de Teruel, Stockholm 1950; LACARRA, José Maria; MARTÍN DUQUE, Angel (Hg.): Fueros de Navarra, Pamplona 1969.

10 WITTEKIND, Susanne: *Ut hac tantum compilatione universi utantur in iudiciis et in scholis*". Überlegungen zu Gestaltung und Gebrauch illuminierter Dekretalenhandschriften Gregors IX., in: LUTZ, Eckart Conrad; BACKES, Martina; MATTER, Stefan (Hg.): Lesevorgänge. Prozesse des Erkennens in mittelalterlichen Texten, Bildern und Handschriften. Freiburger Colloquium 2007 (Medienwandel - Medienwechsel - Medienwissen), Zürich 2009.

11 MOMMSEN, Theodor; KRÜGER, Paul (Hg.): Corpus iuris civilis, 21. Aufl. Dublin 1970; OTTO, Carl; SCHILLING, Bruno; SINTENIS, Carl Friedrich F. (Hg.): Justinianus. Das Corpus Juris Civilis in´s Deutsche übersetzt von einem Vereine Rechtsgelehrter, Bd. 1-7, Leipzig 1830-1833.

und Verfahren sowohl innerhalb der kanonischen wie zivilen Rechtslehre in den hochmittelalterlichen Rechtsschulen, im 13. Jahrhundert dann als Schulbuch an der Universität von Bologna, aber auch an den Universitäten in Frankreich, England und Spanien von großer Bedeutung.[12]

Ablesbar ist die Rezeption des römischen Rechts bereits in den Bestimmungen zum Vertragsrecht, Testament- und Adoptions- sowie Appellationsrecht im *Fuero Real*, das Alfons X. 1254 aus verschiedenen Stadtrechten entwickelte und verschiedenen Städten verlieh, darunter im Jahr 1256 Burgos, Soria, Peñafiel und Santo Domingo de la Calzada, Madrid dann 1262.[13] Hiermit legt Alfons X. eine erste vereinheitlichende Sammlung geltenden Rechtes vor. Sie umfasst 550 *leyes*, unterteilt in vier Bücher, die den Personen der Rechtsverwaltung, dem Prozessrecht, dem Zivil- und Strafrecht gewidmet sind.

Bis in einzelne Formulierungen hinein ist hingegen der *Espejo de todos los derechos* mit dem *Libro de las Leyes* und seiner Fortsetzung in den *Siete Partidas* verwandt. Er gilt als deren konzeptionelle Vorbereitung, wurde selbst allerdings nie autorisiertes Recht und ist nur in zwei fragmentarischen Handschriften überliefert. Das erste Buch des *Espejo* (Spiegel der Gesetze) behandelt wie der *Libro de las Leyes* die Begründung der Gesetzgebung und Fragen des kirchlichen Rechts, das zweite die politische Ordnung des Königsreichs, das dritte die Militärordnung, das vierte die Justiz und das fünfte die Strafordnung. Dieselbe Einteilung weist auch der *Libro de las Leyes* auf, der eine ausführliche, auf die Rechtsbegründung und das kanonische Recht konzentrierte Fassung des *Espejo* darstellt. Der Prolog des *Libro* betont, ebenso wie Jakobs I. *Vidal mayor*, die Notwendigkeit der Rechtsaufzeichnung mit den Streitigkeiten und der Rechtsunsicherheit, die das Volk erschütterten, und mit der Pflicht des Königs, Frieden und Ordnung in seinem Land zu sichern.[14] Wie aus dem Prolog des *Libro* hervorgeht, wurde das Werk zwischen 1254 und 1261 durch Alfons X., d.h. wohl in seinem Auftrag, vielleicht auch unter seiner Mitwirkung angelegt.

Der *Libro de las Leyes* geht als *Primera Partida* in die *Siete Partidas* ein, die nach ihrer Promulgation unter Alfons XI. 1348 in Spanien sowie im spanischen Kolonialreich Geltung hatten, in Teilen sogar bis heute, so dass zahlreiche Handschriften, frühe Drucke und Editionen vorliegen und Einzelfragen des Textes

---

[12] CLARKE, Peter: The Growth of Canon and Civil Law Studies, 1070-1535, in: GIBBS, Robert; L'ENGLE, Susan (Hg.): AK Illuminating the Law, Cambridge 2001, 22-38, hier: 22f.

[13] LOBINGIER 1929 (wie Anm. 1), S. 530f; LOPEZ DE TOVAR, Gregorio; GOMEZ DE LA SERNA, Pedro (Hg.): Códigos Españoles concordados y anotados, Bd. 1: Introducción, Liber Judicum, El Fuerzo Juzgo, El Fuero Viejo de Castilla, Las Leyes de Estilo, El Fuero Real, El Ordenamiento de Alcalá, Madrid 1849; siehe CRADDOCK 1990 (wie Anm. 1), dem die Darstellung folgt.

[14] Vgl. den Prolog des *Vidal Mayor*, DESAMPARADOS 1997 (wie Anm. 4), S. 17-19; Prolog des *Libro de las leyes* in ARIAS BONET 1975 (wie Anm. 5), S. 3f.

rechtsgeschichtlich intensiv diskutiert werden.[15] Auf die rechtsbegründenden und kirchenrechtlichen Bestimmungen des ersten Teils (*Primera Partida*) folgen im zweiten Teil die politische Gesetzgebung und das Militärrecht, im dritten das Zivil- und Handelsrecht, im vierten das Eherecht und im fünften das Vertragsrecht, im sechsten das Erbrecht und im siebten das Strafrecht. Während die Teile 2-7 der *Siete Partidas* textlich erstaunlich homogen sind, so dass auf eine einheitliche Redaktion ab 1272 geschlossen werden kann, weichen die verschiedenen Handschriften der *Primera Partida* inhaltlich stark voneinander ab, sowohl was die Abfolge einzelner *leyes* betrifft, als auch bezüglich der Formulierung der *leyes* im einzelnen – sie scheint daher eher kursiert zu sein.[16] Die *primera partida* ist in 24 Tituli oder Textabschnitte (*fablas*) untergliedert, unter denen thematisch zusammengehörige Bestimmungen (*leyes*) zusammengefasst werden. Die Tituli bauen aufeinander auf, ihr Umfang differiert stark. So umfassen die einleitenden Tituli nur wenige *leyes* oder Lehrsätze (fol. 1r-4r): der erste widmet sich der Begründung von Gesetzgebung und Gesetzgebungsgewalt, der zweite thematisiert den Glauben an die Trinität und die Weitergabe der geistlichen Gewalt von Christus an Petrus, und der dritte fasst die Glaubensartikel zusammen.[17] Der folgende vierte Titulus zum kirchlichen Recht hingegen enthält 69 *leyes,* beginnend mit den Sakramenten der Taufe, der Salbung und Buße bis zur Krankensalbung. Noch umfangreicher sind der fünfte und sechste Titulus – ersterer widmet sich in 89 *leyes* den geistlichen Sakramentsspendern mit Bestimmungen zu Weihe, Rechten und Pflichten, der sechste Titulus in 85 *leyes* dem Klerus.[18] Die Formulierung der *ley-*

[15] HERRIOT 1938 (wie Anm. 5), S. 281; zu naturrechtlichen Grundlagen siehe LÓPEZ DE GOICOECHEA ZABALA, Javier: La imago regis en las partidas alfonsinas, in: Revista juridica de la Universidad Alfono X el Sabio 1999, unter: http:// atenea.uax.es/iurisuax/textos01/goico99.htm [9.5.2005].

[16] ARIAS BONET, Juan Antonio: La primera partida y el problema de sus diferentes versiones a la luz del Manuscrito Add. 20.787 del British Museum, in: DERS. 1975 (wie Anm. 5), S. XLVII-CIII, hier: LIf., LXXI; ARIAS BONET vermutet daher, dass die Vorlage des *libro de las leyes*, erhalten in der ältesten illuminierten Londoner Handschrift, im Jahr 1261 von Juristen diskutiert und in Glossen kommentiert wurde, wie sie sich in einer anderen frühen Handschrift aus Silos erhalten haben (S. LX, LXXVIIf., CII).

[17] Vgl. die dogmatische Einleitung der *Dekretalen* Gregors IX. im ersten Buch, Titulus I. De summa trinitate et fide catholica; FRIEDBERG, Emil; RICHTER, Emil Ludwig (Hg.): Corpus iuris canonici Bd. 2: Decretalium Collectiones, Decretales Gregorii IX, Leipzig 1879, Sp. 5f.

[18] Nach diesen folgen kürzere Abschnitte: der 7. Titulus widmet sich den Ordensangehörigen (*religioses*) mit 33 Leges, zum Eid (8. Titulus mit 12 Leges), zum Umgang mit Exkommunizierten (9. Titulus mit 57 Leges), Kirchengründung und -zusammenlegung (10. Titulus mit 24 Leges), zu Friedhöfen (11.), zum Verhältnis von Klöstern zum Bischof (12.), zu Begräbnissen (13.), zur Veräußerung von Kirchenbesitz (14.), zu Patronatsrechten (15.), Pfründen (*beneficios* 16.), Simonie (17.), Sakrilegien (18.), über die Erstlingsgabe (*primicias* 19.), Stiftungen (*offrendas* 20.) und den Zehnt (21.), den Besitz des Klerus (22.), die geistliche Gastung (*procuración* 23.) und die Einhaltung von Festtagen (24.).

es ist affirmativ beschreibend. Das erste *ley* eines Titulus enthält, ähnlich wie im *Espejo*, jeweils eine biblisch-historische Herleitung des behandelten Gesetze sowie eine Erläuterung des lateinischen Fachterminus und seiner volkssprachlichen (kastilischen) Entsprechung. Angaben zu Autoritäten oder Rechtsquellen fehlen.[19]

3. Die Londoner Handschrift des *Libro de las Leyes*

3.1. Angaben zur Handschrift

Die Londoner Handschrift des *Libro de las leyes* (British Library, Add. Ms. 20787) umfasst 120 folios, das Seitenformat beträgt 358 x 238 mm, der zweispaltige Textspiegel misst 222 x 147 mm und enthält 45 Textzeilen, der Wechsel zwischen den beiden Schreibern ist auf fol. 82rv bei Titulus XIII sichtbar; beider Schrift entspricht laut RUIZ ASENCIO derjenigen der königlichen Kanzlei um 1290-1300/1310.[20] Die Handschrift ist demnach, anders als die motivisch verwandten *Cantigas de Santa Maria* (Escorial cod. T.I.1.) von 1279, nicht mehr zu Lebzeiten Alfons X. entstanden, sondern erst unter Alfons Enkel Ferdinand IV. (1295-1312). Der Beginn eines jeden *ley* wird durch ein rotes oder blaues Fleuronnée-Initial markiert, in roter Tinte wird die jeweilige Nummer des *ley* angegeben. Miniaturen oder größere Initialen in Vollmalerei mit Gold heben den Beginn eines größeren Textabschnitts (*fabla*) hervor, dessen Zahl und Inhalt rot rubriziert über dem Bild- oder Initialfeld angegeben wird.[21] Durch den reichen Schmuck mit 20 Miniaturen erfährt der *Libro de las Leyes*, das erste Buch innerhalb des zu dieser Zeit bereits abgeschlossenen Gesetzeswerkes der *Siete Partidas,* eine besondere Auszeichnung. Die Miniaturen sind unregelmäßig verteilt. Sie stehen am Beginn der Handschrift zum Prolog (fol. 1r) sowie zum Beginn des Haupttextes (fol. 1v), während der ersten Titulus (fol. 1v) durch ein historisiertes Initial eingeleitet wird. Die Tituli 2-6 werden nur durch ornamentale Initialen ausgezeichnet, doch vom 7. Titulus an (fol. 54r) steht jeweils eine Miniatur zu Beginn des Titulus vor dem ersten *ley* des Abschnitts.[22] Zu vermuten ist, dass ursprünglich

[19] Vgl. z.B. zum Scrutinium im Rahmen der Bischofswahl Titulus V. Ley 19 (ARIAS BONET 1975 (wie Anm. 5), S. 78): *Scrutinio llaman en latín a la primera manera de elección, que quier tanto dezir en nuestro lenguage cuemo escodrinnamiento.* Es folgt die Beschreibung des schriftlichen Wahlverfahrens. Bei der Begründung der Zehntabgabe hingegen werden eingangs alttestamentarische Beispiele eingeführt und die Abgaben historisch sowie allegorisch begründet. HERRIOT 1938 (wie Anm. 5), S. 281f., zeigt einige Entlehnungen aus den *Institutiones* und *Digesten* des *Corpus iuris civilis* auf.

[20] Diese Angaben nach RAMOS 1975 (wie Anm. 5), S. XIX, sowie RUIZ ASENCIO 1975 (wie Anm. 5), S. XLIf.

[21] Die Miniaturen messen ca. 25 x 22 mm, die Anfangsabschnitte der einzelnen Tituli und leyes werden durch zweifarbige Fleuronéeinitialen (in rot und blau) geziert.

[22] Ornamentale Initialen auf fol. 1r, 1v, 2r, 3v vor Titulus III., fol. 4r vor Titulus IV., fol. 16v vor

eine Auszeichnung nur des Beginns durch Miniaturen geplant war, ansonsten zur Hervorhebung der 24 Textabschnitte ornamentale Initialen, und dass erst in einer zweiten Phase ein umfänglicheres Illustrationsprinzip gewählt wurde. Indem die dem Beginn folgenden Tituli – der zweite Titulus zur Trinität und *translatio legis*, der dritte zu den Glaubensartikeln, der vierte zu den Sakramenten und geistlichen Weihegraden - nicht illuminiert werden, entfallen viele Bilder, für die Bildmotive etabliert waren. So ist die Trinitätsdarstellung aus der Psalterillustration für Ps 109 geläufig, die Sakramentsspende und die geistlichen Weihegrade aus illuminierten Sakramentaren und Pontifikalen.[23]

Der Text beginnt nach dem Prolog direkt mit der ersten *ley* des ersten Titulus, d.h. weder ist ein Gesamtinhaltsverzeichnis dem Buch vorangestellt, noch sind die Titel der einzelnen *leyes* in Form von Capitula vor den einzelnen Tituli zur Orientierung zusammengestellt, wie dies im *Vidal mayor* sehr systematisch erfolgt. Doch machen Tituli mit Zählung und Inhaltsstichwort, die als Überschrift jeweils über den Miniaturen eingefügt sind, die großen Gliederungsabschnitte des Codex deutlich. Eine rubizierte Einleitung zum jeweiligen Titulus vor dessen Einzelbestimmungen fehlt jedoch, sondern diese Funktion übernimmt inhaltlich die erste *ley* bzw. die dem zugehörigen Textabschnitt voranstehende Miniatur.

3.2. Analyse der Miniaturen und ihres Textbezugs

Der **Prolog**text beginnt mit einer Invokation des Heiligen Geistes und dem Lobpreis Gottes als Schöpfer alles Guten. Darauf folgt die Begründung für die Abfassung des Gesetzeswerks (hier im folgenden paraphrasiert):[24] Da die Menschen Verschiedenes wollen und von selbst nicht zur Übereinkunft kommen, kommt es auf Erden zu großem Übel. Den Königen ist daher die Aufgabe übertragen, in

Titulus V., fol. 37r vor Titulus VI.; ohne Abbildung aber laut Angaben von RUIZ ASENCIO 1975 (wie Anm. 5) zu den Abbildungen nach S. XXIV.

[23] Zur Trinitätsdarstellung in Psaltern siehe BÜTTNER, Frank Otto: Der illuminierte Psalter im Westen, in: DERS. (Hg.): The Illuminated Psalter. Studies in the Content, Purpose and Placement of its Images, Turnhout 2004, S. 1-106, hier: 32f. In den *Dekretalen* Gregors sind sie als Illustration des ersten Buchs *De trinitate* üblich, vgl. WITTEKIND 2009 (wie Anm. 10). Zur Darstellung von Weihehandlungen PALAZZO, Eric: L´évèque et son image. L´illustration du pontifical au moyen âge, Turnhout 1999.

[24] ARIAS BONET 1975 (wie Anm. 5), S. 3: *Sancti Spirius assit nobis gracia. ... A Dios deue omne adelantar e poner primeramientre en todos los buenos fechos que quisiere començar, ca El es comienço e fazedor e acabamiento de todo bien...,.porque las voluntades e los entendimientos de los omnes son departodis en muchas maneras, por ende los fechos e las obras dellos no acuerdan en uno, e desto nascen grandes contiendas e muchos otros males por las tierras. Por que conuine a los reyes que an a tener e a guadar sus pueblos en paz e en iusticia, que fagan leyes e posturas e fueros, por que el desacuerdo que han los omnes naturalmientre entre ssí se acuerde por fuerça de derecho, assí que los buenos uiuan bien e en paz e los malos sean escarentados de sus maldades.*

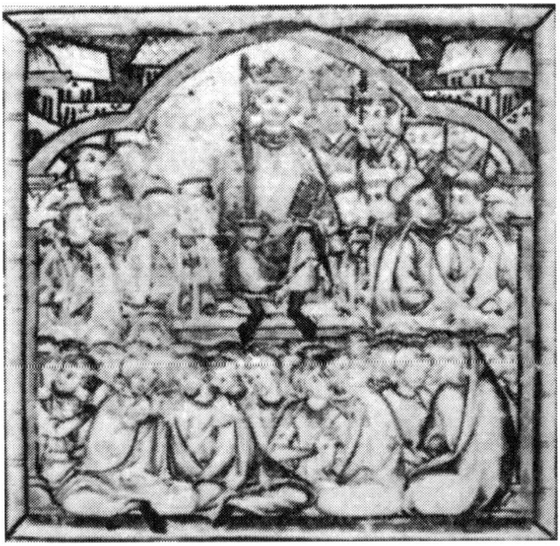

Abb. 2 Primera Partida: Prologminiatur; London, British Library, Add. Ms. 20787, fol. 1r

ihren *pueblos* Frieden und Gerechtigkeit zu wahren und dafür Gesetze zu erlassen. Das hier kodifizierte Recht dient der Bekämpfung der Übel, die im Herrschaftsgebiet entstanden sind wegen der vielen Sonderrechte (*fueros*), die in Orten und Gebieten genutzt werden, die gegen Gott und gegen das Recht sind, weil sie ohne Vernunft sind, und zur Rechtsunsicherheit der Richtenden führen – deshalb sind diese Gesetze im Buch geschrieben, zum Dienst an Gott und für das Wohl der Gemeinschaft; dem hier verkündeten Recht gebührt Vorrang vor anderem Recht, und wer dagegen verstösst, irrt auf dreierlei Weise: erstens gegen Gott, um dessen Gerechtigkeit und Wahrheit zu vollenden das Buch gemacht wurde; zweitens gegen den natürlichen Herrn (*sennor natural*), sein Werk und sein Mandat missachtend; drittens durch sein Vergehen gegen die Gemeinschaft und den allgemeinen Nutzen. Es folgt eine knappe Inhaltszusammenfassung des Buches, das handelt von der Trintität und dem katholischen Glauben, den Sakramenten der Kirche, von den geistlichen Ständen und dem Klerus sowie den Rechten der Kirche.

Die dem Prolog voranstehende Miniatur (fol. 1r) zeigt unter einer Arkade im Zentrum den thronenden König, das blanke Schwert aufgerichtet in der Rechten, ein geschlossenes Buch in der Linken auf das Knie gestützt. (Abb. 1) Der König ähnelt somit den Darstellungen des thronenden Christus. Begleitet wird er rechts von stehenden Erzbischöfen mit Mitra und Pallium, vor ihnen tonsurierte Kleriker sowie sitzende Juristen, letztere zu erkennen an ihrem geschwungenen Birett.[25] Links neben ihm stehen und sitzen Adlige mit ihren charakteristischen

[25] Zum Birett als Standes- und Statuszeichen der Juristen seit dem 13. Jahrhundert siehe VON HÜLSEN-ESCH, Andrea: Gelehrte im Bild. Repräsentation, Darstellung und Wahrnehmung einer sozialen Gruppe im Mittelalter, Göttingen 2006, S. 138, 174.

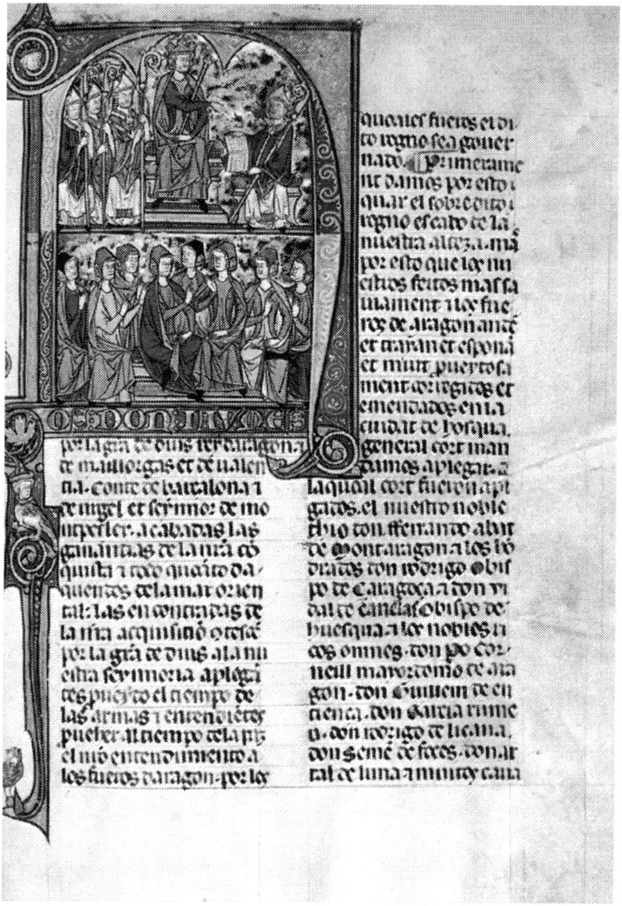

Abb. 3 Vidal Mayor: Prologinitial; Malibu, Paul Getty Collection, Ms. Ludwig XIV 4, fol. 1r

Hauben. Der König thront also als Hauptfigur und Mittler zwischen Vertretern des geistlichen und weltlichen Standes. Ihm zu Füßen in einer unteren Bildzone sieht man das Volk; es sitzt als dicht gedrängte Menge auf dem Boden, die Köpfe hin- und herwendend. Als kompositionelle Anregung mag hier die Prachthandschrift der *Cantigas de Santa Maria* Alfons´ X. (Escorial, Ms. J.B.2) gedient haben, die testamentarisch für den Vortrag an Marienfesten in der Kathedrale von Sevilla bestimmt worden war.[26] Unter deren überwiegend Musiker zeigenden Bildern

[26] SCARBOROUGH, Connie L.: Women in Thirteenth-Century Spain as Portrayed in Alfonso X´s Cantigas de Santa Maria, New York 1993, S. 3, mit bibliographischen Angaben; zur Nutzung in Sevilla siehe BURNS 1990 (wie Anm. 1), S. 7, Abbildung dort Fig. 12-1.

sind auch solche, die den König als Autor und umgeben von seinem am Boden sitzenden Volk präsentieren. Während das Spruchband, das dort den Beginn des *Canticums* zitiert, als Hinweis auf den oralen Vortrag des dichtenden Königs verstanden werden kann, erscheint der König im *Libro de las Leyes* weniger als konkreter Autor denn als Rechtsgarant. Darauf weist das geschlossene Buch in seiner Linken. Der König umfasst das im Buch verkörperte Recht als Ganzes, durch seine Schwertgewalt garantiert er die Einhaltung der in ihm enthaltenen Gesetze. Seine Figur ist, ähnlich wie SCHMITT es für die Darstellung der „grande personnage“ mit geschlossenem Buch im *Decretum* in Baltimore (Walters Art Gallery, W.133) herausarbeitet, durch seine Größe und frontale Stellung herausgehoben.[27] Begreift man die architektonischen Motive der Arkadenzwickel nicht nur als Zier, sondern zugleich als Bedeutungsträger, so wird hier zugleich das Königsreich als Haus abgebildet, regiert vom König als irdischem Vertreter Christi.

Der Vergleich mit dem Prologbild des *Vidal mayor* macht den besonderen Akzent des *Libro de las leyes* deutlich (Abb. 2):[28] Auch im *Vidal mayor* thront der König in einem in zwei Zonen geteilten Bildfeld oben in der Mitte unter einer dreigeteilten Arkade, links begleitet von Bischöfen. Anstelle des Schwertes hält er das Zepter als Herrschaftszeichen in der Linken. Der König wendet sich zu dem rechts sitzenden Bischof, wohl der Autor VIDAL DE CANELLAS, Bischof von Huesca (1236-52). Dieser präsentiert ihm den aufgeschlagenen Codex, auf den wiederum die rechte Hand des Königs weist. In der unteren Zone ist anstelle des Volkes im *Vidal Mayor* die disputierende Gemeinschaft des Adels auf einer Bank sitzend versammelt. Diese Adelsversammlung ist es, die in der *cortés* das Gesetzeswerk verabschiedet und sich ihm damit erst unterwirft. Die Szene enthält zwar Elemente einer Dedikationsszene, d.h. der Übergabe des Buches vom Autor an den Auftraggeber oder Empfänger. Doch hebt die Miniatur den Vorgang auf eine allgemeinere Ebene der Rechts und rückt das Buch selbst ins Zentrum, indem der König als oberster Rechtsherr auf dieses weist, das Gesetzbuch in Auftrag gibt oder sich darauf beruft. Die Stellung der Geistlichkeit im oberen Register zu seiten des Königs demonstriert visuell den Rückhalt, den der König in ihr findet, während der Adel im unteren Register eher als Rezipient erscheint. Die Pracht-

---

[27] SCHMITT, Jean-Claude: Le mirroir du Canoniste: A propos d´un Manuscrit du Decret de Gratien de la Walters Art Gallery, in: Journal of the Walters Art Gallery 49/50 (1991/92), S. 67-81, hier: 71.

[28] Ähnlich wie im *Libro de las leyes* beginnt auch der Prolog des *Vidal mayor* mit einer Rechtfertigung der Gesetzgebung aus der Notwendigkeit, Krieg im Land durch Frieden zu ersetzen: [...] *proveydo el tiempo de las armas et entendientes proveher al tiempo de la paz*, ergänzt um die Begründung, dass die alten *fueros* in vielen Punkten, teils wegen großer Schäden für die *temporalia* wie wegen Gefahren für die Seelen, zugunsten der Gerechtigkeit gegenüber dem Übel korrigiert werden mussten: *Por aquestos fueros en muitas cosas, las quoales cosas los antiguos fueros no sines grant daynno de las cosas temporales et periglo de las ánimas, non por celo de justicia mas por cubdiciosa malicia tormentaven*[...]; vgl. DESAMPARADOS 1997 (wie Anm. 4), S. 17.

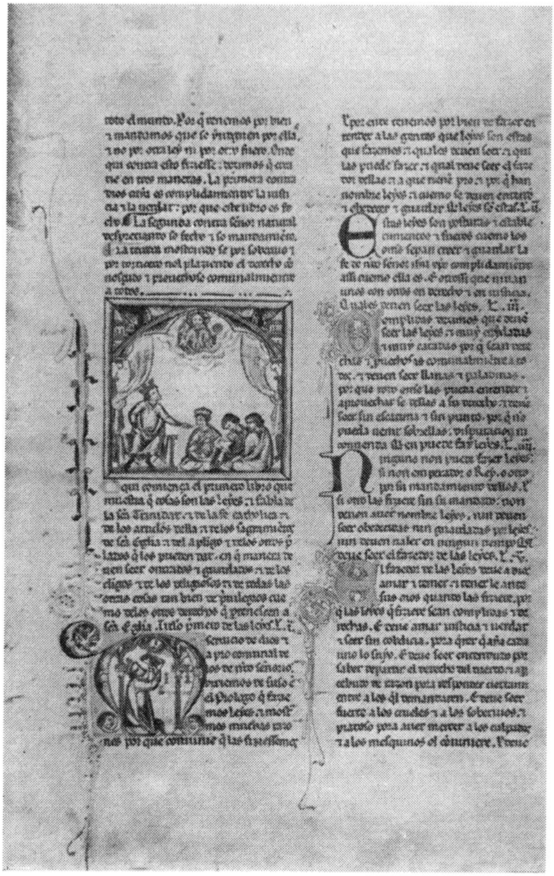

Abb. 4 Primera Partida: Textbeginn, Initial zum ersten Titulus *De las leyes*; London, British Library, Add. Ms. 20787, fol. 1v

ausgabe des *Vidal mayor*, die von dem ab 1297 als Notar von Pamplona belegten Michael de lupi de Candiu geschrieben wurde, ist um 1300 und damit erst unter der Regierung der Enkels des Auftraggebers Jakob I., nämlich unter Jakob II. (1291-1327) entstanden. Zeigt der *Libro de las Leyes* den König als Rechtsherren und seine Schwertgewalt, so ist es hier das Buch selbst, das zur Rechtsnorm wird. Beide Darstellungen verzichten darauf, den im Prolog genannten Anlass für die Kodifikation, d.h. Streit und Rechtsunsicherheit im Land zu thematisieren; sie betonen stattdessen die herausgehobene und ordnende Gewalt des Herrschers, nicht aber dessen göttliche Legitimation.

Die göttliche Autorisierung des königlichen Gesetzgebers ist Thema der nachfolgenden **Eingangsminiatur** zur Gesetzessammlung, auf die eine kurze Inhaltsangabe des Werks folgt: Dieses handelt von der heiligen Trinität und vom katholischen Glauben und seinen Artikeln, von den Sakramenten der heiligen Kirche, vom Apostolat und den Prelaten, die Sakramente spenden können, wie sie geehrt und bewahrt werden sollen, und von den Klerikern und den Religiosen und von allen anderen Dingen sowie den Privilegien und anderen Rechten der heiligen Kirche.[29] (Abb. 4) Die Miniatur zeigt unter einer dreiteiligen, durch einen Vorhang gezierten Arkade links den thronenden König mit Zepter in der Rechten. Er wendet sich nach rechts zu drei den vor ihm am Boden sitzenden Männern. Der erste ist durch sein Birett als Jurist bezeichnet, neben ihm ein junger Schreiber und ein weiterer älterer Mann. Der König spricht zu dem Juristen, doch sein Blick ist nach oben gerichtet. Dort erscheint – wie in einer Vision – in einem Wolkenband die Halbfigur Gottes als Weltenherrscher, in der Linken den Globus und die Rechte segnend erhoben. Damit wird anschaulich gemacht, dass der König seine Worte an Christus, dem himmlischen Weltenherrscher, ausrichtet. Dies und der Segen Christi autorisieren den König als weltlichen Vertreter Christi. Die Worte des Königs, die er an den Juristen richtet, der sie wiederum dem Schreiber diktiert, werden damit göttlich legitimiert. Und diese Legitimation des Rechts und der Sprechakt des Königs werden herausgehoben gegenüber der konkreten Rechtsformulierung des Juristen und der Niederschrift des Rechts. Damit wird die im Prolog genannte Autorschaft Alfons X. mit ins Bild gesetzt. Diktat und Aufschrift halten den Vorgang der Überführung einer oralen Tradition in die schriftliche Kodifizierung bewusst. Das Vorhangmotiv unterstreicht einerseits die herrscherliche Würde des Königs, es lässt sich jedoch im Zusammenhang der Gotteserscheinung im Wolkenkranz auch als Verweis auf den Charakter der Rechtskodifikation als geoffenbartes und göttlich autorisiertes Recht lesen.[30]

Ein weit nach oben ausgreifender Fleuronnéestab verbindet diese Miniatur mit dem nachfolgenden historisierten Initial zum **1. Titulus** *De las leyes*.[31] Dieser legt dar, dass die Gesetzgebung als Dienst für Gott sowie für die Gemeinschaft erfolgt: *A servicio de Dios e y pro comonal* [...] *faziemos leyes*.[32] Die Begründung dieser Gesetze soll die Bereitschaft der Menschen fördern, diese zu befolgen. Das vierte

---

[29] ARIAS BONET 1975 (wie Anm. 5), S. 4: *Aquí cominça el primero libro que muestra qué cosas son las leyes e fabla de la Sancta Trinidat e de la fé cathólica e de los artículos della, e de los sagramientos de Santa Eglesia, e del apostóligo e de los otros prelados que los pueden dar, en qué manera deuen seer onrrados e quardados, e de los clérigos e de los religiosos e de todas las otras cosas, tan bien priuilegios cuemo de los otros derechos que pertenescen a Santa Eglesia.*

[30] Zu dieser doppelten Bedeutung des Vorhangmotivs siehe EBERLEIN, Johann Konrad: Apparitio regis – revelatio veritatis. Studien zur Darstellung des Vorhangs in der bildenden Kunst von der Spätantike bis zum Ende des Mittelalters, Wiesbaden 1982.

[31] Siehe zum hinweisenden Charakter der Bordüren und Fleuronnéestäbe den Beitrag von SPITZER in diesem Band.

[32] ARIAS BONET 1975 (wie Anm. 5), S. 5: [...] *e monstramos muchas razones por que conuinie que las tiziessemois. E por ende, tenemos por bien de fazer entender a las gentes* [...].

ley betont sodann die alleinige Gesetzgebungsvollmacht des Kaisers oder Königs bzw. der von ihm Beauftragten. Das fünfte verlangt, gemäß den mittelalterlichen Fürstenspiegeln, vom Gesetzgeber Gottesliebe und Gottesfurcht, Gerechtigkeits- und Wahrheitsliebe, Stärke gegenüber den Grausamen (*deue seer fuerte a los crueles*), Mitleid, um gnädig gegenüber den Beschuldigten zu sein. Das *A*-Initial zeigt im Binnenfeld den König unter einer Arkade nach rechts gewandt vor einem Altar knieend, auf dem Kreuz und Leuchter zu erkennen sind. Mit beiden Händen hebt er einen großen Codex empor, den Blick nach oben gerichtet, zum Antlitz Gottes, das aus einem Wolkensegment zu ihm niederschaut. Königs- und Gotteshaupt sind kompositionell eng aufeinander bezogen, das Buch, d.h. die vorliegende Gesetzessammlung, überbrückt die Kluft zwischen ihnen. Die Haltung und Position des König wird Darstellungen des Priesters beim Altardienst (*servicio de Dios*) angenähert, der Codex wird somit zur frommen Gabe des Königs, die er Gott am Altar darbringt. Zugleich aber lässt sich der Codex in dieser Komposition, ähnlich den Gesetzestafeln, die Mose von Gott empfängt, als Gottesgesetz verstehen.

Aus dem Umstand, dass die nächsten fünf Tituli nicht mit Miniaturen, sondern nur mit dekorativen Initialen versehen wurden, könnte man auf einen Programmwechsel in der Ausstattung schließen. Dann hätte ein erstes Konzept lediglich diese beiden Eingangsbilder vorgesehen, welche die Kodifizierung göttlich autorisieren und legitimieren, ähnlich wie in manchen Handschriften kanonischen Rechts im 13. Jahrhundert.[33]

Das nächste Bild wird erst zum Beginn des **7. Titulus** (fol. 54r) über die Religiosen, die ihr Leben dem Dienst Gottes geweiht haben, eingefügt.[34] Hier wird dargestellt, wie ein links auf Stufen erhöht thronender Bischof vor ihm knieende Mönche segnet. Der Text beginnt mit dem Aufruf Christi zur Nachfolge und zum Verzicht auf familiäre Bindungen. Es folgen Bestimmungen zur Profess, Altersgrenzen, Ordenswechsel etc. Bildlich herausgehoben wird also nicht der Eintritt ins geistliche Leben durch die *commendatio*, wie dies in Handschriften des *Decretum Gratiani* als Illustration von Causa XX üblich ist, welche die Übergabe von Kindern durch ihre Eltern zur Erziehung an ein Kloster verhandelt.[35]

[33] Als Beispiel sei eine Handschrift der *Dekretalen* (*liber sextus)* Gregors IX gennant (Frankfurt, Universitätsbibliothek, Hs. Barth 23). Sie zeigt als einzigen Bildschmuck auf fol. 7r eine Miniatur zum Textbeginn. Diese stellt unter einer Doppelarkade links den Papst dar; er präsentiert der vor ihm versammelten Geistlichkeit mit mahnend erhobener Rechter einen Codex – das hier nachfolgende zu lesende Werk. Hier wird die unmittelbare Autorschaft und unabgeleitete Autorität des Papstes betont. Zur Handschrift siehe POWITZ, Gerhardt; BUCK, Herbert: Die Handschriften des Bartholomaeusstifts und des Karmeliterklosters in Frankfurt am Main (Kataloge der Stadt- und Universitätsbibliothek Frankfurt am Main 3.2), Frankfurt 1974, S.48-51. Zu den Prologbildern der *Dekretalen* Gregors IX. siehe WITTEKIND 2009 (wie Anm. 10).

[34] ARIAS BONET 1975 (wie Anm. 5), S. 195.

[35] Vgl. MELNIKAS, Anthony: The Corpus of the Miniatures in the Manuscripts of the Decretum Gratiani (Studia Gratiani 16-18), Rom 1975, Bd. 2, zu *Causa* XX S. 631-654.

Stattdessen steht hier im Zentrum die Gemeinschaft der von Bischöfen geweihten Geistlichen. Betont wird durch die erhöhte, der Position des Königs im Prologbild (fol. 1r, Abb. 2) ähnliche Stellung der Bischöfe der geistliche Rangunterschied zwischen ihnen als Kirchenführern und den übrigen Klerikern und Mönchen, die nicht näher hinsichtlich ihrer verschiedenen Grade und Funktionen unterschieden werden.[36]

Der kurze **8. Titulus** behandelt Gelübde und Versprechen, wobei, wie im ersten *ley* betont wird, diese aus freiem Willen und zu einem guten Zweck zu erfolgen haben und zu halten sind, um so mehr, wenn es Versprechen gegenüber Gott sind.[37] Die zugehörige Miniatur (fol. 60v) zeigt im oberen Bereich über einem Wolkenband Christus inmitten der Heiligen, zu denen sich unten knieend betende Menschen wenden, überwiegend Laien. Damit wird die durch den gemeinsamen Bezug auf Gott erreichte Einheit des Volkes demonstriert. Besonders hervorgehoben ist dadurch die eingangs angesprochene Gottesverpflichtung, während die im Text erfolgende Unterscheidung von lösbaren und unaufhebbaren Gelübden keine Rolle spielt. Der umfangreiche **9. Titulus** ist der Exkommunikation (*descomulgación*) gewidmet.[38] Das erste *ley* führt in die Thematik anhand des Sündenfalls ein, denn die Vertreibung des Sünders Adam aus dem Paradies wird als Typus der Exkommunikation ausgelegt. Die Sakramente der Kirche, die auf Gottes Mitleid und Vergebungsbereitschaft beruhen, wirken als Medizin gegen die Sündenkrankheit (*enfermedat del pecado*) des Menschen. Die Exkommunikation wird als Mittel der Kirche gegen die Ungehorsamen erörtert, bevor im folgenden systematisch aufgeschlüsselt wird, in welchen Fällen der Bischof bzw. Priester diese Strafe verhängen kann. Die Miniatur (fol. 62v) stellt einen Bischof vor einem mit Kreuz und Leuchtern gezierten Altar dar, links hinter ihm stehen Diakone sowie weitere Kleriker und Laien. Dem Bischof nähert sich die kleine Figur eines Geistlichen mit gesenktem Haupt, der in der Rechten einen Korb (evt. als Zeichen seiner Einkünfte) hält und die Linke bittend hebt, vom Bischof aber abgewiesen wird.[39]

---

[36] Kompositionell gut vergleichbar sind Illustrationen zu Gratians *Causa* IX, die den Fall eines exkommunizierten Erzbischofs und die von ihm weiterhin durchgeführten Ordinationen behandelt. Einzelne frühe Beispiele des 12. Jahrhunderts zeigen ihn bei der Weihe einiger vor ihm knieender Kleriker mit Segensgestus der erhobenen Rechten. Vgl. MELNIKAS 1975 (wie Anm. 35), Bd. 2, S. 325-352. Bischöfliche Segnungsszenen (*benedictiones*) finden sich bereits im Ragnaldus-Sakramentar (Autun, Bibliothèque Municipale, Ms. 19b, fol. 173v, Tours um 850); siehe HUBERT, Jean; PORCHER, Jean; VOLBACH, W. Fritz: Die Kunst der Karolinger von Karl dem Großen bis zum Ausgang des 9. Jahrhunderts (Universum der Kunst), München 1969, Abb. 119; weitere Darstellungen behandelt PALAZZO 1999 (wie Anm. 23), S. 183-252.

[37] ARIAS BONET, 1975 (wie Anm. 5), S. 215-228, hier ley 1, S. 215.

[38] ARIAS BONET 1975 (wie Anm. 5), S. 226-269, hier ley 1, S. 226f.

[39] Gratian verhandelt die Exkommunikation in *Causa* IX, in der die Metropolitangewalt des Erzbischofs über seine Suffragane im Fall eines exkommunizierten Erzbischofs, der weiterhin das Recht der Ordination ausübt, diskutiert wird. Dem Fall entsprechend wird diese anfangs

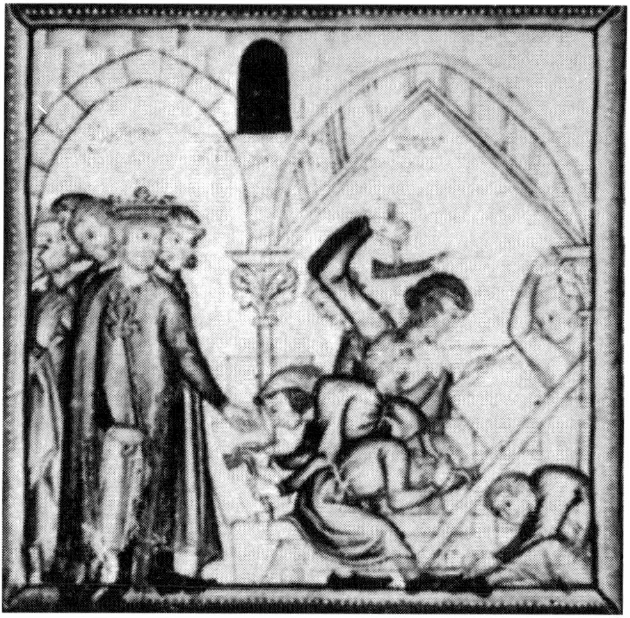

Abb. 5 Primera Partida: 10. Titulus 1. Ley *De las eglesias cómo se deuen fazer*; London, British Library, Add. Ms. 20787, fol. 75r

Der Kirchengründung ist der **10. Titulus** gewidmet, in dem die dafür nötige Zustimmung des Ortsbischofs sowie Probleme der Neugründung oder Verlegung von Kirchen verhandelt werden, die nötige finanzielle Ausstattung, Weihebefugnisse etc. Die erste *ley* beginnt mit dem Hinweis auf Mose und die Errichtung des Bundeszeltes für die Bundeslade und dem Beispiel Salomons als Erbauer des Tempels. Es folgt die historische Aufzählung wichtiger alttestamentarischer Gebetsorte als Vorläufer der christlichen Kirchen, in denen das eucharistische Opfer und die Sakramentsspende vollzogen wird.[40] Die Miniatur (fol. 75r) aber zeigt weder die typologischen Vorbilder, noch die Kirche als Ort des Sakraments oder die Kirchweihe. (Abb. 5) Stattdessen sieht man links den König mit Gefolge, der rege beschäftigten Bauhandwerkern Anweisung gibt. Die Szene wird hinterfangen von zwei Arkaden, deren rechte von einem Stützwerk aufgefüllt wird. Der König tritt

durch eine Weihehandlung illustriert (Troyes, Bibliothèque Municipale, Ms. 103, fol. 113r), später durch die Gegenüberstellung der um ein Amt konkurrierende Kapläne bzw. Bischöfe (Rom, BAV, Ms. Vat. Lat. 1371, fol. 127v); vgl. MELNIKAS 1975 (wie Anm. 35), Bd. II, Pl. IV und fig. 28.

40 ARIAS BONET 1975 (wie Anm. 5), S. 270-286, hier ley 1, S. 270; es folgt die kirchenrechtliche Bestimmung, dass die Weihe durch einen Bischof zu erfolgen habe (ley 2) und das Verbot häuslicher Messfeiern (ley 3).

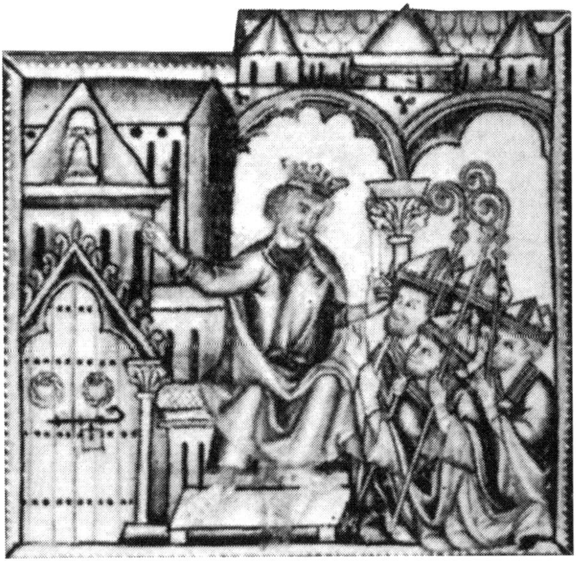

Abb. 6 Primera Partida: 10. Titulus 21. Ley *Por qué ponen figura de cordero e sennal de cruz e letras que dizen paz sobre de las puertas de las eglesias*; London, British Library, Add. Ms. 20787, fol. 79r

hier als Auftraggeber des Kirchenbaus und als höchster Repräsentant weltlicher Kirchenstifter auf, wogegen der Text in *ley* 7 hinsichtlich der Frage, wer Kirchen errichten dürfe, nur erklärt, für Mann und Frau sei die Stiftung einer Kirche ein edle und vor Gott verdienstvolle Sache, jedoch sehr aufwendig wegen der zugehörigen Ausstattung mit Paramenten.[41] Der Kirchenbau erscheint hier als charakteristisches Zeichen der Stiftung.[42] Betont wird die praktische Bauausführung durch Arbeiter, anstatt den Stifter mit dem Kirchenmodell zu zeigen.[43] Unter allen

---

[41] ARIAS BONET 1975 (wie Anm. 5), S. 274.

[42] Dafür finden sich bereits im 12. Jahrhundert Beispiele, so in der Heribertvita des Heribert-Schreins (Neu St. Heribert, Köln-Deutz, um 1160-1170; vgl. WITTEKIND, Susanne: in: Wallraf-Richartz-Jahrbuch 59 (1998), S. 7-28, hier: 17, Abb. 6), wogegen am Remaklusretabel (ehemals Stablo, um 1150) die Stiftung des Königs durch die Übergabe eines Zweiges an den Abtbischof Remaklus dargestellt und von der Bauausführung unter Aufsicht des Remaklus getrennt wird; zur Nachzeichnung des Remaklusretabels von 1666 im Staatsarchiv Lüttich siehe WITTEKIND, Susanne: Altar – Reliquiar – Retabel. Kunst und Liturgie bei Wibald von Stablo (Pictura et Poesis 17), Köln/Weimar/Wien 2004, S. 289-295.

[43] Auch im *codex rico* der *cantigas de santa Maria* (Escorial, Ms. T.I.1) werden immer wieder sehr detaillierte Kirchenbauszenen integriert, so zu cantiga 42; zur Handschrift siehe KOSMER, Ellen; POWERS, James F.: Manuscript Illustrations: The Cantigas in Contemporary Art Context, in: BURNS 1990 (wie Anm. 1), S.46-58; KLEIN, Peter: Kunst und Feudalismus zur Zeit Alfons des Weisen von Kastilien und León (1252-1284). Die Illustration der Canti-

Tituli erhält nur dieser, der Kirchengründung gewidmete 10. Titulus eine weitere Miniatur. (Abb. 6) Sie steht (fol. 79r) vor *ley* 21, das begründet, warum bei der Weihe ein Kreuzzeichen, das Bild des Lammes und das Friedenszeichen über der Tür der Kirche anzubringen sei, dies wiederum mit Verweis auf Mose und Aaron in Ägypten (Ex 12,1-4).[44] In der Miniatur (fol. 79r) wird nicht das Anbringen des Kreuzzeichens selbst gezeigt, noch das alttestamentarische typologische Vorbild des Anbringens des Tau-Zeichens an die Häuser der Juden in Ägypten.[45] Stattdessen erscheint im Zentrum der Szene der König, der mit mahnend erhobener Linker zu den vor ihm knieenden Bischöfen spricht und auf das verschlossene Kirchenportal weist. Der König wird damit zum Sprachrohr des Gesetzestextes, der die symbolische Kennzeichnung des Kirchenportals vom weihenden Bischof fordert. Er vertritt nicht nur das im Buch verzeichnete Recht, sondern ebenso die darin aufgenommene geistliche Begründung desselben, d.h. die allegorische Auslegung der Kirchweihe bezüglich der Kirche als Tempel des Leibes Christi, die auf Johannes´ Rede vom Körper Christi als dem Tempel seines Leibes (Joh 2,21; vgl.1 Kor 3, 16-19) begründet ist. Diese Bildwahl ist umso auffälliger, als in den Handschriften des *Decretum Gratiani* zum Abschnitt *De consecratione* die Darstellung der Altar- und Kirchweihe durch den Bischof fest etabliert ist. Gezeigt wird dort das Besprengen von Portal oder Altar mit dem Weihwasser oder aber die Segnung mit dem Kreuzeszeichen.[46]

---

gas, in: CLAUSBERG Karl; KIMPEL, Dieter (Hg.): Bauwerk und Bildwerk im Hochmittelalter, Gießen 1981, S. 169-212.

44 ARIAS BONET 1975 (wie Anm. 5), S. 284f. Spanische Portale in der Nachfolge des Westportals der Kathedrale in Jaca (Ende 11. Jahrhundert) nehmen mit der Darstellung von Christusmonogrammen mit eingeschriebenem A und Ω über Löwen als figura Christi (wie die Inschrift in Jaca erläutert), evt. Bezug auf diese Kirchweihpraxis, so in San Martín in Uncastillo und der Puerta de las Platerías der Kathedrale von Santiago de Compostela; vgl. DURLIAT, Marcel: La Sculpture romane de la route de Saint Jacques de Conques à Compostelle, Mont-de-Marsan 1990, S. 243-248.

45 Diese Szene ist seit Mitte des 12. Jahrhunderts als Typus der Kreuzigung, zunächst in der Kunst des Maaslands etabliert, vgl. das typologische Vortragekreuz (um 1160-70, KÖTZSCHE, Dietrich: Vortragekreuz mit alttestamentlichen Szenen und Szenen der Kreuzlegende, in: HAUSSHERR, Reiner (Hg.): AK Die Zeit der Staufer, Stuttgart 1977, Bd. 1, Nr. 550, Bd. 2, Abb. 349). Diese alttestamentarischen Typen werden in den illuminierten Prachtausgaben der Bible moralisée aufgenommen, von denen das Toledaner Exemplar (Paris um 1230, Toledo, Schatz der Kathedrale) als Geschenk Ludwigs des Heiligen an König Alfons X. gelangte, der sie in seinem Testament 1282 aufführt; vgl. MOLEIRO, Manuel (Hg.): Biblia de San Luis/ Bibel Ludwigs des Heiligen. Kommentarband zur Faksimileausgabe, Graz 1995.

46 Zur Kirchweihe vgl. PALAZZO 1999 (wie Anm. 23), S. 130f und 318f. zum Benedictionale-Pontifikale aus Winchester, E.10. Jahrhundert (Rouen Ms. 368, fol. 2v, Abb. 14), sowie S. 157 zum Pontifikale der 2.H.13. Jahrhundert in Rouen (Bibliothèque Municipale, Ms. 370 fol. 98v; Abb. 17), zur Etablierung und ‚emblematischen' Bedeutung von Kirchweihfestdarstellungen seit der zweiten Hälfte des 13. Jahrhunderts ebd. S. 322-356. Eine Anfangsillustration des folgenden 11. Titulus, der über Friedhöfe handelt, fehlt.

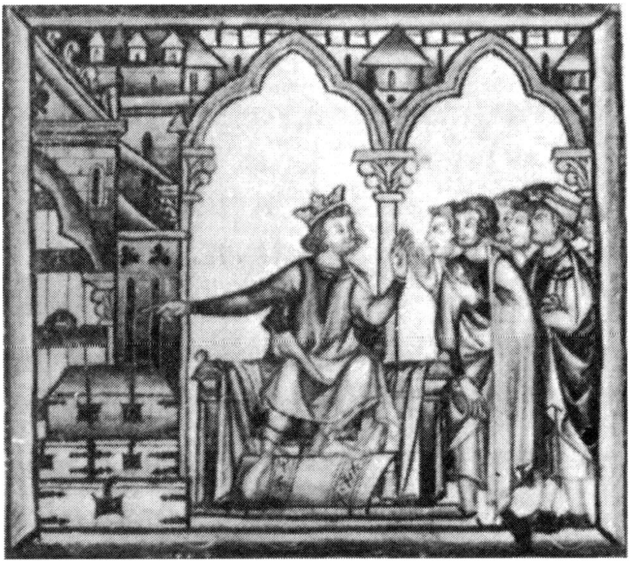

Abb. 7 Primera Partida: 14. Titulus 1. Ley *De las cosas de la eglesias que no se deuen enagenar*; London, British Library, Add. Ms. 20787, fol. 86v

Die nächste Illustration folgt unter Auslassung des kurzen 11. Titulus, der bestimmte Kirchenprivilegien regelt, erst auf fol. 80r zum **12. Titulus**, der von Klöstern, ihre Kirchen im Verhältnis zur Obergewalt des Bischofs, von Exemption, Gottesdienst und Seelsorgepflichten handelt.[47] Die einleitende Miniatur zeigt jedoch, ähnlich wie das Prologbild (Abb. 1,2), in der Mitte der symmetrischen Komposition den thronenden König unter einer Arkade, hinter ihm Laien. Durch halb verschlossene Portale treten von den Seiten Mönche heran, die Blicke auf den König gerichtet. Die überfangende Arkade fasst Laien und Geistliche mit dem König im Zentrum der christlichen Gemeinschaft zusammen. Die Binnenarchitektur trennt jedoch Mönche und Laien und macht so die klösterliche Klausur der Mönche als Sonderbereich deutlich. Der König tritt wiederum als Garant dieser kirchlichen Ordnung auf. Im **13. Titulus** werden Fragen des Begräbnisses (*sepultura*) erörtert.[48] Das einleitende *ley* warnt zunächst vor verschiedenen irrigen Todes- und Auferstehungsvorstellungen, um diese dann zu berichtigen, indem das christliche Begräbnis an geweihtem Ort von den Kirchenvätern her begründet wird. Im folgenden wird das Begräbnis begrifflich differenziert in liturgisches Totenoffizium, Grablegung und Grabstätte, worauf vor simonistischem Verkauf von Begräbnissen gewarnt wird. Eingeleitet wird der Titulus (fol. 82v) mit einer

[47] ARIAS BONET 1975 (wie Anm. 5), S. 291-296.
[48] ARIAS BONET 1975 (wie Anm. 5), S. 297-311.

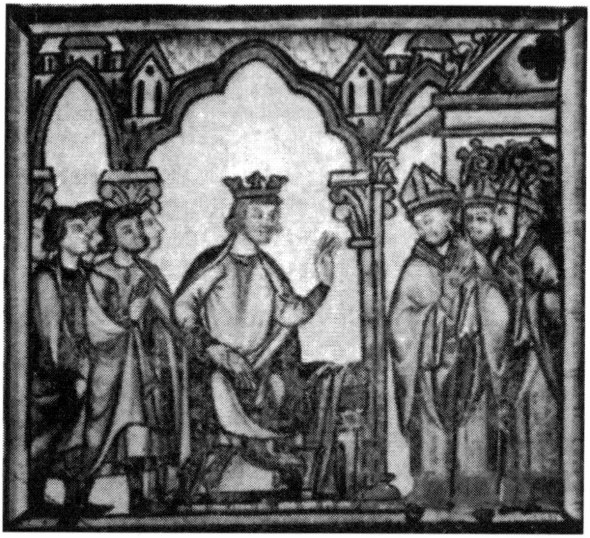

Abb. 8 Primera Partida: 15. Titulus 1. Ley *Del derecho del padronazgo*; London, British Library, Add. Ms. 20787, fol. 89r

liturgischen Grablegungsszene:[49] Rechts steht ein Kleriker mit Vortragekreuz, ein anderer besprengt ihm gegenüber das Grab mit Weihwasser, Weihrauch wird geschwenkt, im Zug der Geistlichen wird eine Kerze mitgeführt, der Bischof vollzieht den Segen. Die Szene wird von Arkaden überfangen und vor einem Kirchengebäude lokalisiert, aus dessen Portal die Kleriker auf den Friedhof herauszutreten scheinen.

Der folgende **14. Titulus** mahnt die Bürger zur Obacht, wenn Nachbarn etwas aus dem Gemeinbesitz oder gar aus dem Kirchenbesitz verkaufen, da dies nur unter besonderen Umständen erlaubt ist.[50] Erörtert werden die mit Stiftungen verbundenen Rechte der Kirchen, dies auch in Bezug auf etwaige bischöfliche Ansprüche. Die Miniatur (fol. 86v) stellt nicht den Verkauf von Gegenständen selbst dar oder dessen Bestrafung, sondern sie präsentiert den König als Bewahrer der kirchlichen Schätze, die in verschlossenen, beschlagenen Kisten links vor einem Kirchengebäude stehen. (Abb. 7) Der König weist auf diese Truhen, während er sich mit abwehrender Geste nach rechts zu Laien wendet, die offenbar Forderungen erheben. König und Bürger sind unter einer zinnenbekrönten Stadtarchitektur zusammenfasst. Ohne im Text erwähnt zu sein, tritt der König hier als

[49] KROOS, Renate: Grabbräuche – Grabbilder, in: SCHMID, Karl (Hg.): Memoria. Der geschichtliche Zeugniswert des liturgischen Gedenkens im Mittelalter, München 1984, S. 285-353, hier zum Vortragekreuz S. 304, zum Besprengen des Toten bzw. des Sarkophags mit Weihwasser und Weihrauchschwenken S. 307ff.

[50] ARIAS BONET 1975 (wie Anm. 5), S. 312-321.

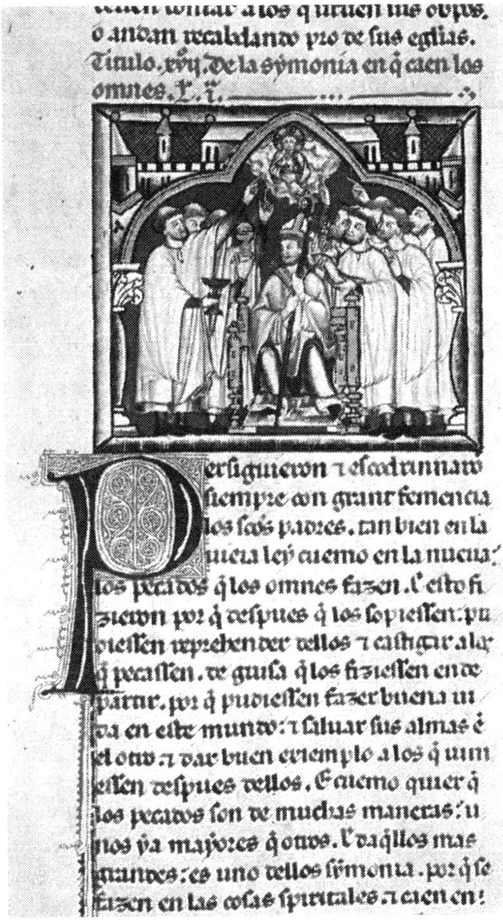

Abb. 9 Primera Partida: 17. Titulus 1. Ley *De la symonía en que caen los omnes*; London, British Library, Add. Ms. 20787, fol. 96v

Garant kirchlicher Rechte ein. König und Kirche stehen hier für das allgemeine Wohl, das es durch das Recht zu bewahren gilt. Ähnliches gilt auch für die nächste Miniatur (fol. 89r), die den **15. Titulus** einleitet, der vom Patronatsrecht handelt.[51] Erörtert wird hier das erbliche Recht der Eigenkirchenherren, Kleriker für eine Kirche bzw. Pfründe zu bestimmen, die jedoch der Billigung durch den Bischof unterliegt, dem aber nur in Ausnahmefällen selbst ein Besetzungsrecht zusteht. (Abb. 8) Im Bild agiert jedoch wiederum der König: Er thront in der Mitte, greift

[51] ARIAS BONET 1975 (wie Anm. 5), S. 322-334.

mit der Geste der Verfügungsgewalt das Handgelenk eines Mannes[52] und wendet sich (für)sprechend drei Bischöfen zu. Der König agiert hier als Vertreter des adligen Patronatsrecht gegenüber dem Klerus. Das Thema des Laien-Kirchenpatronats behandelt GRATIAN in der 10. Causa, in der es um den Fall eines Kirchengründers geht, der die bischöfliche Gewalt über seine Kirche nicht anerkennt, und dem Bischof, der diese daraufhin gewaltsam durchsetzt. In frühen nordfranzösischen Handschriften des *Decretums* wird dieser Konflikt veranschaulicht durch die Positionierung des umstrittenen Kirchengebäudes zwischen Bischof und Laie, die einander disputierend gegenüberstehen.[53] Der Vergleich mit dem *Decretum Gratiani* macht deutlich, dass im *Libro de las Leyes* nicht der Konflikt sondern vielmehr seine Lösung und die Rechtswahrung durch den König als Gesetzgeber und Rechtsgaranten dargestellt wird. Dem Bild kommt damit weniger die Aufgabe zu, eine spezifische, auffällige Anfangsminiatur zum jeweiligen Titulus zu bieten, als vielmehr auf die zugrundeliegende Rechtsordnung aufmerksam zu machen.

Dieser königlichen Stellung entspricht in gewisserweise die bischöfliche in innerkirchlichen Angelegenheiten. So wird der von den Pfründen des Klerus handelnde **16. Titulus** auf fol. 92v durch eine Miniatur eingeleitet, die in der Mitte einer Dreier-Arkade einen thronenden Bischof zeigt, der sich nach links zu einer Gruppe von Klerikern wendet. Rechts vor dem Altar mit Altarkreuz stehen verschiedene Gefäße, welche die Einnahmen der Kirche repräsentieren. Der Bischof wird hier, analog zum König in den vorangehenden Miniaturen, als Rechtsherr gezeigt, denn ihm obliegt die Vergabe der Pfründen.[54] Dieses Modell wird in der nächsten Miniatur (fol. 96v) aufgenommen, die dem **17. Titulus** zu Fragen der Simonie gewidmet ist. (Abb. 9) Im ersten *ley* wird Simonie als eine der schwersten Sünden gewertet, da sie geistliche Dinge (*cosas spiritales)* betreffe und Kleriker zu Fall bringe, deren Herzen von der Begierde besetzt sind und sie geistliche Dinge kaufen und verkaufen lässt.[55] Doch *spiritualia*, so der Autor, können nicht verkauft werden, da sie durch das Wirken des Heiligen Geistes geschehen. Diffizil ist die Verhandlung der bezahlten Vergabe geistlicher Ämter, die mit Weihen verbunden sind. Die Szene zeigt den Bischof hier mittig unter einer weitgespannten Arkade thronend. Er umfasst mit beiden Händen den Bischofsstab, dessen Krümme den Blick zu Christus lenkt, der über ihm segnend in einem Wolkenkranz erscheint. Seitlich stehen Kleriker in Alben mit kostbaren Gefäßen in

[52] GARNIER, François: Le langage de l´image au moyen âge. Signification et Symbolique, Paris 1982, S. 202-205.

[53] Zur *Causa* X siehe MELNIKAS 1975 (wie Anm. 35), Bd. II, S. 353-382; als Beispiel siehe das *Decretum Gratiani* in Douai, Bibliothèque Municipale, Ms. 590, fol. 102r, hier: Pl.1. Spätere Bologneser Handschriften zeigen hingegen in zwei Phasen die Verhandlung der streitenden Parteien vor dem Richter sowie den Einzug des Bischofs in die zuvor umstrittene Kirche zu Pferd, so z.B. das *Decretum Gratiani* im Escorial, Ms. c.I.4, fol. 165r, ebd. fig. 23.

[54] ARIAS BONET 1975 (wie Anm. 5), S. 335-348.

[55] ARIAS BONET 1975 (wie Anm. 5), S. 349-367, hier: 349.

den Händen und weisen ebenfalls nach oben zu Christus. Im Bild dargestellt wird nicht die nachstehende Herleitung des Begriffs durch den Fall des Simon Magus oder, wie im *Decretum Gratiani* durch den Geldbeutel in der Hand eines Klerikers deutlich gemacht wird,[56] anhand konkreter Verfehlungen, sondern betont wird der positive Bezug der Geistlichen auf Christus bzw. Gott als Spender der *spiritualia*. Durch die Einfügung Christi im Wolkensegment wird diese Szene optisch parallel gesetzt mit der Miniatur zum ersten Titulus (Abb. 4), die die göttliche Legitimation des Königs als Gesetzgeber thematisierte. So verzahnen die Bilder über den Text hinweg durch gleichartige Motive verschiedene Tituli und Themen, regen zum Vergleich an und weisen auf die gleicherweise göttliche Begründung weltlicher und geistlicher Macht hin.

Die folgende Szene (fol. 101v) gehört zu den wenigen innerhalb der Miniaturen des *Libro de las Leyes*, die diese harmonische Darstellung der Rechtsordnung infragestellen. Bedingt ist dies durch den Gegenstand des **18. Titulus**, der die Sakrilegien behandelt. Diese werden als Verstöße gegen die Kirche definiert, die metaphorisch als Mutter unserer Körper und unserer Seele bezeichnet wird. Daher bedeutet Gewalt gegen die Kirche, ihren Besitz oder gegen Friedhöfe eine schwere Sünde bzw. Sakrileg, ebenso das rechtlose Vorgehen gegen Dinge, die zu Gott gehören oder heilig sind.[57] Abschließend werden Strafen für verschiedene Sakrilegien erörtert. Unter den erörterten Fällen wird in *ley* 9 auch die Ermordung von Klerikern erwähnt. Dieser Fall wird in der Miniatur herausgestellt und die Schwere des Vergehens durch die Verortung des Priestermords bei der Messfeier vor dem Altar besonders deutlich gemacht. Die Wehrlosigkeit der Kleriker der Gewalt der mit Kettenhemd und Schild selbst geschützt und gut bewaffnet in die Kirche eindringenden Ritter kontrastierend gegenübergestellt.[58] Letzteren kommt in der einzigen Szene, in der sie auftreten, keine günstige Rolle zu.[59]

Die folgenden Tituli behandeln verschiedene, von der Kirche beanspruchte Abgaben. Der **19. Titulus** erörtert knapp die Erstlingsgaben (*las primicias*), die seit Kain und Abel Gott dargebracht werden.[60] Dies geschieht mit Verweis auf die im alten Testament genannten Erstlings-Opfergaben (Ex 23,19), von denen

[56] In der Regel wird zur *Causa* I, wie im *Decretum Gratiani* der Getty Collection in Malibu (Ms. Ludwig XIV 2, fol. 63r, Nordfrankreich 1170-80; vgl. VON EUW 1985 (wie Anm. 4), S. 41-48, Abb. 3), gezeigt, wie ein Knabe gegen Bezahlung in ein Kloster aufgenommen wird. Allein die Handschrift Rom, BAV, Ms. Vat. lat. 2491, Paris um 1270, zeigt in einer vergleichbaren Komposition im Zentrum den thronenden Papst und ihm zu seiten den Klerus, teils mit Geldbörse oder Kelch in der Hand, außen die Laien. Der Papst ermahnt sie, und über ihren Köpfen schweben drohend Teufelchen; vgl. MELNIKAS 1975 (wie Anm. 35), Bd. 1, S. 107-136.

[57] ARIAS BONET 1975 (wie Anm. 5), S. 368-378, hier: 368f.

[58] Die Analogie zum Martyrium Thomas Beckets vor dem Altar wird motivisch nicht weiter unterstützt.

[59] Vgl. dazu den historischen Hintergrund oben S. 141.

[60] ARIAS BONET 1975 (wie Anm. 5), S. 379-382.

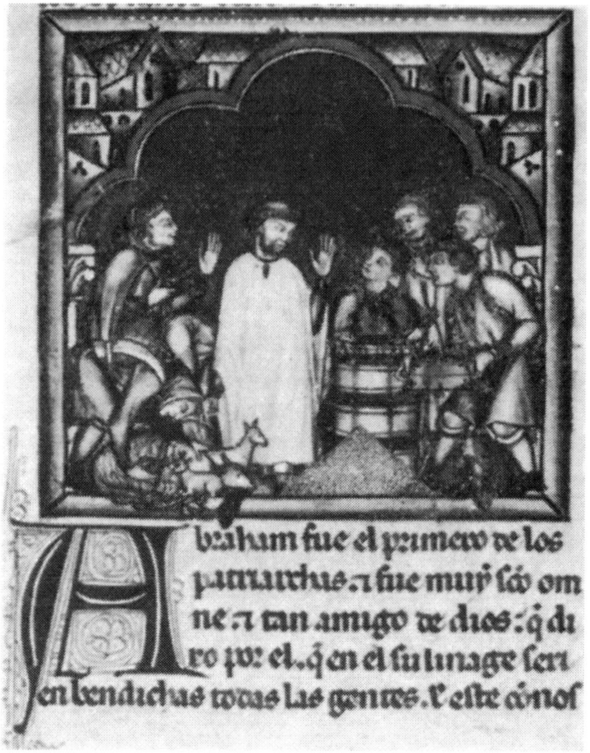

Abb. 10 Primera Partida: 21. Titulus 1. Ley *De los diezmos que los cristanos deuen dar a Dìos*; London, British Library, Add. Ms. 20787, fol. 106v

der kirchliche Anspruch auf die Erstlingsgaben abgeleitet wird. Die Miniatur (fol. 104v) zeigt entsprechend Laien, die Früchte des Feldes dem Priester vor den Altar darbringen. Die im **20. Titulus** behandelte Darbringung der Opfergaben (*offrendas*),[61] ist ähnlich wie die vorangehende Szene gestaltet (fol. 105v). Von den drei Arten von Gaben, d.h. den einmalig Gott bzw. der Kirche zu erbringenden großen Gaben, denjenigen, die am Lebensende für das Anniversargedächtnis gegeben werden, und den täglichen Gaben an den Altar der Kirche bzw. für die Kleriker, ist letztere in der Miniatur dargestellt. Doch werden nun die drei Arkaden der Kirche genutzt, um die Gruppe der Frauen links von der mittleren der Männer zu trennen, deren erster demütig vor dem Priester kniet, der die Gabe am Altar annimmt. Betont wird somit die geforderte Ehrerbietung der Laien gegenüber der Geistlichkeit, die durch ihren Altardienst legitimiert ist.

[61] ARIAS BONET 1975 (wie Anm. 5), S. 383-386.

Der **21. Titulus** verhandelt ausführlich den Zehnt.[62] Zur Begründung wird das alttestamentarische Vorbild Abrahams und Melchisedeks angeführt, die heilige Zehnzahl wird durch weitere Beispiele belegt, so durch die zehn Gebote, durch die Summe der fünf äußeren und fünf inneren Sinne usw. Auf fol. 106v dargestellt wird hier das Abliefern von Tieren, von Getreide und einem Bottich an einen Kleriker. Einen kirchlichen Streitfall um die Zehntabgaben eines die Diözese wechselnden Christen verhandelt auch GRATIAN in Causa XIII. Oftmals wird zur Illustration derselben die Übergabe einer Getreidegarbe und eines Lammes symbolisiert.[63] Diese Zeichen sind als Muster für landwirtschaftliche Erträge von Hirten und Bauern vorgeprägt in den Opfergaben Kains und Abels. Anstelle dieser etablierten Bildformulierung bietet die Szene im *Libro de las leyes* ein fast genrehaftes Motiv. (Abb. 10) Denn sie zeigt vorn links einen Schäfer beim Scheren eines Schafes, vor ihm die schon 'nackten' Tiere, einen Haufen Wolle und ein gewobenes Tuch. Veranschaulicht werden somit mehrere Schritte der Wollgewinnung und Wollverarbeitung. Ein weiterer Mann rechts trägt ein Kästchen, das wohl den Ertrag aus dem Verkauf der Wolle bezeichnet. Hier ist der bewusste Verzicht auf die Verwendung alter Bildformeln zugunsten origineller Neuschöpfungen erkennbar. Angespielt wird auf die Wollproduktion als bedeutende Sparte der kastilischen Wirtschaft dieser Zeit.[64]

Der **22. Titulus** handelt von den Einkünften (*peguiar*) des Klerus. Die Darlegung beruft sich eingangs auf Augustin, der dem Klerus den persönlichen Besitz verboten habe, erörtert anschließend jedoch Formen des erlaubten Besitzes bis hin zu Fragen des Kleriker-Testaments und Nachlasses.[65] Die Miniatur (fol. 112v) zeigt neun stehende Kleriker, die miteinander reden und dabei mit den Händen hinabweisen auf Schafe (links) und beschlagene Kisten, die hier wohl wie in der Miniatur zum 14. Titulus den Kirchenschatz verbildlichen. Indem der Besitz nach Gattungen getrennt ist und nicht einzelnen Personen zugeordnet wird, wird das Prinzip gemeinschaftlichen Besitzes und damit die einleitende Forderung Augustins nach einem regulierten Kanonikerleben veranschaulicht und gerade nicht das nachher ausführlich erläuterte Verfahren geistlicher Besitzverfügung. Vergleichend herangezogen werden können hier Darstellungen zu GRATIANS *Causa* XII, in der ebenfalls die Weitergabe des persönlichen Besitzes von Geistlichen verhandelt wird. Doch während der *Libro de las Leyes* den gemeinsamen Besitz symbolisch verdeutlicht, ist hier stets der Einzelbesitz der Geistlichen das Bildthema. Die frühen Handschriften wie das *Decretum* in Florenz (Biblioteca Laurenziana, Ms. Plut. IV sin.1, fol. 133r) zeigen den Besitz der Kleriker

---

[62] ARIAS BONET 1975 (wie Anm. 5), S. 387-408.

[63] Vgl. zur XIII. *Causa* MELNIKAS 1975 (wie Anm. 35), Bd. II, S. 433-462; eng verwandt ist die Darstellung im *Decretum Gratiani* in Cambrai (Bibliothèque Municipale, Ms. C.967, fol. 118v), ebd. fig. 15.

[64] Vgl. HERBERS 2006 (wie Anm. 1), S. 226f.

[65] ARIAS BONET 1975 (wie Anm. 5), S. 409-414.

durch Säcke an, welche die Kleriker über der Schulter tragen, oder die, wie in einem *Decretum* in Paris (Bibliothèque National, Ms. lat. 3884, fol. 189r), ihren Besitz in einem Korb bzw. im Mantel halten.[66] Andere wie das *Decretum* aus Schäftlarn (München, Bayerische Staatsbibliothek, Clm 17161, um 1170)[67] oder die jüngeren Bologneser Handschriften thematisieren die Besitzweitergabe im Bild durch Darstellung des Rechtsakts des Testaments.

Der **23. Titulus** behandelt die *procurationes,* d.h. die kirchliche Verpflichtung, Visitatoren, Bischöfe, Archidiakone, Erzpriester oder Papstboten zu verpflegen, also Kost und Logis zu geben bei einem Besuch des Klosters oder der Kirche, dies im Aufwand gestuft nach dem Rang des Besuchers.[68] Dargestellt wird dies (fol. 114r) durch eine reich gedeckte Tafel, an der zwei Kleriker mit einem Herren rechts im Gespräch sitzen, während ihnen ein Kleriker und drei Diener mit Schüsseln aufwarten und Geflügel herantragen – letzteres als Verweis auf die abzugebenden Tiere (*bestias).* Im letzten, dem **24. Titulus** wird die Beachtung der Feiertage im Jahr eingeschärft, an denen man Gott zeige, dass man diejenigen ehre, die ihm durch ihr Martyrium lieb sind und die für uns bitten. Drei Arten von Festen werden unterschieden, erstens diejenigen, die Gott und seinen Heiligen gelten, zweitens jene der Kaiser und Könige und ihrer Söhne, auch nach großen Schlachtensiegen, drittens kommunale; Vorrang haben unter ihnen erstere als spirituale Feste.[69] Dargestellt ist (fol. 117v) entsprechend eine feierliche, bischöfliche Messfeier im Beisein von Klerus und Laien in ihrem liturgischen Höhepunkt, d.h. im Moment der Vermischung und Wandlung der Gaben, denn der Bischof vollzieht gerade das Kreuzzeichen über dem Kelch. Ähnliche Darstellungen von Messfeiern sind sowohl aus Handschriften des *Decretum Gratiani* zum Abschnitt *De Consecratione* geläufig, als auch zum dritten Buch der *Dekretalen* Gregors IX. üblich.[70]

---

[66] Vgl. zu Darstellungen der *Causa* XII MELNIKAS 1975 (wie Anm. 35), Bd. 2, S. 409-432, hier: fig.1 und Pl. II.

[67] Zur Schäftlarner Handschrift siehe KLEMM, Elisabeth: Die romanischen Handschriften der Bayerischen Staatsbibliothek Teil 2. Die Bistümer Freising und Augsburg, verschiedene deutsche Provenienzen (Katalog der illuminierten Handschriften der Bayerischen Staatsbibliothek 3.2), Wiesbaden 1988, S. 99-101 (Nr. 34), sowie den Beitrag von Christine JAKOBI-MIRWALD in diesem Band. Als Beispiel für die Darstellung der Testamentsaufnahme im *Decretum Gratiani* siehe die in diesem Band von SPITZER behandelte Handschrift der Walters Art Gallery in Baltimore, W 135, fol. 163r.

[68] ARIAS BONET 1975 (wie Anm. 5), S. 415-428, hier: 417.

[69] ARIAS BONET 1975 (wie Anm. 5), S. 429-435, hier: 429f.

[70] Zu den Illustrationen zu *De Consecratione* im *Decretum Gratiani* siehe MELNIKAS 1975 (wie Anm. 35), Bd. III, S. 1175-1202; siehe zum Vergleich die Handschrift Rom, BAV, Ms. Vat. Lat. 2491, fol. 568v, ebd. fig. 11, sowie diejenige im Vatikan, Archivo della Basilica S. Pietro, Ms. A. 25, fol. 300r, ebd. PL.III. Zur Illustration des 3. Buchs der *Dekretalen* siehe WITTEKIND 2009 (wie Anm. 10). Eine entsprechende Darstellung bietet auch der *Vidal mayor* (Malibu, Paul Getty Collection, Ms. Ludwig XIV 4, fol. 9r) zum Beginn des ersten

4. Schluss

Die Miniaturen der *Primera Partida* setzen gegenüber dem Text, der kirchenrechtliche Fragen behandelt, besondere Akzente. Sie betonen die königliche Autorschaft, die göttliche Autorisierung der königlichen Gesetzgebung und die königliche Zuständigkeit sogar für geistliche bzw. kirchenrechtliche Belange.[71] Kompositionell wird die königliche und bischöfliche Leitungsstellung parallelisiert.[72] Bildlich herausgearbeitet wird die zentrale Bedeutung des Königs für die harmonische Ordnung des Gemeinwesens, als Förderer und Wahrer kirchlicher Rechte und als Mahner gegenüber den Laien, den Besitz und die Rechte der Kirche nicht zu schmälern (Titulus 14), aber auch als Vertreter berechtigter adliger Forderungen gegenüber dem Klerus (Titulus 15). In der Regel geschieht dies durch die gemäß seiner Bedeutung vergrößerte Gestalt des Königs und seine besondere Stellung innerhalb der Komposition – im Zentrum, unter der Mittelarkade, als Mittler zwischen Gruppen oder als Bezugspunkt für die Vertreter des Volkes, wie aus den Redegesten und Blickrichtungen hervorgeht. Das in seinem Auftrag niedergeschriebene, im vorliegenden Codex aufgezeichnete Recht hält den König als befriedenden Lenker seines Volkes und Schutzherrn der Kirche bildlich gegenwärtig auch dort, wo er im betreffenden Textzusammenhang nicht erwähnt wird. Die Miniaturen thematisieren, anders als der Text, stets die durch das Gesetz eingeforderte und durch den Gesetzgeber als Ordnungshüter gewährte Ordnung anstelle von Konflikten und Fehlverhalten.[73] Die Miniaturen weisen auf eine genaue Kenntnis des folgenden Textes durch den Illuminator oder Konzeptor hin, denn sie greifen oft gerade nicht den Textbeginn, sondern spezifische später erörterte Inhalte auf. Von großer Bewusstheit und Eigenständigkeit zeugen auch die Bildformulierungen der Londoner Prachtausgabe der *Primera Partida.* Denn der ikonographische Vergleich mit Bildformulierungen inhaltlich entsprechender Themen im *Decretum Gratiani* oder in den *Dekretalen* Gregors IX. hat gezeigt, dass im *Libro de las Leyes* immer wieder bewusst auf die Verwendung aus diesem Zusammenhang geläufiger Bildformeln zugunsten origineller Neuschöpfungen verzichtet wird. Ebenso wird auch die biblische und typologische Herleitung vieler Bestimmungen zu Beginn der Tituli in den Miniaturen nicht aufgegriffen, obwohl sich hier geläufige Bildformeln einsetzen ließen. Dies spricht einerseits für den hohen künstlerischen Anspruch dieser Handschrift. Andererseits wird somit augenfällig gemacht, dass das königliche Gesetzeswerk Eigenständigkeit

---

Buchs über die Unverletzlichkeit der Kirche (*De sacrosanctis Ecclesiis)* – vgl. KAUFFMANN 1964 (wie Anm. 4), Tf. II.; VON EUW 1985 (Anm. 4), Abb. 20.

[71] Vgl. die Miniaturen und Erläuterungen zum Prolog, Buchbeginn, Titulus 1, 10.1 und 10.21, 12 und 14.

[72] Vgl. die Miniaturen zu Titulus 9 und 10.1, 14 und 16, zum Buchbeginn und Titulus 17, zu Titulus 1 und 24.

[73] Eine Ausnahme bildet die Miniatur zum 18. Titulus.

beansprucht. Die Gestaltung der Handschrift konkurriert in ihrer Ausstattung mit Prachthandschriften biblischer und kirchenrechtlicher Werke, weist aber jede Abhängigkeit – nicht nur in der visuellen Gestaltung – gezielt ab.[74] Und dennoch wird man in illuminierten *Decretum*- und *Dekretalen*-Handschriften einen Anstoß erkennen können für das Unternehmen, eine illuminierte Prachtausgabe des ersten, das Kirchenrecht betreffenden Buches der *Siete Partidas* zu schaffen, dessen Text die geistige Schulung an diesen modernen kirchenrechtlichen Werken in Begriffsdefinitionen und Argumentationsweise erkennen lässt. Hinzu kommt möglicherweise eine besondere spanische Tradition, denn seit dem frühen Mittelalter werden hier immer wieder Rechtshandschriften besonders reich illuminiert.[75] Unter den zahlreichen Rechtshandschriften des 13. Jahrhunderts dominieren jedoch die relativ schlichten Gebrauchshandschriften der *fueros*.[76] Von ihnen heben sich die um 1300, eventuell in Kenntnis und Konkurrenz zueinander entstandenen, retrospektiven Prachtausgaben der Rechtskodifizierungen Jakobs I. und Alfons X. deutlich ab. Dies geschieht auch mittels der Verwendung der Volkssprache, die im bewussten Gegensatz zu der kirchlichen Gesetzgebung in lateinischer Sprache steht. Beide Handschriften markieren mit dem Reichtum ihrer Ausstattung einen hohen, einen königlichen Anspruch. Doch sie dienten, wie das Fehlen von Benutzerspuren ebenso wie das Ausbleiben von Kopien oder Spuren in anderen illuminierten Handschriften zeigt, kaum der realen Benutzung am Hof, sondern vielmehr der Visualisierung und Symbolisierung der in ihnen festgehaltenen, idealen Rechtsordnung. Dies geschieht, wie eingangs dargelegt, in Kastilien in einer Zeit der Rechtsunsicherheit und der Krise königlicher Herrschaft unter Ferdinand IV. In der Betrachtung der Miniaturen des *Libro de las Leyes* kann sich der König der

---

74 Vgl. die Szenen zum Patronatsrecht (Titulus 15) und zur Kirchgründung (Titulus 10).

75 Dazu siehe den Beitrag von BÖSE in diesem Band. Als hochmittelalterliches Beispiel angeführt seien die Testamentos de los Reyes de León (Libro de las Estampas), Bd. 1 Faksimile, Bd. 2 La Decoración miniada en el Libro de las Estampas de la Catedral de León, hg. von GALVÁN FREILE, Fernando, León 1997.

76 DE SILVA Y VERÁSTEGUI, Soledad: La Miniatura medieval en Navarra, Pamplona 1988, S. 141-150: mehrere nordspanische *Fuero*-Handschriften enthalten als einziges Bild eine Kreuzigungsszene, so das *Fuero de Terruel* aus dem 13. Jahrhundert sowie das *Fuero de Navarra* der Kathedrale von Pamplona des 14. Jahrhunderts, fol. 12 (Abb. 67-72). Vgl. zu solchen, zur Eidleistung verwendeten Kreuzigungsdarstellungen GUMMLICH-WAGNER, Johanna Christine: Bildproduktion und Kontemplation. Ein Überblick über die Kölner Buchmalerei in der Gotik unter besonderer Berücksichtigung der Kreuzigungsdarstellung, Weimar 2003, S. 157, 162-182; VON EUW, Anton: Das Evangeliar von St. Maria Lyskirchen. Bestimmung und Gebrauch einer mittelalterlichen Handschrift, in: Jahrbuch des Kölnischen Geschichtsvereins 64 (1993), S. 15-36. HERBERS 2006 (wie Anm. 1), S. 235 bildet aus einer Handschrift des *Liber Iudicum* im Archivo Municipale in Murcia eine Federzeichnung zum ersten Titulus des 10. Buchs (*De las particiones et de las tierras artendadas*) ab, in der eine Verhandlung zwischen König und Bischöfen in einem Gebäude dargestellt ist. Die Illustration spanischer Rechtshandschriften des Hochmittelalters ist kunsthistorisch noch nicht zusammenhängend untersucht.

Legitimität und Notwendigkeit seiner zwischen den verschiedenen, geistlichen wie adligen Kräften ausgleichenden Gewalt visuell vergewissern. Er kann seine Herrschaftsauffassung unter Bezug auf den großen Gesetzgeber Alfons X., als dessen würdiger Nachfolger er sich durch diese Prachtabschrift erweist, anderen demonstrieren. So lässt sich die Londoner Abschrift der *Primera Partida* mit ihren Miniaturen als ré-écriture, als Adaption und Neudeutung des älteren Textes im neuen politischen Zeitkontext deuten.

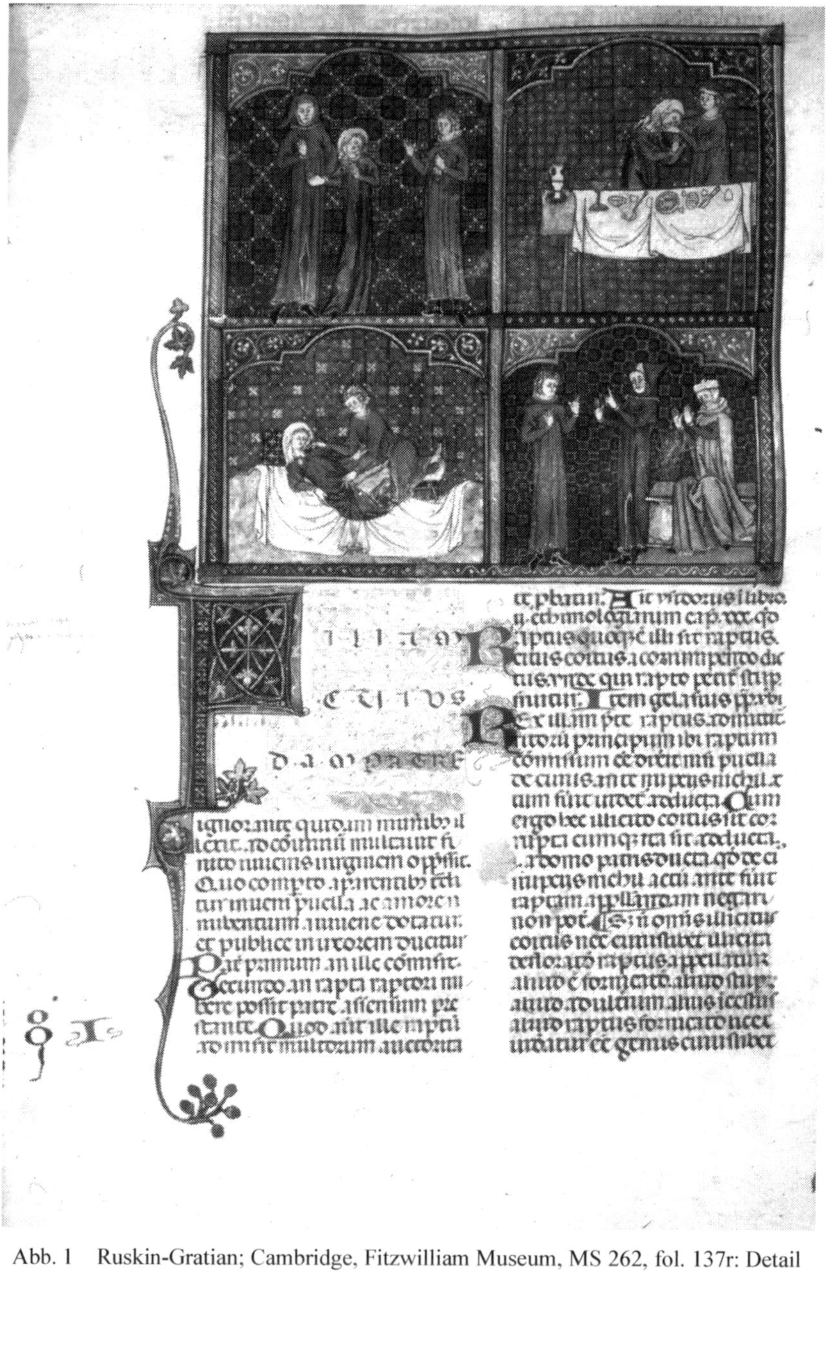

Abb. 1 Ruskin-Gratian; Cambridge, Fitzwilliam Museum, MS 262, fol. 137r: Detail

Henrike Manuwald

Narrative Bilder in Rechtshandschriften

Zu den *Codices picturati* des *Sachsenspiegels*[*]

In der Reimvorrede[1] und im ‚Prologus' des *Sachsenspiegels* Eikes von Repgow[2] wird die Abfassung des Rechtsbuchs damit legitimiert, dass überlieferte Ansichten darüber, was Recht und was Unrecht sei, festgehalten werden sollten. Zwar lässt sich nachweisen, dass Eike das *Decretum Gratiani* und andere Elemente des gelehrten Rechtes kannte,[3] eine Harmonisierung des deutschen Gewohnheitsrechts mit dem römischen und dem kanonischen Recht wurde jedoch erst in der *Sachsenspiegel*-Glosse Johanns von Buch (im zweiten Viertel des 14. Jahrhunderts) versucht.[4] Die sachlichen Unterschiede zwischen dem deutschen Gewohnheitsrecht, dem kanonischen und dem römischen Recht im Hinblick auf die Rechtskonzeption und die Anwendungsbereiche lassen es naheliegend erscheinen, auch die Illustrationen der jeweiligen Rechtshandschriften von vornherein als divergierend zu betrachten. Insbesondere die sog. *Codices picturati,*[5] die innerhalb der rei-

[*] Der Beitrag stellt die überarbeitete Fassung meines Vortrags im Rahmen des „2. Kölner Rechtshandschriften-Kolloquiums" (2006) dar. Teile der Argumentation stimmen mit Überlegungen in meinem Aufsatz „Pictorial narrative in legal manuscripts? The *Sachsenspiegel* manuscript in Wolfenbüttel" überein, der in *Word & Image* 23.2 (2007), S. 275-289, erschienen ist.

[1] Vgl. vv. 151-154. Dieser Teil der Reimvorrede wird Eike von Repgow zweifelsfrei zugeschrieben (zur Diskussion vgl. IGNOR, Alexander: Über das allgemeine Rechtsdenken Eikes von Repgow [Rechts- und Staatswissenschaftliche Veröffentlichungen der Görres-Gesellschaft, N.F. 42], Paderborn u.a. 1984, S. 66).

[2] Zur Entstehung des *Sachsenspiegels*, dessen erste Fassung auf die Zeit um 1225 zu datieren ist, vgl. LIEBERWIRTH, Rolf: Entstehung des Sachsenspiegels und Landesgeschichte, in: SCHMIDT-WIEGAND, Ruth (Hg.): Eike von Repgow, Sachsenspiegel. Die Wolfenbütteler Bilderhandschrift. Cod. Guelf. 3.1 Aug. 2°. Faksimile-Band, Textband, Kommentarband, Berlin 1993, Kommentarband, S. 43-61, hier 43-54.

[3] Vgl. LANDAU, Peter: Der Entstehungsort des Sachsenspiegels. Eike von Repgow, Altzelle und die anglo-normannische Kanonistik, in: Deutsches Archiv für Erforschung des Mittelalters 61,1 (2005), S. 73-101, hier 89-99. Indirekt scheinen Eike sogar einzelne Elemente aus den *Digesten* vermittelt worden zu sein (vgl. ebd., S. 96f.).

[4] Vgl. KAUFMANN, Frank-Michael (Hg.): Glossen zum Sachsenspiegel-Landrecht. Buch'sche Glosse. Teil 1 (Monumenta Germaniae Historica. Fontes Iuris Germanici Antiqui. Nova Series VII), Hannover 2002, S. XXIX-XXXI.

[5] Heidelberg, UB, Cpg 164 (H), 1295/1304: vgl. KOSCHORRECK, Walter: Die Heidelberger Bilderhandschrift des Sachsenspiegels. Kommentar (zusammen mit einer Faksimile-Ausgabe der Handschrift [Tafelband]), Frankfurt a.M. 1970; vgl. auch: Der Sachsenspiegel. Die Heidelberger Bilderhandschrift. Cod. Pal. Germ. 164, Komm. u. Übers. v. KOSCHORRECK, Walter [†], neu eingel. v. WERNER, Wilfried, Frankfurt a.M. 1989; H ist auch im Internet vollständig reproduziert: http://www.manuscripta-mediaevalia.de/hs/hs_hd_cpg164/hs_hd_

chen *Sachsenspiegel*-Überlieferung[6] wiederum eine Sonderstellung einnehmen, zeichnen sich durch ein Ausstattungsmuster aus, das sich von der bei illustrierten Handschriften des gelehrten Rechts üblichen Anlage unterscheidet.

Den vier zwischen ca. 1295 und 1365 entstandenen Handschriften, die wohl indirekt alle auf eine Stammhandschrift aus der zweiten Hälfte des 13. Jahrhunderts zurückgehen,[7] ist eine sonst selten zu findende Seitenkonzeption gemein-

---

cpg164.htm (17.07.2008). – Oldenburg, LB, Cim I 410 (Leihgabe der Niedersächsischen Sparkassenstiftung) (O), 1336: vgl. SCHMIDT-WIEGAND, Ruth (Hg.): Der Oldenburger Sachsenspiegel. Vollständige Faksimile-Ausgabe im Originalformat des Codex picturatus Oldenburgensis CIM I 410 der Landesbibliothek Oldenburg, Faksimile, Textband und Kommentarband (Codices selecti 101), Graz 1993-1996. – Dresden, SLUB, Mscr. Dr. M 32 (D), vermutlich gegen 1363: vgl. VON AMIRA, Karl (Hg.): Die Dresdener Bilderhandschrift des Sachsenspiegels, Lichtdruckfaksimile, Leipzig 1902, Zweiter Band: Erläuterungen. Teil I, Leipzig 1925; Teil II, Leipzig 1926; LÜCK, Heiner (Hg.) unter Mitwirkung von HAFFNER, Thomas; PERRIN, Marion; WEINERT, Jörn: Eike von Repgow. Sachsenspiegel. Die Dresdner Bilderhandschrift Mscr. Dresd. M 32. Vollständige Faksimile-Ausgabe im Originalformat der Handschrift aus der Sächsischen Landesbibliothek – Staats und Universitätsbibliothek Dresden. Faksimile-Band und Textband (Codices selecti 107), Graz 2002-2006. – Wolfenbüttel, HAB, Cod. Guelf. 3.1 Aug. 2° (W), gegen 1365: vgl. SCHMIDT-WIEGAND 1993 (wie Anm. 2) und die auf der Faksimileausgabe beruhende Online-Ausgabe: http://www.sachsenspiegel-online.de (17.07.2008).

6 Vgl. zu der großen Zahl der (teilweise nur fragmentarisch erhaltenen) *Sachsenspiegel*-Handschriften LIEBERWIRTH, Rolf: Die Wirkungsgeschichte des Sachsenspiegels, in: SCHMIDT-WIEGAND 1993 (wie Anm. 2), Kommentarband, S. 63-86, hier 63.

7 Vgl. dazu grundlegend VON AMIRA, Karl: Die Genealogie der Bilderhandschriften des Sachsenspiegels (Königlich Bayerische Akademie der Wissenschaften, Philosophisch-historische Klasse 22,2), München 1902, S. 325-385. VON AMIRAs Stemma ist in seinen Grundzügen immer noch anerkannt, vgl. z.B. LÜCK, Heiner: Zu Charakter und Inhalt des Sachsenspiegels sowie seiner Bedeutung für die Rechts- und Kulturgeschichte, in: LÜCK 2002-2006 (wie Anm. 5), Textband, S. 15-20, hier 17; WEINERT, Jörn: Die Dresdner Bilderhandschrift des Sachsenspiegels. Studien zur Schreibsprache, Köln/Weimar/Wien 2007, S. 95-167; 235; die Datierung der einzelnen Handschriften wird allerdings heute leicht anders angesetzt, vgl. dazu NASS, Klaus: Die Wappen in der Wolfenbütteler Bilderhandschrift des Sachsenspiegels, in: SCHMIDT-WIEGAND 1993 (wie Anm. 2), Kommentarband, S. 97-105, hier 100-103. – Bereits VON AMIRA (ebd., S. 357) war sich jedoch bewusst, dass die vier erhaltenen *Codices picturati* keine mechanischen Kopien darstellen, sondern dass die Illustratoren auch jeweils Veränderungen vornahmen. Zu Unterschieden in der Bildersprache der vier Handschriften vgl. SCHMIDT-WIEGAND, Ruth: Die Wolfenbütteler Bilderhandschrift des Sachsenspiegels und ihr Verhältnis zum Text Eikes von Repgow (Wolfenbütteler Hefte 13), Wolfenbüttel 1983, S. 23-47; SCHMIDT-WIEGAND, Ruth: Die Wolfenbütteler Bilderhandschrift im Kreis der Codices picturati des Sachsenspiegels, in: SCHMIDT-WIEGAND 1993 (wie Anm. 2), Kommentarband, S. 1-24, hier 7-12; HÜPPER, Dagmar: Illustrated Manuscripts of the Sachsenspiegel, in: Jahrbuch der Oswald von Wolkenstein-Gesellschaft 11 (1999), S. 113-142, hier 120-131.

sam, nämlich die Aufteilung jeder Seite in eine Text- und eine Bildspalte.[8] Daraus resultiert eine große Fülle von bis zu 924 Bildregistern.[9] Die rahmenlosen kolorierten Federzeichnungen in den Bildspalten sind jeweils direkt auf den Pergamentgrund gesetzt und in der Regel über Bildbuchstaben, die Initialen des Textes entsprechen, an damit zu identifizierende Textstellen angebunden.[10]

Wegen des Unterschiedes in der Anlage und im Ausstattungsniveau der *Codices picturati* gegenüber den meisten bebilderten lateinischen Rechtshandschriften (etwa von Textcorpora wie dem *Decretum Gratiani* oder dem *Corpus iuris civilis*),[11] in die üblicherweise gliedernde Miniaturen in Gold- und Deckfarben eingefügt sind,[12] wurden Entsprechungen bisher vor allem hinsichtlich ähnlicher Motive

---

[8] In H, D und W befinden sich die Bildspalten jeweils auf der linken Seite der Blätter. In O sind die Bildspalten jeweils an den äußeren Seitenrändern platziert, sodass sie auf den Doppelseiten den Text rahmen. Eine vergleichbare *mise-en-page* zeigen Fragmente einer um 1270/75 entstandenen Handschrift des *Willehalm* Wolframs von Eschenbach, für die ein Zusammenhang mit der Stammhandschrift der *Codices picturati* des *Sachsenspiegels* angenommen wird (vgl. die Faksimileausgabe: MONTAG, Ulrich [Hg.]: Wolfram von Eschenbach, Willehalm. Die Bruchstücke der ‚Großen Bilderhandschrift'. Bayerische Staatsbibliothek München, Cgm 193, III. Germanisches Nationalmuseum Nürnberg, Graphische Sammlung, Hz 1104-1105 Kapsel 1607, Stuttgart 1985).

[9] Diese Zahl wird in der am vollständigsten erhaltenen Handschrift D erreicht, vgl. MILDE, Wolfgang: Die Dresdener Bilderhandschrift. Mscr. Dr. M 32, in: SCHMIDT-WIEGAND, Ruth; MILDE, Wolfgang (Hg.): AK Gott ist selber Recht. Die vier Bilderhandschriften des *Sachsenspiegels*: Oldenburg, Heidelberg, Wolfenbüttel, Dresden (Ausstellungskataloge der Herzog August Bibliothek 67), Wolfenbüttel 1992, S. 66f., hier 66.

[10] In O ist dieses Verweissystem nicht verwendet worden. Zu möglichen Gründen vgl. CAVINESS, Madeline H.: Putting the judge in his p(a)lace: pictorial authority in the Sachsenspiegel, in: Österreichische Zeitschrift für Kunst und Denkmalpflege 54 (2000; Festschrift für Ernst Bacher), S. 308-320, hier 312. – Wie die Seitenaufteilung tritt auch diese Form des Verweissystems äußerst selten auf. Es ist in zwei weiteren illustrierten Handschriften belegt, die wie die Stammhandschrift der *Codices picturati* vermutlich im nordöstlichen Harzvorland entstanden sind: in der ‚Großen Bilderhandschrift' des *Willehalm* (vgl. Anm. 8) und in einer fragmentarisch überlieferten Handschrift des *Pantheon* Gottfrieds von Viterbo (Staatsbibliothek Berlin – Preußischer Kulturbesitz, Ms. lat. fol. 887). Zum viel diskutierten Verhältnis dieser Handschriften zueinander vgl. zuletzt Verf.: Medialer Dialog. Die ‚Große Bilderhandschrift' des *Willehalm* Wolframs von Eschenbach und ihre Kontexte (Bibliotheca Germanica 52), Tübingen/Basel 2008, bes. S. 370-472.

[11] Vgl. OTT, Norbert H.: Vorläufige Bemerkungen zur ‚Sachsenspiegel'-Ikonographie, in: SCHMIDT-WIEGAND, Ruth (Hg.): Text – Bild – Interpretation. Untersuchungen zu den Bilderhandschriften des Sachsenspiegels. I. Textband, II. Tafelband (Münstersche Mittelalter-Schriften 55 I/II), München 1986, Bd. 1, S. 33-43; Bd. 2, Taf. XXII-XXX, hier 40-43; SCHMIDT-WIEGAND, Ruth: Einführung in die Ausgabe, in: SCHMIDT-WIEGAND 1993 (wie Anm. 2), Textband, S. 1-10, hier 2f.

[12] Die Handschriften des *Decretum Gratiani* weisen oft historisierte Initialen auf (vgl. MELNIKAS, Anthony: The Corpus of the miniatures in the manuscripts of Decretum Gratiani. 3 Bde [Studia Gratiana 16-18], Rom 1975), Handschriften des *Corpus iuris civilis* häufig

aufgezeigt.[13] Es könnte aber weiterführend sein, nach gemeinsamen Bildtypen[14] zu fragen, ausgehend von der Überlegung, dass die Aufgabe der Illustratoren, wenn die Bilder in Rechtsbüchern über bloßen Schmuck oder eine Gliederungshilfe hinausgehen sollen, jeweils dieselbe ist, nämlich bestimmte rechtlich relevante Sachverhalte und ihre Konsequenzen ins Bild zu setzen. So bestehen Fallkonstellationen selbst in der knappen Form, in der sie etwa im *Sachsenspiegel*-Text aufgerufen werden, aus einem Vorgang und seinen daraus folgenden rechtlichen Konsequenzen, d.h. aus zwei Ereignissen, die zeitlich und logisch verknüpft sind.[15]

Bildfelder (innerhalb des Schriftspiegels) oberhalb der Textspalten (vgl. EBEL, Friedrich; FIJAL, Andreas; KOCHER, Gernot: Römisches Rechtsleben im Mittelalter. Miniaturen aus den Handschriften des Corpus iuris civilis, Heidelberg 1988, S. 10).

13 Vgl. dazu BERTELSMEIER-KIERST, Christa: Text im Bild – Bild im Text. Beispiele hochmittelalterlicher Rechtsikonographie, in: HEINZLE, Joachim; JOHNSON, L. Peter; VOLLMANN-PROFE, Gisela (Hg.): Neue Wege der Mittelalter-Philologie. Landshuter Kolloquium 1996 (Wolfram-Studien 15), Berlin 1998, S. 373-395. Für eine exemplarische Materialsammlung zum Themenkomplex des Schuldrechts vgl. KOCHER, Gernot: Schuldrechtliches in mittelalterlichen Illustrationen, in: SCHMIDT-WIEGAND 1986 (wie Anm. 11), Bd. 1, S. 117-128; Bd. 2, Taf. LXXXVI-CIV. – Wenig Aufmerksamkeit haben bisher in der Diskussion über mögliche Analogien zwischen den *Codices picturati* des *Sachsenspiegels* und lateinischen Rechtshandschriften die mit rahmenlosen Federzeichnungen ausgestatteten Gratian- oder Justinian-Handschriften gefunden, die – wie die *Codices picturati* – jeweils frühe Beispiele für die Illustration des jeweiligen Textes darstellen. Hier wäre vor allem an eine italienische Handschrift des *Decretum Gratiani* aus dem späten 12. Jahrhundert (Cambridge, Sidney Sussex College, MS 101; vgl. L'ENGLE, Susan; GIBBS, Robert [Hg.]: AK Illuminating the Law. Legal Manuscripts in Cambridge Collections, Cambridge 2001, Kat.-Nr. 1, S. 105-110) zu denken und an eine Handschrift des *Digestum vetus* (Kurnik [Kórnik], Biblioteka Kórnicka, Polska Akademia Nauk, Ms. 824), die den überwiegenden Anteil ihrer Illustrationen wahrscheinlich um 1225/30 in Paris erhielt. Vgl. dazu FROŃSKA, Joanna: L'image comme l'additio. La mise en image du "Digeste" de Justinian au XIIIe s., in: PECIA 14/15 (2006) [noch nicht erschienen; zitiert nach dem Typoskript]; DIES.: Supplément ou commentaire? Les enjeux de l'illustration textuelle dans le Digestum vetus de Justinien (Bibliothèque de Kórnik, ms. 824), in: Biuletyn Historii Sztuki 70 (2008), S. 63-89. Joanna Frońska möchte ich herzlich dafür danken, dass ich bereits vor der Drucklegung Einsicht in ihre Aufsätze nehmen durfte.

14 So bereits OTT 1986 (wie Anm. 11), S. 40, der allerdings die Überschneidungsbereiche zwischen Illustrationen des deutschen und denen des römischen oder kanonischen Rechts für gering hält. Jedoch sind schon einige Gemeinsamkeiten in der Darstellung rechtlicher Vorgänge benannt worden, vgl. SCHMIDT-WIEGAND, Ruth: Die Bilderhandschriften des Sachsenspiegels im Vergleich, in: SCHMIDT-WIEGAND; MILDE 1992 (wie Anm. 9), S. 9-30, hier 13.

15 Eine zeitliche Entwicklung wird meist als integraler Bestandteil von Erzählungen angesehen, vgl. z.B. PRINCE, Gerald: Remarks on narrativity, in: WAHLIN, Claes (Hg.): Perspectives on Narratology. Papers from the Stockholm Symposium on Narratology, Frankfurt a.M. u.a. 1996, S. 95-106, hier 95 (mit Bezug auf Gérard GENETTE): „Narrative can minimally be defined as the representation of at least one event, one change in a state of affairs". Ein ebenso wichtiges Kriterium für Narrativität ist das Vorhandensein von Kausalbeziehungen,

Das zugrunde liegende Schema entspricht also strukturalistischen Definitionen von Erzählung.[16]

Im Folgenden soll daher eine Diskussion darüber eröffnet werden, inwiefern narrative Strukturen auch in den Bildern zu rechtlichen Regelungen zu beobachten sind und ob sich auf der Ebene der Narrativität nicht doch Parallelen zwischen den verschiedensten bebilderten Rechtsbüchern finden lassen. In Bezug auf die *Codices picturati*, die hier im Mittelpunkt der Betrachtung stehen sollen, sind die zu erwartenden Ergebnisse in mehrfacher Hinsicht von Bedeutung: Eventuell könnten sich für die schwierige Frage nach den rechtsikonographischen Quellen für das Bildprogramm der *Codices picturati* des *Sachsenspiegels* neue Perspektiven erschließen lassen;[17] außerdem ist eine Gegenüberstellung mit illustrierten lateinischen Rechtshandschriften insofern besonders relevant, als die Illustrationsweise der *Codices picturati* immer wieder mit der Volkssprachigkeit des Textes und der Mündlichkeit der Rechtskultur in Zusammenhang gebracht worden ist.[18]

Für die *Sachsenspiegel*-Illustrationen, die vor allem für ihren Symbolgehalt bekannt sind, müssen narrative Züge erst einmal nachgewiesen werden.[19] Als Fo-

---

vgl. dazu RICHARDSON, Brian: Art. ‚Causality', in: HERMAN, David; JAHN, Manfred; RYAN, Marie-Laure (Hg.): Routledge Encyclopedia of Narrative Theory, London/New York 2005, S. 48-52.

[16] Zu solchen Definitionen vgl. RICHARDSON, Brian: Unlikely Stories. Causality and the Nature of Modern Narrative, Newark 1997, S. 89-107.

[17] Zur Übernahme geistlicher Bildtypen vgl. DRESCHER, Ulrich: Geistliche Denkformen in den Bilderhandschriften des Sachsenspiegels (Germanistische Arbeiten zu Sprache und Kulturgeschichte 12), Frankfurt a.M. u.a. 1989, S. 55f.

[18] Vgl. z.B. OTT, Norbert H.: Rechtsikonographie zwischen Mündlichkeit und Schriftlichkeit. Der ‚Sachsenspiegel' im Kontext deutschsprachiger illustrierter Handschriften, in: SCHMIDT-WIEGAND 1993 (wie Anm. 2), Kommentarband, S. 119-141, hier 122-124. Er hebt gegenüber der Oralität des deutschen Rechts die Bedeutung von Schriftlichkeit für das ‚römisch-kanonische Prozessrecht' hervor.

[19] Nach OTT beispielsweise konstituieren die Bildelemente in den einzelnen Registern der *Codices picturati* keine ‚szenisch-narrativen Einheiten' (vgl. OTT, Norbert H.: Mise en Page. Zur ikonischen Struktur der Illustrationen von Thomasins ‚Welschem Gast', in: WENZEL, Horst; LECHTERMANN Christina [Hg.]: Beweglichkeit der Bilder. Text und Imagination in den illustrierten Handschriften des »Welschen Gastes« von Thomasin von Zerclaere [pictura et poesis 15], Köln/Weimar/Wien 2002, S. 33-64, hier 41). Nur in wenigen Studien wird die Existenz narrativer Bilder in den *Codices picturati* überhaupt (jeweils am Rande) thematisiert, vgl. JANZ, Brigitte: Rechtssprichwörter im Sachsenspiegel. Eine Untersuchung zur Text-Bild-Relation in den Codices picturati (Germanistische Arbeiten zu Sprache und Kulturgeschichte 13), Frankfurt a.M. u.a. 1989, S. 40-42; HÜPPER, Dagmar: Funktionstypen der Bilder in den Codices Picturati des Sachsenspiegels, in: KELLER, Hagen; GRUBMÜLLER, Klaus; STAUBACH, Nikolaus (Hg.): Pragmatische Schriftlichkeit im Mittelalter. Erscheinungsform und Entwicklungsstufen (Münstersche Mittelalter-Schriften 65), München 1992, S. 231-249, hier 237f.; BRUNSCHWIG, Colette: Visualisierung von Rechtsnormen. Legal Design (Zürcher Studien zur Rechtsgeschichte 45), Zürich 2001, S. 100f.; 195-197.

lie soll eine Handschrift des *Decretum Gratiani* dienen, in der Erzählungen im Text mit jeweils mehreren Bildern ausgestattet sind, sodass sich exemplarisch die bildliche Umsetzung rechtlicher Abläufe beobachten lässt. Gratian hat seine systematische Sammlung des Kirchenrechts bekanntlich so angelegt, dass er Beispielgeschichten mit namenlosen Protagonisten nutzt, um *Causae* mit einer bestimmten rechtlichen Problematik einzuführen, die dann anhand von Fragen und Antworten detailliert erörtert wird. In der besonders ausführlich bebilderten Cambridger Fitzwilliam Handschrift MS 262 aus dem ersten Viertel des 14. Jahrhunderts,[20] die nach ihrem früheren Besitzer auch *Ruskin-Gratian* genannt wird, sind auf den Eingangsseiten der jeweiligen *Causae* jeweils vier in einem quadratischen Rahmen angeordnete Vignetten über einem zweispaltig geschriebenen Text platziert.[21]

Als Ausgangspunkt der rechtlichen Probleme, die in *Causa* 36 behandelt werden, fungiert die Geschichte von einem Mann, der ein junges Mädchen mit Geschenken dazu bringt, eine Einladung zum Essen anzunehmen – ohne Wissen ihres Vaters. Nach dem Essen vergewaltigt er sie. Nachdem das bekannt geworden ist, wird das Mädchen von ihren Eltern mit dem Mann verheiratet, was dieser mit der üblichen Morgengabe perfekt macht.[22] In dieser ‚Normalität' stecken aber gerade einige juristische Probleme, z.B., ob ein solches Mädchen noch ehefähig ist.

Die ‚monoszenisch'[23] angelegten Vignetten zu dieser *Causa* auf fol. 137r (Abb. 1) greifen entscheidende Momente der Texterzählung heraus: Die heimliche Verabredung hinter dem Rücken des Vaters (links oben), das gemeinsame Essen

---

[20] Die Handschrift besteht aus 174 Blättern mit den Maßen 43,5 x 28,5 cm. Sie enthält Passagen aus Teil I des *Decretum Gratiani* (*Causa* XXXIII bis zum Ende) und Abschnitte der *Glossa ordinaria* Bartolomeos da Brescia (Teil I, *Causa* XXXIII, q. ii, c. viii, *litigare*). Der Text ist wahrscheinlich im frühen 14. Jahrhundert in Frankreich geschrieben und rubriziert worden. Die Miniaturen sind nach allgemeiner Auffassung in England entstanden und auf die Zeit zwischen 1310 und 1320 zu datieren. Sie sind stilistisch mit der *Tickhill Psalter*-Gruppe verbunden, vgl. AK Illuminating the Law (wie Anm. 13), Kat.-Nr. 8, S. 146-152; vgl. auch ebd., S. 89-91.

[21] In dieser Hinsicht unterscheidet sich der *Ruskin-Gratian* von den meisten anderen Handschriften des breit überlieferten *Decretum Gratiani*, in denen sich die Illustration der Beispielerzählungen meist auf eine Gerichtsszene im Initialbild beschränkt, vgl. MELNIKAS 1975 (wie Anm. 12).

[22] *Filiam cuiusdam patre ignorante quidam muneribus illexit, ad conuiuium inuitauit; finito conuiuio iuuenis uirginem oppressit. Quo conperto a parentibus iuueni traditur puella, ac more nubentium a iuuene dotatur, et publice in uxorem ducitur.* Vgl. FRIEDBERG, Emil (Hg.): Corpus iuris canonici, vol. 1: Decretum magistri Gratiani, Leipzig 1879, zitiert nach der Online-Version: http://mdz.bib-bvb.de/digbib/gratian/text/@ebt-link?target=idmatch(n,1 288 [17.07.2007]). Der Handschriftentext weist an dieser Stelle einige Verschreibungen auf, stimmt aber in seinen Grundzügen mit dem Ausgabentext überein.

[23] Vgl. die Terminologie von WEITZMANN, Kurt: Illustrations in Roll and Codex. A Study of the Origin and Method of Text Illustration. Second printing, with addenda (Studies in Manuscript Illumination 2), Princeton 1970 [Erstausgabe: Princeton 1947], S. 14-17.

(rechts oben), den Liebesakt (links unten).[24] Die vierte Vignette (rechts unten) bezieht die folgende juristische Diskussion mit ein, indem sie den Vater und den jungen Mann vor einem Richter zeigt. Die einzelnen Bilder sind szenisch in dem Sinne, dass sie eine Handlung darstellen, und sei es auch nur durch Blickkontakte (in dem Bild links oben) oder durch eine ablesbare Gesprächssituation (in dem Bild rechts unten). Die jeweils erkennbaren Aktionen ermöglichen dem Betrachter zu spekulieren, was nacheinander passiert sein kann oder als nächstes passieren wird. Der Weinkrug in der Verführungsszene, eine über den Text hinausgehende Illustration, motiviert geradezu die folgende Szene.[25] Das narrative Potenzial der Einzelbilder wird durch ihre Einbindung in eine Sequenz noch verstärkt.[26] Die gleich bleibende Ausstattung der Protagonisten in allen Vignetten macht es für den Betrachter evident, dass die Szenen zusammengehören;[27] für die genaue Identifizierung der einzelnen Personen bedarf er jedoch der Detailinformationen aus dem Text.

Im *Sachsenspiegel*-Text gibt es keine solchen ausführlich erzählten *Causae*, oft werden rechtliche Sachverhalte und ihre Konsequenzen nur über ein bloßes Wenn-dann-Gefüge angedeutet. Trotzdem finden sich auch hier manchmal bildliche Szenenfolgen. So sieht man beispielsweise im dritten Bildregister auf fol. 15v der Heidelberger Handschrift (H)[28] (Abb. 2) links einen Mann, der durch ein Schwert in seiner Kehle als ein ‚Verfesteter' gekennzeichnet ist, d.h. als jemand, der nicht zu einem Gerichtstermin erschienen ist und deshalb von dem zuständigen Gericht mit einem Bann belegt wurde.[29] Der Mann mit dieser symbolischen Kennzeichnung ist integriert in eine Handlung, denn er ist – erstaunlicherweise – gezeigt, wie er ein

---

[24] Die Bilder visualisieren nicht das Faktum, dass der junge Mann seine Einladung mit Geschenken an das Mädchen vorbereitet hatte. Dafür ist eine Verführungsszene in die Vignette integriert, die ihr gemeinsames Mahl zeigt.

[25] Die Funktion dieses Zeichens wird erst durch das nächste Bildfeld deutlich. Vgl. zu solchen ‚Indizien' in Bilderzählungen BREITHAUPT, Fritz: Das Indiz: Lessing und Goethes *Laokoon*-Texte und die Narrativität der Bilder, in: HEIN, Michael; HÜNERS, Michael; MICHAELSEN, Torsten (Hg.): Ästhetik des Comic, Berlin 2002, S. 37-49, hier 37-41.

[26] Mit ‚Sequenz' wird hier und im Folgenden eine Gruppe von Bildern bezeichnet, die durch die Wiederholung wenigstens eines Protagonisten verbunden sind und so eine Erzähleinheit konstituieren. Vgl. ähnlich GROENSTEEN, Thierry: La narration comme supplément. Archéologie des fondations infra-narratives de la bande dessinée, in: GROENSTEEN, Thierry (Hg.): Bande dessinée. Récit et modernité, Actes du colloque de Cerisy, Paris 1988, S. 45-69: Er unterscheidet ‚Sequenz' von ‚Serie' als „une succession continue ou discontinue d'images liées par un système de correspondances iconiques, plastiques ou sémantiques" (S. 65). Entsprechend bezieht sich ‚Serie' in diesem Beitrag auf Bilder, die inhaltlich zusammengehören, aber nicht notwendig eine narrative Folge darstellen.

[27] Vgl. dazu auch AK Illuminating the Law (wie Anm. 13), S. 150.

[28] H besteht heute nur noch aus 30 Blättern (von ursprünglich wohl 92), die 30 x 23,5 cm messen, vgl. KOSCHORRECK 1970 (wie Anm. 5), S. 14.

[29] Zu diesem Bildzeichen vgl. SCHMIDT-WIEGAND 1983 (wie Anm. 7), S. 27; HÜPPER 1992 (wie Anm. 19), S. 235.

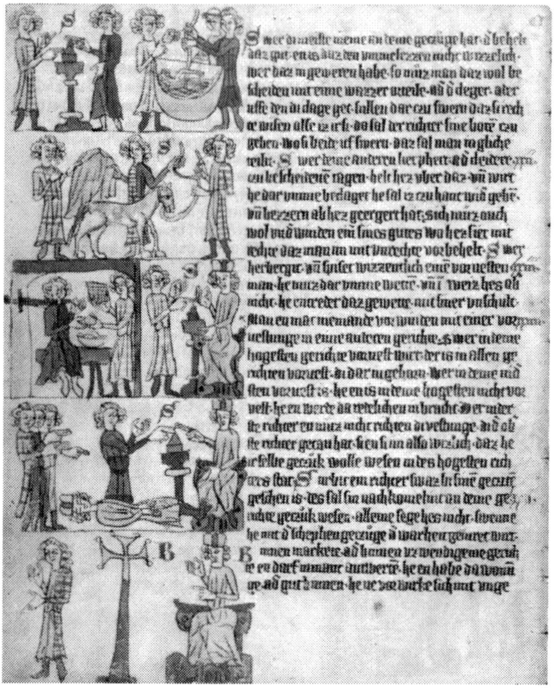

Abb. 2 Eike von Repgow, Sachsenspiegel; Heidelberg, UB, Cpg 164 (H), fol. 15v

Mahl einnimmt. Nach Aussage des Textes (Ldr. III 23)[30] realisiert der Gastgeber nicht, dass er die Speisen einem Ausgestoßenen serviert und so eine unrechtmäßige Handlung begeht. Die notwendige juristische Konsequenz seines Handelns ist im daneben stehenden Bild visualisiert: Dort schwört der Gastgeber (zu erkennen an seiner identischen Gewandung), dass er den Verfesteten unwissentlich bewirtet hat.

Diese Bildfolge zeigt, wie ein stark codiertes Zeichensystem und eine narrative Darstellung miteinander kombiniert werden können: Das Schwert im Hals des

[30] Die hier verwendete Zählung bezieht sich auf die ‚Homeyersche Vulgateinteilung', wie sie in der Ausgabe ECKHARDTs kursiv wiedergegeben ist: Sachsenspiegel. Dritte durchgesehene Ausgabe (MGH, Fontes Iuris Germanici Antiqui, Nova Series 1), hg. v. ECKHARDT, Karl August, Pars I: Landrecht; Pars II: Lehnrecht, Göttingen/Berlin/Frankfurt 1973. Die Ausgabe ECKHARDTs dient z.B. auch in der Faksimileausgabe von W als Referenzausgabe, vgl. SCHMIDT-WIEGAND 1993 (wie Anm. 11), S. 7. Zum Fehlen einer verbindlichen Zählung und zu den Problemen der Ausgabe ECKHARDTs vgl. DOBOZY, Maria: Introduction, in: The Saxon Mirror. A *Sachsenspiegel* of the Fourteenth Century (The Middle Ages Series), translated by DOBOZY, Maria, Philadelphia 1999, S. 1-40, hier 34f.; 38f. Die Interpretation der *Sachsenspiegel*-Bilder stützt sich jeweils auf die Beschreibungen in den betreffenden Faksimileausgaben (vgl. Anm. 5).

Verfesteten fungiert als symbolisches Zeichen für den Betrachter, der, sobald er auf diese Weise die Identität der Protagonisten erkannt hat, die szenische Konstellation überordnen muss, um die juristisch relevante Aussage des Bildes zu erfassen. Dass der Gast ein Verfesteter ist, ist für den Sinn der Bildfolge konstitutiv. Die Narrativität ist also durch die Symbolik in den Bildern nicht nur nicht ausgeschlossen, sondern beide Ausdrucksformen ergänzen sich, wenn auch auf unterschiedlichen Ebenen der Wahrnehmung.

Wegen der knappen Formulierung der einzelnen Rechtssätze im *Sachsenspiegel*-Text und dem in den *Codices picturati* zu beobachtenden Bemühen, möglichst viele davon zu illustrieren, ist allerdings zahlreichen Rechtssituationen nur eine einzige Darstellung gewidmet, wobei das Bildprogramm immer noch selektiv ist.[31] Trotz der hohen Bilderdichte in den eigens für die Illustrationen reservierten Spalten war also eine ähnliche Illustrationsaufgabe gegeben wie in den meisten *Decretum-Gratiani-* und *Corpus-iuris-civilis*-Handschriften, in denen Fallkonstellationen mit je einer Miniatur eingeführt werden. Man kann sich fragen, ob die Konzentration auf ein Einzelbild pro Rechtsfrage nicht einer größeren Bedeutung narrativer Darstellung in den Bildern entgegensteht. Dass das nicht prinzipiell so ist, lässt sich für die *Codices picturati* des *Sachsenspiegels* an einer Szene aus der Wolfenbütteler Handschrift (W) zeigen.[32]

Das oberste Bild auf fol. 57v (Abb. 3) zeigt einen bekleideten Mann, der mit persönlichen Gegenständen gerade ein öffentliches Bad verlässt, in dem andere Männer ein Dampfbad nehmen – entsprechend unbekleidet. Die Szene wirkt durch das Detail, dass ein Mann einem anderen die Haare wäscht, besonders lebendig. Aber kann dieses monoszenische Bild narrativ genannt werden in dem Sinne, dass seine Aussage eine Zeitdimension erkennen lässt?[33] Mit Hilfe des Textes (Ldr. III

[31] Vgl. SCHMIDT-WIEGAND, Ruth: Text und Bild in den Codices picturati des ‚Sachsenspiegels'. Überlegungen zur Funktion der Illustration, in: SCHMIDT-WIEGAND 1986 (wie Anm. 11), Bd. 1, S. 11-31; Bd. 2, Taf. I-XXI, hier 30f.

[32] Die Handschrift W soll im Folgenden im Mittelpunkt stehen, weil sie relativ vollständig und gut erhalten ist. In ihrem gegenwärtigen Zustand besteht sie aus 86 Blättern, die jeweils ca. 35 x 27 cm groß sind (vgl. MILDE, Wolfgang: Kodikologische Einführung, in: SCHMIDT-WIEGAND 1993 [wie Anm. 2], Textband, S. 11-30, hier 13). H ist nur fragmentarisch erhalten, O unvollständig illustriert. Allein D bietet eine vollständigere Überlieferung als W (wo einige Lagen fehlen), allerdings sind die Bilder durch einen Wasserschaden, den die Handschrift während des zweiten Weltkriegs erlitt, stark zerstört (vgl. zur Überlieferungslage DOBOZY 1999 [wie Anm. 30], S. 35f.). W wird als Kopie von D angesehen, wobei für die Bilder auch diskutiert worden ist, dass D und W auf einer gemeinsamen Vorlage beruhen könnten (vgl. SCHMIDT-WIEGAND 1993 [wie Anm. 7], S. 1-7; 11-13; WEINERT 2007 [wie Anm. 7], S. 110-128). Zu lokalisieren ist W im Raum um Meißen; die Wappen in der Handschrift deuten darauf hin, dass die Handschrift von der zweiten Hälfte des 14. bis zum Ende des 15. Jahrhunderts den Burggrafen von Leisnig gehörte (vgl. NASS 1993 [wie Anm. 7], S. 101f.).

[33] Von unbewegten Bildern kann eine zeitliche Dimension grundsätzlich nur abgeleitet werden.

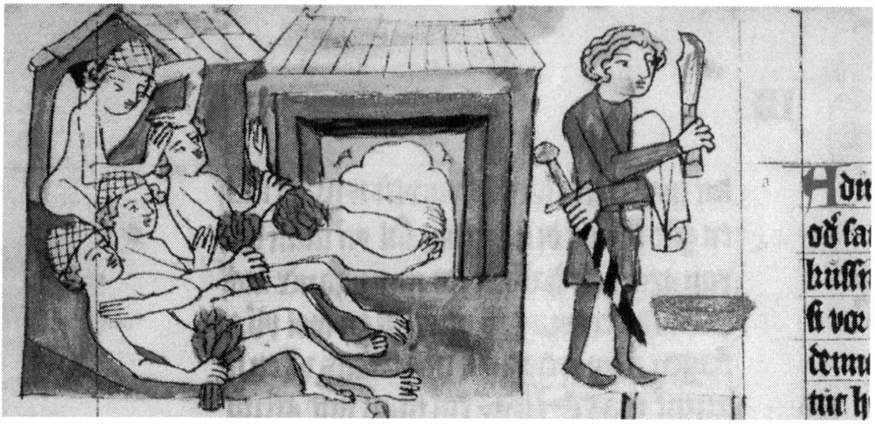

Abb. 3 Eike von Repgow, Sachsenspiegel; Wolfenbüttel, HAB, Cod. Guelf. 3.1 Aug. 2° (W), fol. 57v: Detail

89) ist der weggehende Mann als jemand zu identifizieren, der ganz offen Gegenstände, die einem anderen gehören, mitnimmt, ohne zu merken, was er tut, weil das Rasiermesser, das Handtuch und das Schwert seinen eigenen Sachen sehr ähnlich sind.

Mit dieser Information, die eine den damaligen Zeitgenossen sicher vertraute Problematik betrifft, und dem Bewusstsein, dass die Szene in einem Rechtsbuch abgebildet ist, wird es dem Betrachter möglich sich vorzustellen, wie die Geschichte weitergehen wird; wahrscheinlich wird es eine Anhörung vor Gericht geben, das den Sachverhalt klären muss. Im Unterschied zu der szenisch ausgebreiteten Bildfolge im *Ruskin-Gratian* wird diese logische Fortsetzung der Handlung aber nicht vorgeführt. Die im *Sachsenspiegel* dargestellte Szene bezeichnet also nur den Ausgangspunkt eines Vorgangsschemas,[34] impliziert aber die Konsequenzen, die zeitlich darauf folgen werden. Daher kann das Bild als Kern einer Erzählung verstanden werden, seine narrative Qualität hängt jedoch gerade nicht im Wesentlichen an dem szenischen Charakter des Bildes, sondern wird konstituiert durch das zusätzliche Wissen und die Vorstellungen, die der Betrachter hinzufügt.[35]

Zu dieser – insbesondere seit Lessings *Laokoon* – viel diskutierten Eigenschaft von Bildern vgl. SCHAEFFER, Jean-Marie: Narration visuelle et interprétation, in: RIBIÈRE, Mireille; BAETENS, Jan (Hg.): Time, Narrative & the Fixed Image. Temps, Narration & Image fixe (Faux Titre 208), Amsterdam/Atlanta [GA] 2001, S. 11-27.

34 Zu solchen ‚scripts' vgl. HERMAN, David: Scripts, sequences and stories: elements of a postclassical narratology, in: Publications of the Modern Language Association 112/5 (October 1997), S. 1046-1059, hier 1050f. – Die Ausgangssituation selbst referiert auf ein anderes Script (Besuch eines Bades) und enthält insofern eine gewisse (nicht teleologische) Zeitperspektive, als man erschließen kann, dass der weggehende Mann vorher gebadet hat.

35 Vgl. dazu, dass Narrativität auch durch den Betrachter konstituiert wird, die Erkenntnisse

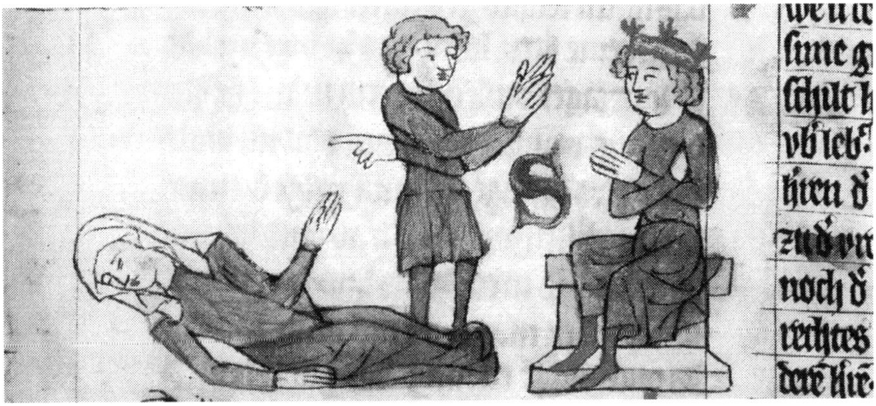

Abb. 4 Eike von Repgow, Sachsenspiegel; Wolfenbüttel, HAB, Cod. Guelf. 3.1 Aug. 2° (W), fol. 83r: Detail

Das ist in verstärktem Maße der Fall bei einem Bild, das wesentlich statischer konzipiert ist: Im zweiten Bild auf fol. 83r (Abb. 4) geht es um ein juristisches Problem des Lehnrechtes (Lnr. 75§1). Ein Lehnsherr mit seinem typischen grünen Gewand und dem *schapel* im Haar[36] sitzt rechts auf einem Thron. Ein Mann, der vor ihm steht, streckt ihm seine beiden Hände mit dem für Vasallen kennzeichnenden Kommendationsgestus entgegen. Aber der Lehnsherr weigert sich, dessen Hände zu ergreifen, indem er seine eigenen Arme übereinander legt. Mit einem dritten Arm[37] deutet der Vasall hinter sich in Richtung einer am Boden liegenden Frau, die ihrerseits ihre linke Hand zu dem Vasallen ausstreckt. Die Frauenfigur soll sicherlich einen Leichnam abbilden; es ist jedoch schwierig zu entscheiden, ob der Vasall tatsächlich die Leiche der Frau mitgebracht hat[38] oder ob diese, was

der kognitiven Narratologie: HERMAN 1997 (wie Anm. 34); JAHN, Manfred: Art. ‚Cognitive narratology', in: HERMAN; JAHN; RYAN 2005 (wie Anm. 15), S. 67-71. Sie sind in der Literaturwissenschaft gewonnen worden und lassen sich fruchtbar auf narrative Bilder übertragen, weil gerade bei unbewegten Bildern die Notwendigkeit eines aktiven Beitrags des Betrachters besonders offensichtlich ist. Vgl. dazu z.B. LEFÈVRE, Pascal: Narration in Comics, in: Online Magazine of the Visual Narrative 1: Cognitive Narratology (August 2000), http://www.imageandnarrative.be/narratology/narratology.htm (17.07.2007); PARNA, Karen: Narrative, time and the fixed image, in: RIBIÈRE; BAETENS 2001 (wie Anm. 33), S. 29-34; WOLF, Werner: Das Problem der Narrativität in Literatur, bildender Kunst und Musik: Ein Beitrag zu einer intermedialen Erzähltheorie, in: NÜNNING, Ansgar; NÜNNING, Vera (Hg.): Erzähltheorie transgenerisch, intermedial, interdisziplinär (WVT-Handbücher zum literaturwissenschaftlichen Studium 5), Trier 2002, S. 23-104.

36 Zur stereotypen Darstellung von Lehnsherren vgl. HÜPPER 1999 (wie Anm. 7), S. 129.

37 Zur Verwendung solcher dreiarmigen Figuren vgl. SCHMIDT-WIEGAND 1993 (wie Anm. 7), S. 38.

38 Manchmal erforderte das Klageverfahren die Präsentation einer Leiche als Beweisstück vor

wahrscheinlicher ist, wie der dritte Arm als symbolisches Zeichen zu verstehen ist, das für den Inhalt seiner Rede steht. – Das Bild illustriert die im Text ausgeführte Fallkonstellation, dass ein Lehnsherr die Erneuerung des Lehnsverhältnisses gegenüber einem verwitweten Lehnsmann verweigern kann, wenn dieser das Lehen *zu der* [...] *hant* (!) seiner verstorbenen Ehefrau erhalten hatte. Diese Entscheidung – das besagt der *Sachsenspiegel* – ist legal.

Abgesehen von den nicht-mimetischen Elementen der bildlichen Darstellung erinnert die Figurenkonstellation an die Gesprächsszene vor dem Richter in dem Beispiel aus dem *Ruskin-Gratian*. Im Unterschied zu den dort verwendeten Ausdrucksmitteln macht es die spezifische Bildersprache des *Sachsenspiegels* aber durch die Einbeziehung symbolischer Zeichen in die szenischen Bilder möglich, Kausalzusammenhänge oder Inhalte von Reden bildlich zum Ausdruck zu bringen. Obwohl in dieser einzelnen Szene ein bestimmter Moment gemeint zu sein scheint, kann hier eine ganze Geschichte in ihren verschiedenen Zeitstufen aus diesem quasi ‚zusammenfassenden' Bild abgelesen werden: der Tod der Ehefrau, der Versuch des Vasallen, das Lehnsverhältnis zu erneuern, die Weigerung des Lehnsherren, das zu tun, mit den unabweislichen juristischen Konsequenzen für die Zukunft des Bittstellers. Man kann daher sagen, dass dieses Bild eher mehr narratives Potenzial hat als das zuvor analysierte, evidentermaßen in höherem Grade szenische Bild.

Ein ähnlich narratives Potenzial entfalten die Einzelbilder von Gerichtsszenen, in denen auf den Gegenstand der Klage verwiesen wird, so beispielsweise im dritten Bildregister auf fol. 53v (Abb. 5). Hier sieht man in der Mitte eine männliche Figur stehen, die mit der einen Hand auf einen Richter, mit der anderen auf eine Burg zeigt, die gestürmt wird. Aufgrund dieser Konstellation ist im Kontext des Rechtsbuches der Mann leicht als Kläger zu identifizieren. Dem dazugehörigen Text lässt sich entnehmen, dass hier geklagt wird, weil die Burg dem Kläger unrechtmäßig abgenommen worden ist (Ldr. III 67). Bei der Burg ist es eindeutiger als bei der Frauenleiche, dass sie vor Gericht nicht präsent sein kann, sondern dass sie als Klageinhalt in das Bild integriert ist. Es handelt sich also nicht um die Darstellung einer real denkbaren Szene. Aus der logischen Zusammenstellung von Bildelementen, die lediglich einen szenischen Eindruck suggeriert, lässt sich hier aber wiederum eine Geschehensfolge (von dem Beginn der Belagerung bis zur Klage) ableiten.

Wenn die szenische Qualität vielfach als entscheidendes Kennzeichen für die Narrativität eines Bildes betrachtet wird, weil damit die Zeitdimension auf jeden Fall gegeben zu sein scheint, dann ist das sicher insofern richtig, als Bildern, die ausschließlich thematisch konzipiert sind, diese Dimension zumeist fehlt und sie nicht narrativ sind.[39] Solche Bilder gibt es in W auch, zum Beispiel in den ersten

Gericht (vgl. z.B. Ldr. II 14§1).

39 Zur Unterscheidung zwischen dem narrativen und dem thematischen Modus vgl. KEMP, Wolfgang: Christliche Kunst. Ihre Anfänge – Ihre Strukturen, München 1994, S. 46f.

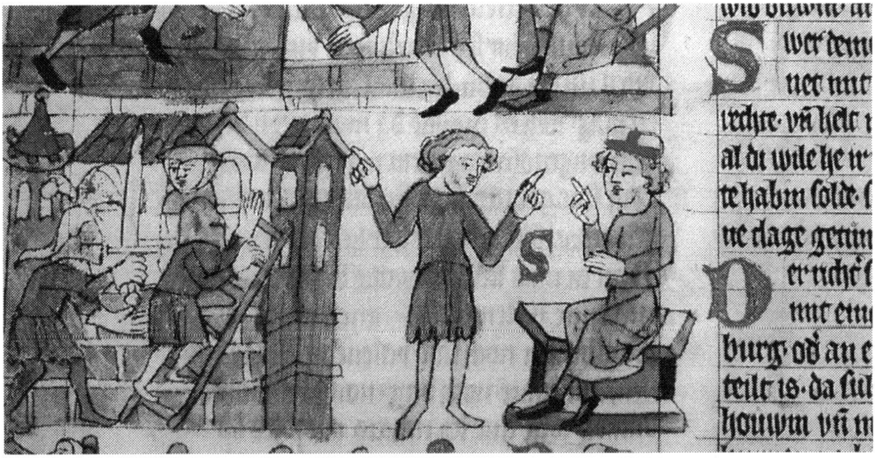

Abb. 5 Eike von Repgow, Sachsenspiegel; Wolfenbüttel, HAB, Cod. Guelf. 3.1 Aug. 2° (W), fol. 53v: Detail

Registern auf fol. 49r (Abb. 6): Hier wird das rechtliche Problem illustriert, wie viel Wergeld man (als Schadensersatz) für Tiere unterschiedlicher Art zu zahlen hat, indem verschiedene Tiere aufgereiht sind, denen jeweils eine bestimmte Anzahl von Münzen zugeordnet ist (vgl. Ldr. III 51). Aber Beispiele für rein thematisch strukturierte Bilder sind selten in W.[40] Häufig findet man eine Mischung von szenischem und thematischem Modus, wie sie die anderen bisher betrachteten Bilder aufweisen. Dabei kann sowohl in den evident szenischen als auch in den weniger szenisch erscheinenden Bilder eine Zeitdimension angelegt sein, wobei die szenischen Bilder eine explizite Momenthaftigkeit aufweisen.

Derartige Phänomene sind offenkundig nicht zureichend zu beschreiben mit einer dichotomischen Gegenüberstellung von ‚narrativ' und ‚nicht-narrativ'. Angemessener scheint eine Betrachtungsweise, die von einer graduell gestuften Narrativität ausgeht („a scalar view of narrativity"), wie sie Gerald PRINCE in die literaturwissenschaftliche Diskussion eingebracht hat.[41] Bei der Übertragung dieses Modells, das mit graduell unterschiedlicher Narrativität arbeitet, auf bildliche Darstellungen setzte Werner WOLF die Narrativität der Bilder in Korrelation zur Eigenaktivität des Betrachters, d.h. zu dessen Vorstellungskraft aufgrund der Bilder selbst und darüber hinaus bestehender Informationen.[42] Nach WOLFs System haben Einzelbilder einen geringen Grad von Narrativität, weil der Betrachter sich sehr viel hinzudenken muss, um die Geschichte

[40] Vgl. dazu auch VON AMIRA 1902 (wie Anm. 5), S. 80, der für D entsprechend feststellte, dass die Illustrationen meist in Handlungen involvierte Figuren darstellen und deshalb einen Eindruck von Lebendigkeit vermitteln.

[41] Vgl. z.B. PRINCE 1996 (wie Anm. 15), bes. S. 98.

[42] Vgl. WOLF 2002 (wie Anm. 35), S. 95-98.

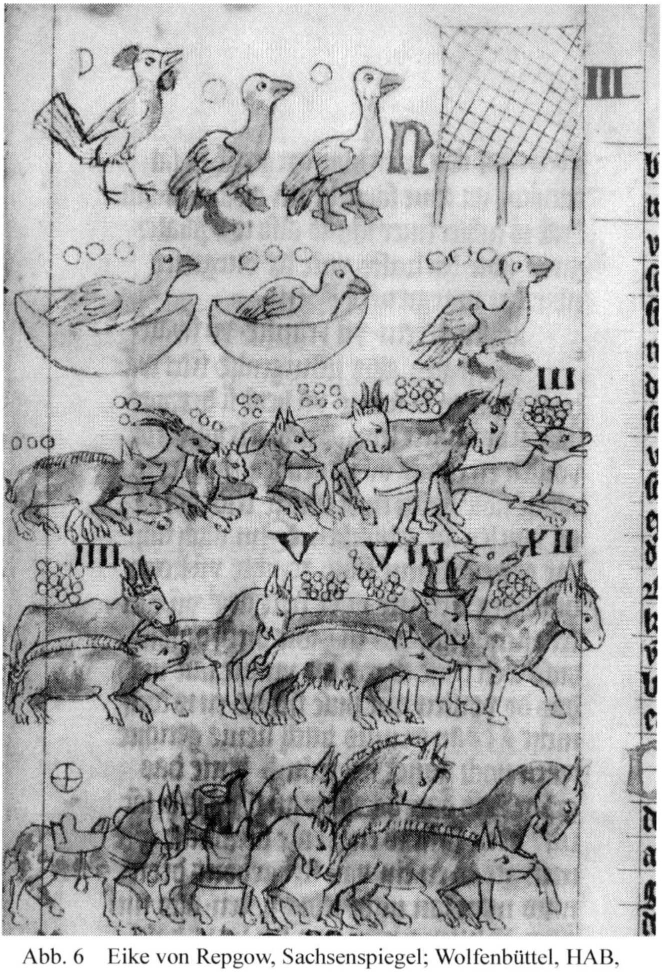

Abb. 6 Eike von Repgow, Sachsenspiegel; Wolfenbüttel, HAB, Cod. Guelf. 3.1 Aug. 2° (W), fol. 49r: Detail

in der Zeit zu entwickeln, während Bilderzyklen einen höheren Narrativitätsgrad haben und weniger vom Betrachter verlangen. Die Einbeziehung des Betrachteranteils und die Unterscheidung verschiedener Grade von Narrativität sind sicher hilfreich, dennoch scheint WOLFs Modell noch weiterer Differenzierung zu bedürfen; denn etwa an der Lehnrechtsszene hat sich gezeigt, dass ein Bild nicht automatisch weniger Narrativität aufweist, wenn der Betrachter eine aktivere Rolle einnehmen muss.

Dass Erzählungen in Bilderzyklen leichter zu entschlüsseln sind als Einzelbilder scheint dagegen unmittelbar einleuchtend zu sein, weil dem Betrachter mehr Anhaltspunkte geboten werden. Als Beleg dafür, dass es so sein kann, sei ein Bei-

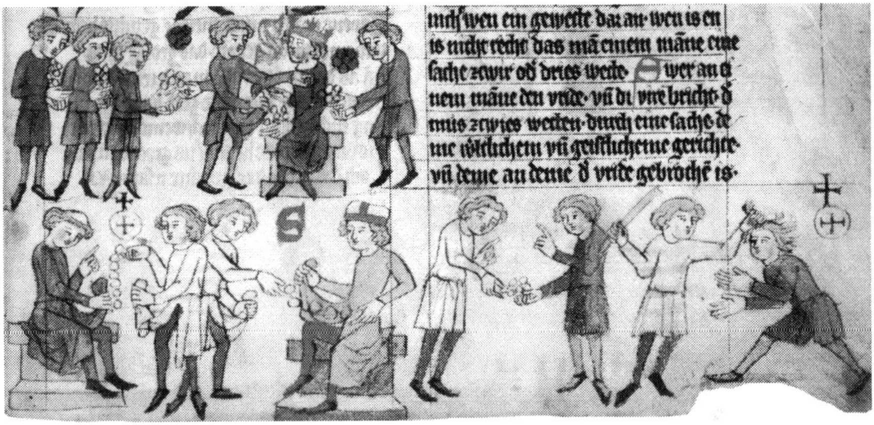

Abb. 7 Eike von Repgow, Sachsenspiegel; Wolfenbüttel, HAB, Cod. Guelf. 3.1 Aug. 2° (W), fol. 79r: Detail

spiel aus W angeführt: Auf fol. 79r sind unten auf der Seite vier Figurenpaare dargestellt, die nicht durch Rahmen getrennt sind (Abb. 7). Weil jedoch die Figur mit beigefarbenem Gewand (mit verblassten Streifen) und grünen Beinlingen in allen vier Gruppierungen erscheint und die Figur in dem grün-roten *mi-parti* Gewand in den beiden rechten, kann man erkennen, dass hier eine Folge von vier Bildern vorliegt. Bei näherer Betrachtung ergibt sich, dass die Sequenz von rechts nach links zu lesen ist. Ganz rechts schlägt der Mann in dem beigefarbenen Gewand den anderen Mann, der unbewaffnet ist – ein Vorgang, der juristische Konsequenzen erwarten lässt.

In der Tat ist auf dem zweiten Bild zu sehen, wie der Angreifer dem anderen Mann eine Entschädigungszahlung leistet. Das dritte und vierte Bild zeigen die eigentliche Bestrafung: Der Schuldige muss eine Strafgebühr vor einem weltlichen und einem geistlichen Gericht entrichten, weil er an einem gebundenen Tag einem anderen Mann den Frieden gebrochen habe (Lnr. 69§12). Einen Hinweis auf diese bedeutsame Tatsache, die den gesamten Geschehensablauf kausallogisch zusammenschließt, gibt das Zeichen in der Form von zwei übereinander gestellten Kreuzen, das sich ganz rechts über dem Opfer und noch einmal (auf der linken Seite) rechts des Mönches findet.[43]

Im Bild oberhalb des genannten Bildstreifens (Abb. 7) geht es ebenfalls darum, dass ein Mann Bußzahlungen an mehrere Leute leisten muss – nämlich dann, wenn er ein Urteil erfolglos angefochten hat (Lnr. 69§11). Hier sind die aufeinander folgenden Vorgänge – wahrscheinlich wegen des Platzmangels – in ein einzi-

[43] Zur Gestalt dieses Zeichens vgl. VAN HOEK, Julius Bonifatius Maria: Zwischen Eike von Repgow und Johann von Buch leuchtet das lehrreiche Bild, in: SCHMIDT-WIEGAND 1986 (wie Anm. 11), Bd. 1, S. 59-76; Bd. 2, Taf. LIII-LXIII, hier 62.

ges Bild kondensiert worden. Um die verschiedenen Zahlungen zu verdeutlichen, wurde wieder eine dreiarmige Figur konzipiert. Die zeitlichen Abläufe werden dem Betrachter nicht vor Augen geführt, er muss sie aus seinem Vorstellungsvermögen ergänzen, d.h., die Entschlüsselung ist in der Tat schwieriger. Die Frage ist aber, ob das Einzelbild deshalb tatsächlich weniger narrativ ist, denn das narrative Potenzial, das es erlaubt, die einzelnen Zahlungsvorgänge zu erschließen, ist vorhanden. Die realitätswidrige Konzeption der Figur fordert zu einer zeitlichen Entflechtung der zeitgleich dargestellten verschiedenen Vorgänge geradezu auf.

Außerdem muss die Umsetzung des Textes in eine erzählende Bildfolge nicht bedeuten, dass damit grundsätzlich weniger Aktivitäten vom Betrachter gefordert werden als bei Einzelbildern. Wie bei der Analyse der Bilderzählung über den Friedensbruch an einem gebundenen Tag deutlich wurde, hat der Betrachter für das Erkennen der zeitlichen Abfolge der Ereignisse und die Interpretation der Bilder Vorwissen mitzubringen. Dabei ist diese Bildsequenz bereits betrachterfreundlich gestaltet, indem die Informationen aus dem Text neu organisiert wurden: Die drei Konsequenzen des Friedensbruchs sind im Text in anderer Reihenfolge aufgezählt und nicht in einen zeitlichen Ablauf eingeordnet. Im Unterschied dazu suggeriert die Bildfolge ein zeitliches Nacheinander; außerdem endet sie mit der Darstellung der Zahlung der Gebühr an das geistliche Gericht, in der auch das Zeichen für die gebundenen Tage wiederholt wird, sodass die Bildsequenz durch Hinweise auf die Schwere des Vergehens gerahmt wird.

Wenn die Bilder aber entsprechend der Reihenfolge der Informationen aus dem Text hintereinander gesetzt sind, wie es bei den vertikal angeordneten Szenen in den Bildspalten oft der Fall ist, können sich komplexere Bildfolgen ergeben, die eine hohe Betrachteraktivität verlangen, was aber nicht gleichbedeutend ist mit weniger Narrativität (wie man nach WOLFs Schema erwarten müsste).

Das kann man an einer der längsten Bildfolgen in W beobachten. Sie visualisiert keinen konkreten Rechtsfall, sondern eine Handlungsanweisung für die korrekte Ausführung eines Gerichtsverfahrens, die auch im Text sehr ausführlich gehalten ist. Die Bildserie beginnt mit der letzten Szene auf fol. 24v (Abb. 8). Dort packt ein Mann in einem blauen Gewand einen Mann in einem grün-beige abgesetzten Gewand beim Kragen und schleppt ihn vor einen Grafenrichter. Im nächsten Bild (fol. 25r) sieht man, wie der Mann im grün-beige abgesetzten Gewand mit einem Schwert eine Wunde in das Bein des anderen Mannes haut. Das Opfer führt dann dem Richter sein verletztes Bein vor. In der folgenden Szene scheint der Angreifer wieder aufzutauchen und dem anderen Mann sein blaues Gewand wegzunehmen. Das Bild darunter zeigt wieder eine Gerichtsszene; das Opfer – ganz rechts – klagt formell den Angreifer an, der links neben dem Richter steht (Abb. 9).[44]

[44] Die Szene fasst verschiedene Stadien der formellen Anklage zusammen, vgl. SCHMIDT-WIEGAND 1993 (wie Anm. 2), Textband, S. 155.

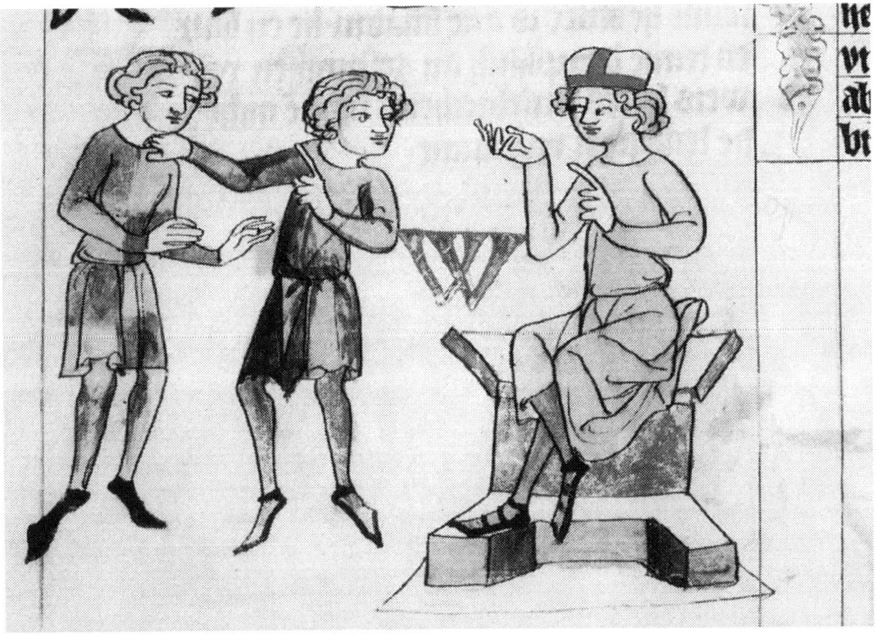

Abb. 8 Eike von Repgow, Sachsenspiegel; Wolfenbüttel, HAB, Cod. Guelf. 3.1 Aug. 2° (W), fol. 24v: Detail

Die Gewänder fungieren hier als Identifikationsmerkmal und erlauben es, diese Szenen als Bildsequenz zu lesen. Diese Sequenz ist jedoch nicht folgerichtig im Sinne einer linearen Abfolge aufgebaut, sondern die Anordnung der Szenen entspricht der Struktur des nebenstehenden Textes (Ldr. I 63§§1,2), der die Regeln für die Herausforderung zum Gerichtskampf erläutert: Zunächst muss der Kläger des Angeklagten habhaft werden und vor Gericht erklären, warum er ihn anklagen will. Die zweite und die vierte Szene, in denen der Kläger angegriffen wird, erweisen sich daher als Rückblenden, die den Klageinhalt deutlich machen. Die Unterschiede im Realitätsstatus und in der Zeitstufe der Bilder sind nicht ausdrücklich markiert, aber die Schauplätze – vor Gericht oder in unbestimmter Umgebung – ermöglichen es, verschiedene Zeitstufen zu identifizieren. Zwar muss der Betrachter entweder den Text kennen oder ein Vorwissen vom Anklageverfahren haben, um die komplexe Zeitstruktur zu durchschauen, jedoch ist das kein Grund, die Bildfolge insgesamt nicht als Bilderzählung zu betrachten, denn solche Zeitstrukturen kommen auch in Text-Erzählungen vor.

Die Bildserie zum Vorgehen bei der Herausforderung zum Gerichtskampf wird dem Text entsprechend in den folgenden Registern fortgesetzt, aber mit anderen

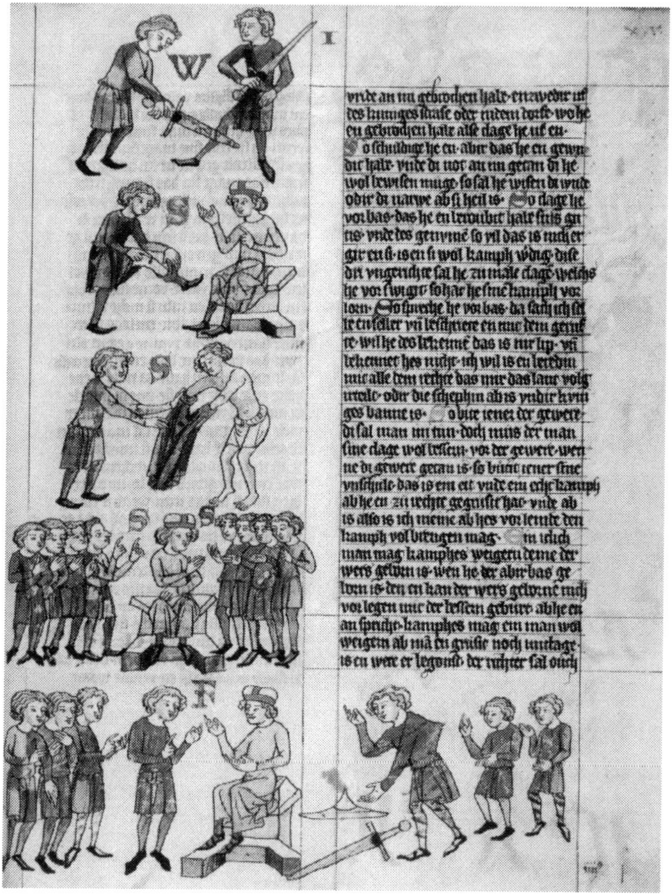

Abb. 9 Eike von Repgow, Sachsenspiegel; Wolfenbüttel, HAB, Cod. Guelf. 3.1 Aug. 2° (W), fol. 25r

Protagonisten, wie an der veränderten Kleidung zu erkennen ist:[45] Das letzte Register auf fol. 25r und das erste auf fol. 25v (Abb. 10) führen verschiedene Gründe

[45] Für die Interpretation der Bilder soll – aus pragmatischen Gründen – der *status quo* in W entscheidend sein, obwohl gerade bei der Kolorierung der Gewänder den Illustratoren teilweise Irrtümer unterlaufen zu sein scheinen, wie bei einem Vergleich mit den entsprechenden Szenen aus den anderen Bilderhandschriften deutlich wird. In einer umfangreicheren Untersuchung von Narrativität in den *Codices picturati* des *Sachsenspiegels* müsste man die vier Handschriften systematisch vergleichen, um zu ermitteln, inwiefern individuelle Bildlösungen das narrative Potenzial der Bilder verändern und ob sich bei einigen Handschriften ein größeres Interesse an Bilderzählungen nachweisen lässt als bei anderen.

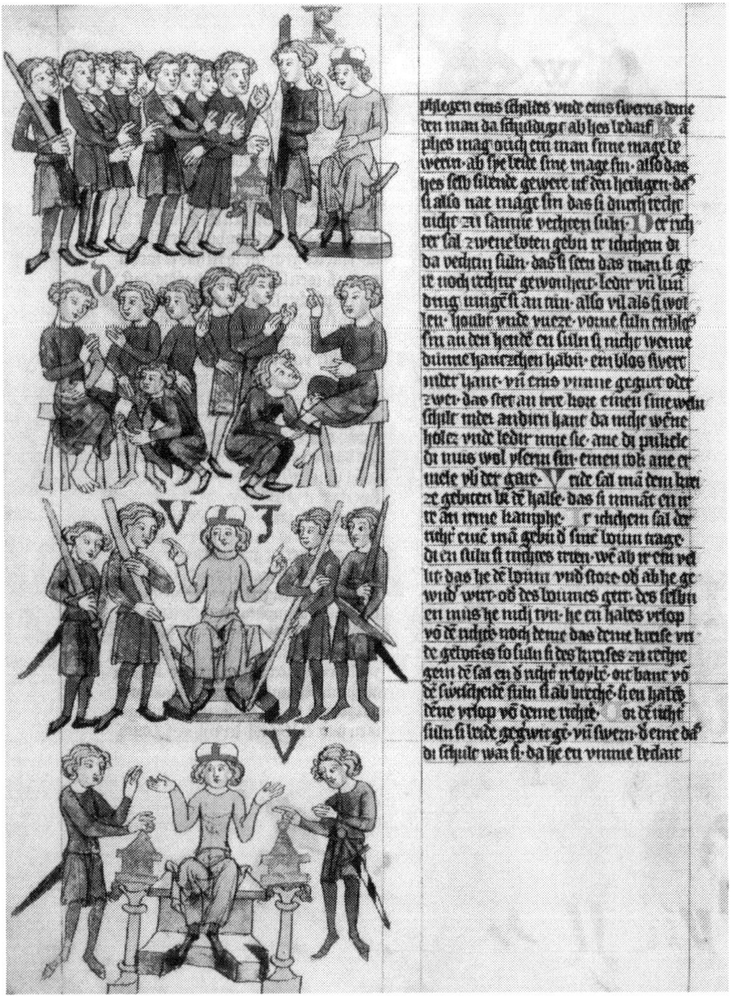

Abb. 10 Eike von Repgow, Sachsenspiegel; Wolfenbüttel, HAB, Cod. Guelf. 3.1 Aug. 2° (W), fol. 25v

vor, die einen Gerichtskampf verhindern können (zum Beispiel, dass der Herausforderer von geringerer Herkunft ist als der Angeklagte, vgl. Ldr. I 63§3). Auf Einzelheiten soll hier nicht eingegangen, sondern nur die Tatsache hervorgehoben werden, dass der Wechsel in der Gestaltung der Protagonisten ein Mittel ist, wie die Bilder Alternativen umsetzen, die im Text entwickelt werden.

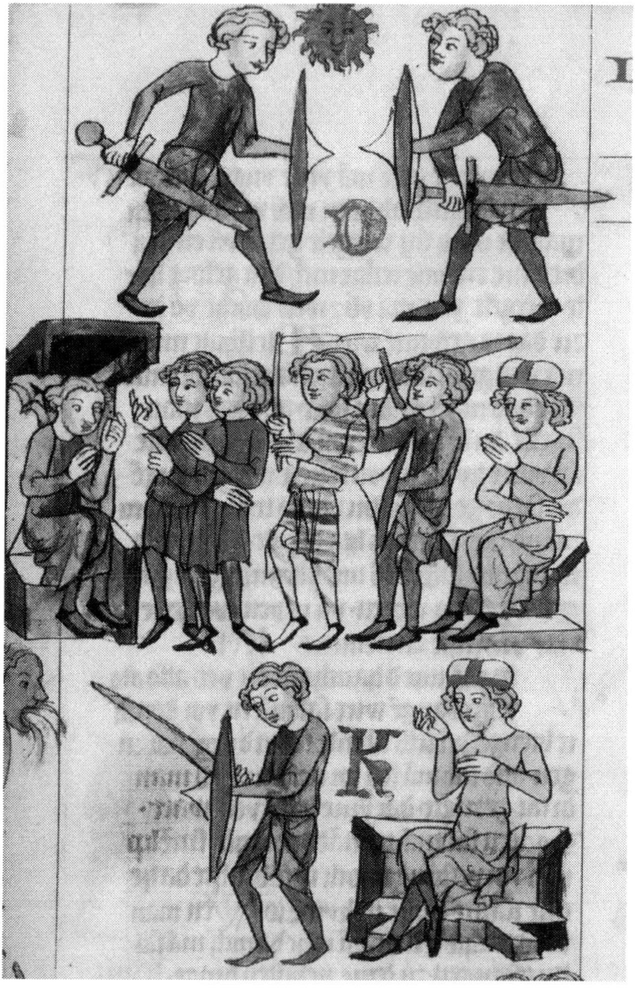

Abb. 11 Eike von Repgow, Sachsenspiegel; Wolfenbüttel, HAB, Cod. Guelf. 3.1 Aug. 2° (W), fol. 26r: Detail

Das ist jedoch nicht immer der Fall, wie die nächsten Szenen zeigen: Das Thema ist weiterhin die Herausforderung zum Gerichtskampf. Man sieht zwei neue Antagonisten – beide in blau-violett schillernden Gewändern. Die beiden Männer werden auf fol. 25v in verschiedenen Stadien der Vorbereitung zum Gerichtskampf abgebildet und in der ersten Szene auf fol. 26r (Abb. 11) dann im Kampf selbst (vgl. Ldr. I 63§4). Bei den beiden anschließenden Szenen könnte man vermuten, dass es sich um eine Fortsetzung dieser linearen Folge handelt, in Wirklichkeit aber geht es darum, was passiert, wenn der Angeklagte nicht rechtzeitig zum Kampf erscheint (Ldr. I 63§5). Zunächst sendet dann der Richter einen Fronboten mit zwei Schöffen zum Haus des Angeklagten. Wenn dieser bei der dritten Aufforderung nicht kommt, kann der Kläger den Kampf gewinnen, indem er gegen den Wind kämpft (im Bild durch den am Rand erscheinenden Kopf erkennbar). Diese beiden Szenen bilden also in sich eine Mikroerzählung; insgesamt repräsentieren sie wiederum eine Alternative. Wo eine Erzählung endet und die nächste beginnt, kann an dieser Stelle nicht anhand formaler Elemente entschieden werden, wie ein Wechsel des Schauplatzes oder der Protagonisten, sondern nur auf der Grundlage einer Kenntnis der Sache bzw. des Textes. Die Übereinstimmung der Gewänder in den die jeweiligen Alternativen illustrierenden Szenen ist hier ein Zeichen dafür, dass derselbe Personen t y p auf verschiedene Weise handeln kann. Die Identität der Protagonisten, wie sie auch in der eingangs besprochenen linearen Bilderzählung im *Ruskin-Gratian* gegeben ist, ist hier also durchaus mehrdeutig.

Angesichts dieser komplexen Bildserie, bei der es schwierig herauszufinden ist, welche Bilder zusammengehören, scheint die Frage berechtigt, ob bzw. wann überhaupt von einer konzeptionellen Absicht auszugehen ist, dass die Bildfolgen eine Geschichte erzählen sollen. Überdies werden gewisse stereotype Figuren, wie etwa der Grafenrichter, durchgängig in der Handschrift verwendet, auch in inhaltlich unverbundenen Szenen. Daher könnte man vermuten, dass die Illustratoren lediglich Einzelbilder konzipiert haben (die eine narrative Qualität haben können oder auch nicht) und sich Erzählzyklen nur zufällig durch eine mechanische Wiederholung von typischen Figuren in aufeinander folgenden Bildern ergeben haben.

Jedoch sprechen die bisherigen Beobachtungen dagegen, die zumindest das Bestreben erkennen ließen, im Erzählkontext zusammengehörige Bilder auch durch visuell zu rezipierende Merkmale zusammenzuschließen. Darüber hinaus lassen sich (in W) relativ eindeutige Belege dafür finden, dass die Illustratoren, wenigstens manchmal, Bildsequenzen intendierten:[46] Das zweite Register auf fol. 35v (Abb. 12) zum Beispiel bezieht sich auf die im Text erörterte Fallkonstella-

[46] Neben dem im Folgenden besprochenen Beispiel vgl. insbesondere das dritte bis fünfte Bildregister auf fol. 34r und die Bilder auf fol. 34v: Das vierte Bildregister auf fol. 34r eröffnet eine Bildserie, in der es um das Prozedere geht, das anzuwenden ist, wenn jemand meint, ein anderer habe sein Eigentum als Diebesgut in Besitz (vgl. Ldr. II 36§§1-5). Als Beispiel für umstrittene Güter wird u.a. ein Pferd erwähnt (Ldr. II 36§3), das bereits in dem ersten Bild zu dieser Thematik (fol. 34r4; vgl. Ldr. II 36§1) exemplarisch dargestellt ist. Das Bild darüber (fol. 34r3) bezieht sich auf den Abschnitt davor (Ldr. II 35), in dem der Besitz von Diebesgut als Verbrechen deklariert wird, ohne dass (im Text) das Diebesgut konkretisiert wird. Im Bild ist das Faktum des Besitzens dadurch visualisiert worden, dass ein Mann mit einem Schlüssel vor einem Pferdestall steht. Dadurch entsteht eine Verbindung zu den folgenden Bildern, in denen jemand ein ihm gestohlenes Pferd zurückfordert (vgl. SCHMIDT-WIEGAND 1983 [wie Anm. 7], S. 19). Offensichtlich war den Illustratoren daran gelegen, eine kohärente Bildsequenz zu schaffen.

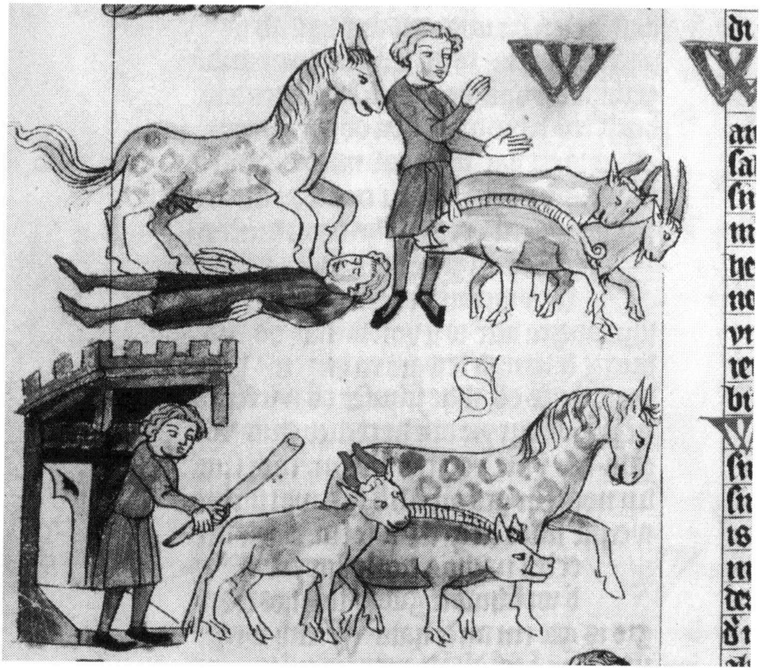

Abb. 12 Eike von Repgow, Sachsenspiegel; Wolfenbüttel, HAB, Cod. Guelf. 3.1 Aug. 2° (W), fol. 35v: Detail

tion, dass Tiere andere Tiere oder Menschen verletzen (Ldr. II 40§1). Man sieht eine Art Aufzählung verschiedener Realisationen: Links tritt ein Pferd auf einem am Boden liegenden Mann herum; rechts greift ein Ochse einen Ziegenbock an; und ein Eber scheint auf dem Weg zu dem am Boden liegenden Mann zu sein. Der Besitzer der Tiere steht mitten unter seinen aggressiven Tieren; die Gestik seiner Hände lässt sich als Abwehrbewegung deuten.[47]

Nach dem im Text festgehaltenen Gewohnheitsrecht ist der Besitzer der Tiere verantwortlich für den Schaden, den seine Tiere anrichten; er muss Kompensationszahlungen leisten, es sei denn, er verstößt die betreffenden Tiere aus seinem Haushalt, sodass der Geschädigte sie sich zur Entschädigung nehmen kann (Ldr. II 40§2). Entsprechend zeigt das nächste Bild, wie der Besitzer die aggressiven Tiere vertreibt, die der Betrachter von der vorherigen Szene kennt. Signifikanterweise fehlen die Opfer: der Mann und der Ziegenbock, die angegriffen worden

[47] Seine Gesten sind nicht leicht zu interpretieren, ähneln aber in mancher Hinsicht dem ‚Ablehnungsgestus'. Vgl. zu diesem Gestus VON AMIRA, Karl: Die Handgebärden in den Bilderhandschriften des Sachsenspiegels (Königlich Bayerische Akademie der Wissenschaften, Philosophisch-historische Klasse 23,2), München 1905, S. 163-263, hier 220-222.

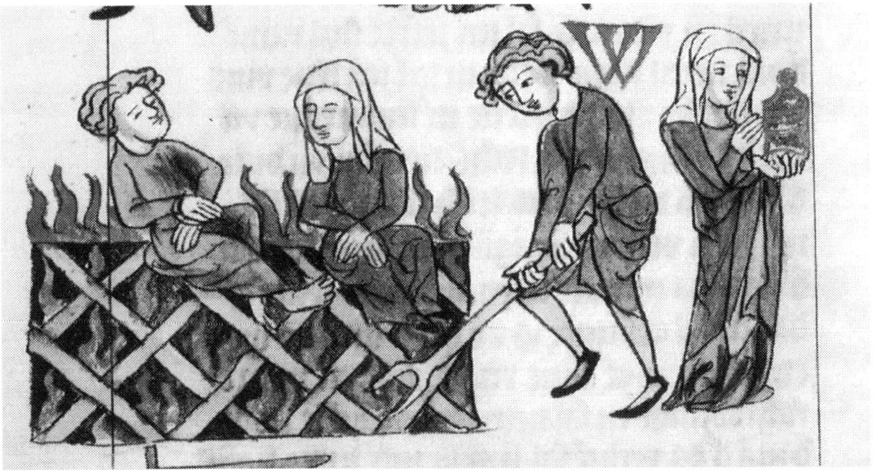

Abb. 13 Eike von Repgow, Sachsenspiegel; Wolfenbüttel, HAB, Cod. Guelf. 3.1 Aug. 2° (W), fol. 29v: Detail

waren.[48] Das bedeutet, dass diese Szene auf die erste zu beziehen ist. In Verbindung mit dem zweiten Bild kann man in dem ersten eher eine zusammenfassende Szene als eine thematische Zusammenstellung von Einzelereignissen sehen.

Neben diesem eindeutigen Beispiel einer erzählenden Bildfolge stehen allerdings viele andere in dieser Handschrift, bei denen der Betrachter weniger Hilfen durch die Darstellung erhält. Im zweiten Register auf fol. 29v (Abb. 13) etwa ist nicht einmal die Farbe der Gewänder als Identifikationsmerkmal verwendet. Im rechten Bildteil sieht man eine Giftmischerin; im linken werden eine Frau, bekleidet mit einem Gewand derselben Art wie das der Giftmischerin, und ein Mann auf einem Scheiterhaufen verbrannt. Nach dem nebenstehenden Text gehören die beiden Bildeinheiten zusammen, denn der Scheiterhaufen ist die Strafe für Häretiker und Giftmischer (Ldr. II 13§7).[49] Das Bild arbeitet also nicht mit völlig identischen Protagonisten, sondern wiederum mit Typen. Bei entsprechendem Vorwissen ist es dem Betrachter dennoch möglich, daraus eine Erzählung zu entwickeln, weil eine Struktur von Ursache und Folge vorgeführt wird.[50]

[48] Vgl. SCHMIDT-WIEGAND 1993 (wie Anm. 2), Textband, S. 197.

[49] Dass eine Frau als Giftmischerin dargestellt worden ist, passt zu dem Frauenbild, wie es CAVINESS und NELSON für die Darstellungen in D herausgearbeitet haben. Vgl. CAVINESS, Madeline H.; NELSON, Charles G.: Chapter Three: Silent Witnesses, Absent Women, and the Law Courts in Medieval Germany, in: FENSTER, Thelma; SMAIL, Daniel Lord (Hg.): Fama. The Politics of Talk and Reputation in Medieval Europe, Ithaca [NY]/London 2003, S. 47-72.

[50] HÜPPER 1992 (wie Anm. 19), S. 240f., vergleicht den Aufbau dieses Bildregisters mit der Struktur frühmittelalterlicher *leges*: *Si quis* [...] *morte moriatur*.

Als Ergebnis der bisherigen Überlegungen kann man festhalten: Die diskutierten Beispiele aus den *Codices picturati* des *Sachsenspiegels* belegen, dass es in den Bildern trotz des nicht-narrativen Textes und der Verwendung einer symbolischen Bildersprache Narrativität gibt. Es hat sich gezeigt, dass sich kausal begründete Ereignisfolgen aus Bildsequenzen, aber auch aus Einzelbildern ableiten lassen. Beide Darstellungsformen können einen unterschiedlichen Grad von Narrativität aufweisen, abhängig davon, wie deutlich die Hinweise sind, die auf zeitliche Abläufe und logische Zusammenhänge gegeben werden. Die Narrativität hat sich weder als ausschließlich abhängig von der szenischen Gestaltung der Bilder erwiesen, noch hat sich die einfache Formel ‚größere Betrachteraktivität = geringe bzw. gar keine Narrativität' bewährt.

Die Darstellungsmechanismen bei Bildsequenzen der *Codices picturati* unterscheiden sich nicht prinzipiell von denen im *Ruskin-Gratian*, sind aber ergänzt um eine spezifische Symbolsprache und die Repräsentation von Rückblenden und Alternativen.[51] Wie bei der analysierten Bildsequenz im *Ruskin-Gratian* ist der Betrachter gefordert, alle Text- und Bildsignale zu koordinieren, wobei ihm die Illustratoren etwa durch Kennzeichnung der Protagonisten oder ‚Indizien' Hilfestellung leisten können.

Die Struktur der Einzelbilder in den *Codices picturati* des *Sachsenspiegels* lässt sich den Typen zuordnen, wie sie für die Illustrationen des *Corpus iuris civilis* differenziert worden sind. Dort werden u.a. prozessuale Bilder, in denen ein streitiges Verfahren mit Richter und Parteien visualisiert wird (vgl. beispielsweise fol. 25r4 aus der Bildserie zum Gerichtskampf, Abb. 9), von rückblendenden prozessualen Bildern abgesetzt, in denen zugleich mit der Prozess-Szene „das Rechtsinstitut oder die Rechtshandlung bzw. ein für den Prozess bedeutsamer zeitlich vorangegangener Umstand im Bild"[52] dargestellt wird (so wie bei der Gerichtsszene mit der belagerten Burg, fol. 53v3, Abb. 5). Bei beiden Bildertypen ist eine Ereignisfolge vorstellbar. Für die Art, einen rechtlichen Sachverhalt in Bildern zu ‚erzählen', ergeben sich so durchaus strukturelle Parallelen zwischen der lateinischen Rechtsillustration und den *Sachsenspiegel*-Handschriften.

---

[51] In der besprochenen Bildfolge aus dem *Ruskin-Gratian* sind alternative rechtliche Lösungen nicht auserzählt, sondern nur aus der Gerichtsszene zu erschließen, die ihrerseits ein – dem Text so nicht zu entnehmendes – Konstrukt ist. Den komplexeren Erzählverhältnissen in den *Codices picturati* des *Sachsenspiegels* entsprechend sind die Gewandfarben nicht immer so eindeutige Identifikationsmerkmale wie in den geschlossenen Erzähleinheiten des *Ruskin-Gratian*.

[52] Vgl. EBEL; FIJAL; KOCHER 1988 (wie Anm. 12), S. 10f. In den Handschriften des kanonischen Rechts finden sich analoge Kompositionen. Vgl. dazu L'ENGLE, Susan: 5. Legal Iconography, in: AK Illuminating the Law (wie Anm. 13), S. 75-104, hier 80; vgl. zu den rückblendenden prozessualen Bildern auch SCHMIDT-WIEGAND 1986 (wie Anm. 31), S. 15f.; KLEMM, Elisabeth: Der Schäftlarner Gratian und die Anfänge der Rechtsillustration, in: Bibliotheksforum Bayern 22,1/2 (1994), S. 204-220, hier 207f.

Im Einzelfall ist sogar eine noch engere Verwandtschaft zu vermuten. So ist zum Beispiel in W unter den Tieren, die Schaden anrichten (fol. 35v2, Abb. 12), ein Pferd abgebildet, das einen am Boden liegenden Mann verletzt. Pferde werden an der entsprechende Textstelle (Ldr. II 40§1) in W nicht erwähnt, genau so wenig in O, wo sich zu dieser Passage analoge Bildkompositionen finden (fol. 52v; 53r).[53] Zwar ist nicht auszuschließen, dass die Illustration ursprünglich für eine andere Version des *Sachsenspiegel*-Textes entwickelt wurde,[54] möglich erscheint aber auch, dass sich die Illustratoren einer eingeführten Bildformel für ‚schädliche Tiere' bedienten. Jedenfalls fällt auf, dass eine entsprechende Darstellung zur Illustration von *Dig.* 9,1 (Haftung für die Verletzung durch vierfüßige Tiere)[55] verwendet ist (Abb. 14);[56] dieselbe Fallkonstellation hat also eine in den Grundzügen identische Illustration erfahren.

Weil die meisten erhaltenen bebilderten Handschriften des *Corpus iuris civilis* erst aus dem 14. Jahrhundert stammen, sind Rückschlüsse auf mögliche Quellenverhältnisse außerordentlich schwierig.[57] Solche Motivverwandtschaften zeigen jedoch über die strukturellen Parallelen hinaus, dass allenfalls der Bilderreichtum

[53] In H und D ist die Stelle nicht erhalten.

[54] In der Ausgabe ECKHARDTS 1973 (wie Anm. 30) z.B., deren Text auf der um 1300 entstandenen Quedlinburger Handschrift (Halle, UB, Quedlinburg, Cod. 81) beruht, heißt es an dieser Stelle: *Swes hunt oder ber oder p e r d oder osse* [...] (Hervorhebung durch Verf.).

[55] Vgl. Corpus Iuris Civilis. Text und Übersetzung. II: Digesten 1-10. Gemeinschaftlich übers. und hg. v. BEHRENDS, Okko; KNÜTEL, Rolf; KUPISCH, Berthold; SEILER, Hans Hermann, Heidelberg 1995.

[56] Die abgebildete Miniatur stammt aus einer italienischen Handschrift aus dem 14. Jahrhundert (Graz, UB, Hs. 32, fol. 118r; 44 x 27 cm). Rechts im Bild ist ein Pferd zu sehen, das auf einen am Boden liegenden Mann tritt. Das Pferd wird von einem stehenden Mann in der Mitte der Komposition am Zügel gehalten. Offenbar handelt es sich um den Eigentümer des Pferdes, der von dem links sitzenden Richter belehrt wird, wahrscheinlich über die Wahlmöglichkeit zwischen Schadenersatz und Auslieferung des Tieres, vgl. dazu KOCHER 1986 (wie Anm. 13), S. 125. In der Kombination der Darstellung des rechtlichen Sachverhalts und der Situation vor Gericht handelt es sich um eine rückblendende prozessuale Szene. Ebenfalls ein Pferd als Übeltäter zeigt z.B. auch eine Szene zu *Dig.* 9,1 in einer Bologneser Handschrift vom Anfang des 14. Jahrhunderts (Berlin, SBPK, Ms. Hamilton 364, fol. 140v; abgebildet in: EBEL; FIJAL; KOCHER 1988 [wie Anm. 12], S. 33).

[57] Wahrscheinlich hatten sich bis zum Ende des 13. Jahrhunderts aber schon standardisierte ikonographische Zyklen herausgebildet, vgl. dazu L'ENGLE 2001 (wie Anm. 52), S. 75. Die Datierungen der Handschriften des *Corpus iuris civilis* wären auch noch einmal im Einzelnen zu überprüfen; nach Robert GIBBS sind einige Bologneser Handschriften, die gemeinhin ins 14. Jahrhunderts datiert werden, bereits am Ende des 13. Jahrhunderts angefertigt worden (vgl. GIBBS, Robert: The Development of the Illustration of Legal Manuscripts by Bolognese Illuminators between 1241 and 1298, in: COLLI, Vincenzo [Hg.]: Juristische Buchproduktion im Mittelalter [Studien zur europäischen Rechtsgeschichte 155], Frankfurt a.M. 2002, S. 173-218, hier 175-178).

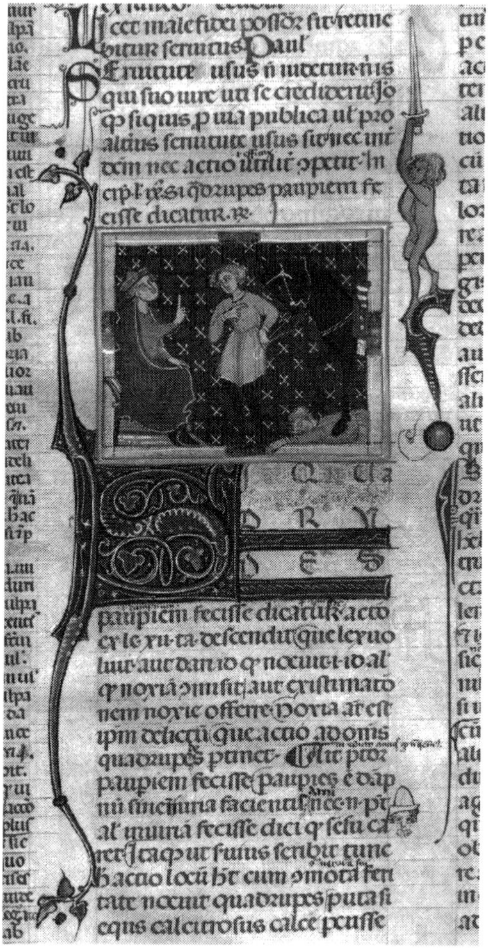

Abb. 14 Digesten 9,1; Graz, UB, Hs. 32, fol. 118r: Detail

der *Codices picturati*, nicht aber die Visualisierungsstrategien im Einzelnen aus der Volkssprachigkeit des *Sachsenspiegel*-Textes abgeleitet werden können.[58]

[58] Nach CURSCHMANN dagegen ist die Stammhandschrift der *Codices picturati* als „das ungewöhnlichste Experiment der volkssprachigen Illustration im 13. Jahrhundert" zu betrachten (vgl. CURSCHMANN, Michael: Wort – Schrift – Bild. Zum Verhältnis von volkssprachigem Schrifttum und bildender Kunst vom 12. bis zum 16. Jahrhundert, in: HAUG, Walter [Hg.]: Mittelalter und frühe Neuzeit. Übergänge, Umbrüche und Neuansätze [Fortuna Vitrea 16], Tübingen 1999, S. 378-470, hier 424).

Das Argument, die *Sachsenspiegel*-Illustrationen seien gleichsam ein Übergangsphänomen auf dem Weg zu einer schriftlichen Rechtskultur, hat jedoch insofern eine gewisse Berechtigung, als nach dem lateinischen Kolophon der Oldenburger Handschrift (O, fol. 133v/134r)[59] Graf Johann III. von Oldenburg sie in Auftrag gegeben hatte, um das Recht zu bewahren: Weil viele ältere rechtskundige Ritter und Dienstleute verstorben seien, solle jüngeren Vasallen (*militares*) das Recht mithilfe der Handschrift vermittelt werden, damit Streitfälle friedlich beigelegt werden könnten. Welche Rolle die Bilder dabei spielen sollten, ist allerdings unklar, weil sie im Kolophon nicht erwähnt werden.[60]

Durchgängig wurden in O Bildspalten freigelassen, die Bebilderung bricht jedoch am Ende des Landrecht-Teils ab, und die Bilder sind großenteils nicht über das Stadium der Vorzeichnung hinausgekommen. Trotzdem hatte die Handschrift offenbar einen Gebrauchswert, wie man aus den Benutzungsspuren schließen kann. Angesichts der Tatsache, dass 1336, als O geschrieben wurde, bereits zahlreiche unbebilderte Handschriften des *Sachsenspiegels* entstanden waren, überrascht das nicht. Eben weil zu dieser Zeit die schriftliche Fixierung rechtlicher Regelungen kein Ausnahmefall mehr war, muss man sich auch fragen, ob die legitimierenden Bemerkungen im Kolophon nicht topischen Charakter haben.[61]

Über den Einzelaspekt der Narrativität lässt sich die Funktion der Bebilderung insgesamt nicht zureichend bestimmen, aber auf der Grundlage der hier diskutierten narrativen Bilder in W, die sich entsprechend auch in O finden, kann man sagen, dass sie das Recht nicht anhand von gleichsam aus dem Leben gegriffenen

[59] Vgl. dazu HÜPPER, Dagmar: Der Kolophon. Ein Schreiber und sein Postskriptum, in: SCHMIDT-WIEGAND, Ruth (Hg.): Die Oldenburger Bilderhandschrift des Sachsenspiegels (Kulturstiftung der Länder – Patrimonia 50), Berlin/Hannover 1993, S. 77-83.

[60] Vgl. auch CURSCHMANN, Michael: Rez. Text – Bild – Interpretation (wie Anm. 11), in: Beiträge zur Geschichte der deutschen Sprache und Literatur (PBB) 110 (1988), S. 267-277, hier 272f. Allerdings wird man diese Nicht-Erwähnung der Bilder wohl kaum als Unverständnis gegenüber der Konzeption der Handschrift deuten dürfen, so aber CURSCHMANN 1999 (wie Anm. 58), S. 425.

[61] Darauf, dass es im Kolophon vor allem darum geht, das Rechtsbuch zu legitimieren, deutet die explizite Feststellung hin, es solle kein neues Rechtssystem eingeführt werden. Vgl. zu apologetischen Tendenzen im Kolophon auch JANZ, Brigitte: *Wir sezzen unde gebiten …* Der ›Mainzer Landfriede‹ in den Bilderhandschriften des ›Sachsenspiegels‹, in: Beiträge zur Geschichte der deutschen Sprache und Literatur (PBB) 112 (1990), S. 242-266, hier 264f. Das zum Ausdruck gebrachte Traditionsbewusstsein korrespondiert damit, dass im Kolophon die Abstammung Graf Johanns III. von den Welfen betont wird. Vgl. dazu HUCKER, Bernd Ulrich: Graf und Mönch – das herrschaftliche und gesellschaftliche Umfeld des Oldenburger Sachsenspiegels, in: FANSA, Mamoun (Hg.): AK *der sassen speyghel.* Sachsenspiegel – Recht – Alltag. Bd. 2: Beiträge und Katalog zur Ausstellung: Aus dem Leben gegriffen. Ein Rechtsbuch spiegelt seine Zeit (Archäologische Mitteilungen aus Nordwestdeutschland, Beiheft 10), 2. verb. Aufl., Oldenburg 1995, S. 51-60, hier 52. Vgl. dazu mit weiterer Literatur: Verf., Literate Illustrationsverfahren in volkssprachigen deutschen Handschriften: Ein Beitrag zur Mündlichkeitsdebatte, in: Poetica 41 (2009), S. 127-185, hier 159-162.

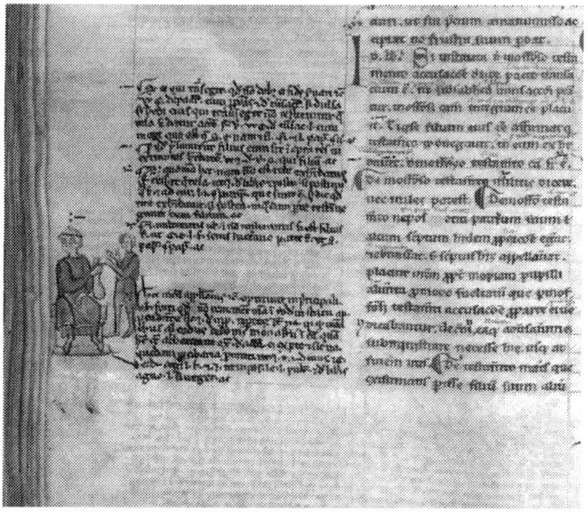

Abb. 15 Digestum vetus; Kurnik (Kórnik), Biblioteka Kórnicka, Polska Akademia Nauk, Ms. 824, fol. 67v: Detail

Szenen vermitteln. Vielmehr sind die Szenen sorgfältig konstruiert. Wie die symbolischen Zeichen dienen auch die erzählenden Bilder und Bildsequenzen dazu, die Bildaussage über das Dargestellte hinaus zu erweitern, denn sie erlauben es dem Betrachter, sich – wie bei der Sequenz aus dem *Ruskin-Gratian* – vorzustellen, was geschehen ist oder noch geschehen wird, auch wenn es nicht abgebildet ist. Durch die zumeist gegebene Beschränkung auf das Wesentliche sind die Illustrationen didaktisch in dem Sinne, dass sie die Vorstellungskraft des Betrachters in eine eindeutig definierte Richtung lenken.[62] Vollständig verständlich sind die Bilder (sowohl beim *Sachsenspiegel* als auch bei lateinischen Rechtshandschriften) nur einem Betrachter, der bereits mit jeweils entsprechenden Ausgangssituationen bzw. Rechtsvorgängen vertraut ist und die narrativen Bilder in einen handlungslogischen Zusammenhang bringen kann.[63] Für dieses Wissen ist der moderne Betrachter auf den Text angewiesen, während ein Rezipient des 14. Jahrhunderts sich auch auf die Erfahrungen seines Lebensumfeldes stützen konnte.

Jedoch war auch für einen mittelalterlichen Benutzer der *Codices picturati* der Rückgriff auf den Text intendiert. Das belegen die Verweisbuchstaben, die die

[62] ‚Überflüssige' Zusätze, wie das Detail, dass in der Badehausszene (W, fol. 57v1) ein Mann einem anderen die Haare wäscht, sind äußerst selten. Es ist aufschlussreich, dass sich dieses Detail in der entsprechenden Szene in D findet (fol. 55v1), aber nicht in H (fol. 29v1). Vermutlich überliefert H eine frühere Version der Badehausszene.

[63] Die sachbedingte Dominanz von Ursache-Wirkungs-Relationen in Rechtsbüchern kann als ein Grund dafür angesehen werden, dass in Illustrationen zu lateinischen wie zu volkssprachigen Rechtsbüchern narrative Bildlösungen gefunden wurden (s. auch o. Anm. 15). Für den Betrachter können daher in einem Rechtsbuch zum Erschließen von Vorgangsschemata wenige Informationen genügen.

Bilder an den Text anbinden und sie wie Kommentarbemerkungen erscheinen lassen.[64] Für einen glossierten Text ist der große Anteil, den die Bilder als ‚Glosse' in den *Codices picturati* einnehmen, auch keineswegs ungewöhnlich. Insofern fügen sie sich nicht nur hinsichtlich der Typen narrativer Bilder, sondern auch von der Anlage her in die gelehrte lateinische Tradition ein. Erklärungsbedürftig bleibt allerdings die Tatsache, dass der *Sachsenspiegel*-Text bildlich kommentiert wurde. Aber auch in lateinischen Rechtshandschriften sind gelegentlich Kommentarzeichnungen (als kolorierte Federzeichnungen auf bloßem Pergament) nachweisbar (Abb. 15).[65] Ohne dass damit die Frage nach der Motivation für eine bildliche Kommentierung des *Sachsenspiegels* als abschließend geklärt angesehen werden soll, wird man generell sagen können, dass die Bilder die rechtlichen Abläufe konkreter vorstellbar und nachvollziehbar machen, sodass letztlich das identifikatorische Potenzial des Textes und seine Einprägsamkeit verstärkt werden.[66] Die Narrativität mancher Bilder, auch in den *Codices picturati*, erfüllt in dieser Hinsicht eine wesentliche Funktion.

---

[64] Vgl. zum Glossencharakter der Illustrationen OTT 1986 (wie Anm. 11), S. 43; 2002 (wie Anm. 19), S. 41; BRAUN-NIEHR, Beate: Magdeburg – Halberstadt – Quedlinburg. Buchmalerei im Harzvorland während des 13. Jahrhunderts, in: WENDLAND, Ulrike (Hg.): Kunst, Kultur und Geschichte im Harz und Harzvorland um 1200 (Veröffentlichung des Landesamtes für Denkmalpflege und Archäologie Sachsen-Anhalt. Arbeitsberichte 8), Halle 2008, S. 262-273, hier 269. Zur Verwendung von Verweiszeichen in Rechtshandschriften mit schriftlichen Glossen vgl. L'ENGLE, Susan: 4. Layout and Decoration, in: AK Illuminating the Law (wie Anm. 13), S. 54-74, hier 67.

[65] Vgl. die bereits genannte in Kurnik aufbewahrte Handschrift Ms. 824 des *Digestum vetus* (wie Anm. 13). Dort ergänzen die Zeichnungen schriftliche Glossen (hauptsächlich die *Glossa ordinaria* des Accursius), einige sind mit geometrischen Verweiszeichen direkt an den Text angebunden. Bei der abgebildeten Szene auf fol. 67v z.B. verweist ein ‚Doppelpunkt' mit Querstrich rechts daneben auf das Wort *alimenta* im Haupttext (das erste Wort in der sechsten Zeile von unten). Entsprechend ist im Bild eine Unterhaltszahlung visualisiert, die jemand gegen seinen Willen leisten muss, wie durch das abgewandte Gesicht des sitzenden Mannes verdeutlicht wird, vgl. zur Textstelle (*Dig.* 5,2,27,3): Corpus Iuris Civilis (wie Anm. 55), S. 508. Die Parallelführung schriftlicher und bildlicher Kommentierung war offensichtlich intendiert, denn es sind noch Malanweisungen erhalten, die von derselben Hand zu stammen scheinen wie schriftliche rechtliche Erläuterungen (vgl. FROŃSKA 2008 [wie Anm. 13], S. 64). Man kann deshalb vermuten, dass ein juristisch Gebildeter in den Zeichnungen einen Mehrwert sah.

[66] Eine memorative Funktion der Bilder wird (unabhängig von deren affektivem Potenzial) in der Forschung diskutiert. Vgl. dazu z.B. SCHMIDT-WIEGAND 1992 (wie Anm. 14), S. 21.

Abkürzungen

BAV: Biblioteca Apostolica Vaticana
BSB: Bayerische Staatsbibliothek
C.: Causa
D.: Distinctiones
Dig.: Digesten
ÖNB: Österreichische Nationalbibliothek
SBPK: Staatsbibliothek zu Berlin
SLUB: Sächsische Landesbibliothek – Staats- und Universitätsbibliothek Dresden
UB: Universitätsbibliothek

Verzeichnis der Personennamen

Verzeichnis der Handschriften

Abbildungsnachweise

Kristin Böse / Susanne Wittekind:
Eingangsminiaturen als Schwellen und Programm im *Decretum Gratiani* und in den *Dekretalen* Gregors IX.

Abb. 1: Wien, ÖNB, Cod. 2060, fol. 8r
Abb. 2: Cambridge, Fitzwilliam Museum, Ms. 262, fol. 1r
Abb. 3: Cambridge, Fitzwilliam Museum, Ms. 262, fol. 139r
Abb. 4, 5, 6: Frankfurt, UB, Ms. Barth. 11
(Fotograf: Helmar Milder)

Martin Avenarius:
Inhalt, Entstehungszusammenhang und Gestalt der Breviarhandschrift Cod. Vat. Reg. Lat. 1128

Abb. 1, 2: Rom, BAV
Abb. 3: St. Gallen, Stiftsbibliothek

Anton von Euw:
Zur künstlerischen Ausstattung früher Leges-Handschriften Cod. 729, 730 und 731 der Stiftsbibliothek St. Gallen

Abb. 1: St. Gallen, Stiftsbibliothek, Cod. 731, p. 1
Abb. 2: St. Gallen, Stiftsbibliothek, Cod. 731, p. 235
Abb. 3: St. Gallen, Stiftsbibliothek, Cod. 731, p. 242
Abb. 4: St. Gallen, Stiftsbibliothek, Cod. 729, p. 269
Abb. 5: Karlsruhe, Badische Landesbibliothek, Fragmenta 144
Abb. 6: St. Gallen, Stiftsbibliothek, Cod. 730, p. 18
Abb. 7: St. Gallen, Stiftsbibliothek, Cod. 730, p. 20
Abb. 8: St. Gallen, Stiftsbibliothek, Cod. 730, p. 30
Abb. 9: Zürich, Zentralbibliothek, Ms. C 184, VII., fol. 2r
Abb. 10: Zürich, Zentralbibliothek, Ms. C 184, IV., fol. 2r
Abb. 11: St. Gallen, Stiftsbibliothek, Cod. 730, p. 1
Abb. 12: St. Gallen, Stiftsbibliothek, Cod. 730, p. 4
Abb. 13: St. Gallen, Stiftsbibliothek, Cod. 730, p. 14

Christine Jakobi-Mirwald:
Gratian in Schäftlarn

Abb. 1, 2, 3, 4:
München, BSB

Claudia Spitzer:
Die Funktion von Bildern in Handschriften zum Kanonischen Recht. Das Decretum Gratiani der Walters Art Gallery (W135)
Abb. 1, 2, 3: Baltimore, Walters Art Gallery

Kristin Böse:
Recht sprechen. Diskurse von Autorschaft in den Illuminationen einer spanischen Rechtshandschrift des 10. Jahrhunderts
Abb. 1, 2, 4, 5, 7, 8, 9, 10, 11:
Biblioteca de El Escorial
Abb. 3: WILLIAMS 1994 (wie Anm. 35), Abb. 297
Abb. 6: MÜTHERICH 1994 (wie Anm. 5), Abb. 5

Susanne Wittekind:
Der König als Gesetzgeber und Rechtsgarant in den Miniaturen des Libro de las Leyes (London, British Library, Add. Ms. 20787)
Abb. 1: London, British Library, Add. Ms. 20787, fol. 80r
Abb. 2, 5, 6, 7, 8, 9, 10:
ARIAS BONET 1975 (wie Anm. 5)
Abb. 3: VON EUW 1985 (wie Anm. 4), Abb. 19
Abb. 4: HERRIOT 1938 (wie Anm. 5)

Henrike Manuwald:
Narrative Bilder in Rechtshandschriften.
Zu den *Codices picturati* des *Sachsenspiegels*
Abb. 1: Cambridge, reproduced by permission of the Syndics of the Fitzwilliam Museum
Abb. 2: Heidelberg, UB, reproduziert nach dem Tafelband zu: KOSCHORRECK, Walter: Die Heidelberger Bilderhandschrift des Sachsenspiegels. Kommentar, Frankfurt a.M. 1970
Abb. 3, 4, 5, 6, 7, 8, 9, 10, 11, 12, 13:
Wolfenbüttel, Herzog August Bibliothek, reproduziert nach: SCHMIDT-WIEGAND, Ruth (Hg.): Eike von Repgow, Sachsenspiegel. Die Wolfenbütteler Bilderhandschrift. Cod. Guelf. 3.1 Aug. 2°. Faksimile-Band, Berlin 1993
Abb. 14: UB Graz
Abb. 15: Kurnik [Kórnik], Biblioteka Kórnicka, Polska Akademia Nauk

FSC
www.fsc.org
MIX
Papier | Fördert gute Waldnutzung
FSC® C083411

Kolibri 360 GmbH
Ferdinand-Jühlke-Straße 7
99095 Erfurt, Deutschland
produktsicherheit@kolibri360.de